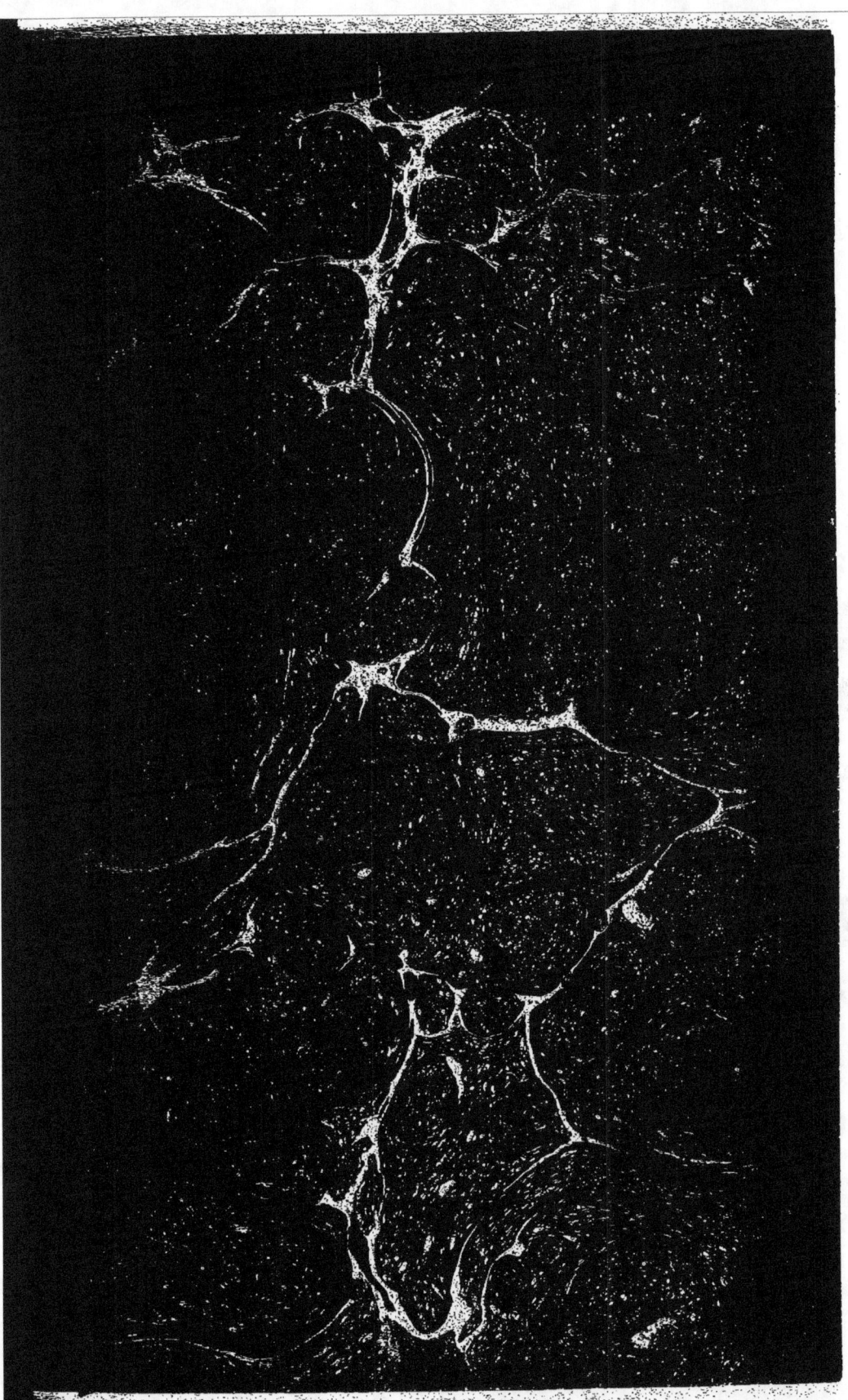

171. (Cabinet) 279 - ter. 1.
H

DESCRIPTION
ROUTIÈRE ET GÉOGRAPHIQUE

DE L'EMPIRE FRANÇAIS.

DE L'IMPRIMERIE DE LEFEBVRE, RUE DE LILLE, N°. 11.

DESCRIPTION

ROUTIÈRE ET GÉOGRAPHIQUE

DE L'EMPIRE FRANÇAIS

DIVISÉ EN QUATRE RÉGIONS.

Ière. PARTIE. = RÉGION DU SUD.

SECTION Ière. = SUD-EST.

Par R. V.***, INSPECTEUR DES POSTES-RELAIS,
Associé correspondant des académies de Dijon et de Turin,
Membre de celle des Arcades de Rome.

TOME PREMIER.

A PARIS,

CHEZ POTEY, LIBRAIRE, RUE DU BAC, N°. 46.

1813.

DESCRIPTION

HISTORIQUE ET GÉOGRAPHIQUE

DE LA PÉNINSULE FRANÇAISE

1ʳᵉ PARTIE — RÉGION DU SUD

TOME PREMIER

PRÉFACE.

Occupé par état à parcourir la France, depuis plus de quinze ans, destiné à la parcourir tout le reste de ma vie, je n'ai entrepris une Description routière de son territoire qu'après m'être assuré qu'il n'en existe, à proprement parler, aucune, et avoir senti par moi-même le besoin absolu d'un ouvrage de cette nature. En m'étonnant néanmoins de cette espèce de silence universel sur un sujet aussi intéressant, j'en trouvais une double raison dans l'impossibilité de le bien traiter, sans tout voir de ses propres yeux, et dans l'impossibilité de tout voir, sans être ou voyageur de profession, ou écrivain assez riche et assez dévoué pour consacrer une partie de sa vie à parcourir successivement toutes les routes de France.

Je ne parle que des Descriptions vraiment itinéraires, car il en existe plusieurs par ordre de provinces ou de départemens, qui, ayant un objet différent de cet ouvrage, n'en atteignent nullement le but, et n'en diminuent en rien l'utilité.

Celles de *Longuerue* et de *Boulainvilliers*, accueillies à la fin du dix-septième siècle, ou au commencement du dix-huitième, ne peuvent plus être citées dans le dix-neuvième.

La Description de ce genre la plus connue est celle de *Piganiol de la Force:* « C'est (dit le Dictionnaire de MM. Chaudon et Delandine) le meilleur des ouvrages qui aient paru jusqu'ici sur cette matière, quoiqu'il offre un grand nombre d'inexactitudes et même de bévues; » on pourrait ajouter, une foule de détails minutieux et d'omissions importantes.

Les quatorze derniers volumes du *Voyageur Français* contiennent encore une description de la France mieux écrite, mais bien plus inexacte que celle de Piganiol,

PRÉFACE.

L'une et l'autre, indépendamment des défauts qu'on leur a reprochés, ont encore celui d'être aujourd'hui surannées, ayant été publiées, la première peu avant, la deuxième peu après le milieu du dernier siècle.

Une Géographie ou Description générale de la France qui a paru postérieurement en six volumes *in-8º*, me semble préférable à ces deux-là, quoique moins connue; une autre Géographie de la France, tout aussi peu connue, a été imprimée dans les premières années de la révolution, en quatre volumes *in-12*: elle n'est pas non plus sans mérite, quoique sans nom d'auteur.

La Description bien meilleure que M. *Dulaure* publiait au moment même de la révolution, a vieilli tout-à-coup par l'effet de ce changement politique, et l'auteur ne l'a pas continuée, ayant dû sentir par lui-même qu'il est impossible de bien décrire un pays, sans le parcourir.

Sous le titre de *Grand Voyage pitto-*

resque *de la France*, et sous les auspices de l'ancien Gouvernement, fut entrepris, en 1781, un ouvrage immense qui a eu le sort de presque toutes les entreprises de cette étendue, celui de ne pas être achevé.

Un *Voyage par départemens*, publié à l'époque de la révolution, s'est trop ressenti de cette crise pour jouir d'un long succès.

Enfin la *Description topographique et statistique de la France*, qui paraît sous le nom de M. *Peuchet*, nous fait espérer un ouvrage en ce genre aussi exact qu'on peut l'attendre de tout auteur qui n'a pas vu par lui-même les contrées qu'il décrit.

Un plus grand nombre de Descriptions ont paru sous le titre de *Dictionnaires de la France*. Les plus connus sont le Dictionnaire d'*Hesseln*, qui fourmille d'erreurs, celui d'*Expilli* qui est une compilation puisée en grande partie dans Piganiol, et qui n'a pas été fini, quoiqu'il soit arrivé à six volumes *in-folio*, enfin celui de *Prud'homme* qui, publié depuis peu, en cinq volumes *in-*4°., n'est pas encore jugé.

Tous ces ouvrages ne sont point des descriptions itinéraires, et tous, à l'exception de celui de M. Peuchet, qui a eu la facilité de puiser dans les Statistiques envoyées au ministère de l'Intérieur par les préfets des départemens, offrent l'inconvénient capital d'une extrême inexactitude, inconvénient inévitable pour tout auteur dont les moyens se bornent à consulter les ouvrages de ceux qui l'ont précédé (*). Quelle garantie peut-il avoir et offrir à ses lecteurs des faits qu'il avance sur la foi d'autrui, lorsqu'à chaque pas nous trouvons des erreurs publiées à redresser, de fausses opinions à rectifier.

(*) Les Statistiques sortent de cette classe, étant faites sur les lieux, et beaucoup plus d'après le témoignage oculaire que d'après celui d'autrui. Ces guides ne sont pourtant pas bien sûrs, attendu les différentes manières de voir de cent différens auteurs, les préventions locales dont ils ne sont pas toujours exempts, et le défaut d'objets de comparaison, qu'on remarque chez la plupart d'entr'eux.

Je dis plus : une pareille description n'en est pas une ; on ne peut peindre que ce qu'on a vu, ni transmettre d'autres sensations que celles qu'on a éprouvées soi-même.

Pouvoir faire une Description complète de la France, d'après le témoignage de ses propres yeux, semble un privilége attaché au genre de place que j'occupe: C'est cet avantage particulier qui m'a fait entreprendre un travail auquel je n'aurais jamais pensé, dans toute autre position. La mienne m'indiquait naturellement une Description routière, qui est précisément celle dont nous avons le plus besoin.

Il existe cependant, presqu'à l'insu du public, deux Itinéraires de la France, faits *de visu* : l'un en deux volumes *in-*8°., publié par un M. *M. L. D. M.,* en 1788, n'offre qu'une simple et minutieuse nomenclature de tous les lieux et de tous les objets, même les plus indifférens, qu'on rencontre sur les routes. Il paraît que l'auteur a voyagé lui-même, et s'est donné des peines infinies pour recueillir toutes ces inutilités. Le second, publié en 1776, 1778 et 1779, par M. *L. Denis*, géographe, sous le titre de *Conducteur Français*, détaille plus les objets, mais dans un style dont l'auteur a cru devoir préalablement demander pardon au public dans sa Préface, « attendu (dit-il), qu'il n'est pas homme de lettres, mais seulement géographe ». La prière n'a point été exaucée, le public a été inexorable, et l'auteur forcé de discontinuer ses livraisons ; les cartes étaient cependant belles.

Voilà, jusqu'à ce jour, les deux seules Descriptions routières de la France, qui nous soient connues pour avoir été entreprises par des écrivains voyageurs. Ils ont ouvert la carrière, mais ils ne l'ont pas fournie.

Pendant que je m'occupais, depuis plusieurs années, à recueillir péniblement les matériaux nécessaires, pour combler le vide qu'offrait à cet égard notre Géographie, et le vœu que devaient former, comme moi, tous les voyageurs, un autre, sans se donner tant de peine, a cru pouvoir remplir la même tâche, par la simple réunion de deux extraits, pris, l'un dans les Dictionnaires géographiques, l'autre dans le livre de poste. En copiant ainsi ce livre, il commence cependant par prévenir les voyageurs qu'ils doivent se le procurer, étrange contradiction dont il aurait dû s'apercevoir, car si son extrait ne rend pas le livre de poste inutile, celui-ci rend au moins son extrait superflu, et les tableaux itinéraires deviennent un double emploi dans les mains des voyageurs, munis de l'un et de l'autre livre; toutefois, son ouvrage intitulé: *Itinéraire de l'Empire Français*, et publié en 1806, eut, à la faveur de ce titre et de la petitesse du format, quelques acheteurs, qui ne tardèrent pas à s'apercevoir que cet itinéraire n'était point une description des routes, mais une simple désignation des relais et des distances, à l'instar du livre de poste, avec de petites notes de renvoi, pour tous les noms mentionnés par les géographes. En suivant ces renvois, on trouve un court exposé des lieux, et l'on s'étonne d'y rencontrer beaucoup plus d'erreurs que n'en renferment les ouvrages où l'auteur a dû puiser. Je suis obligé d'en relever un grand nombre dans le mien, je le grossirais trop si je voulais les relever toutes. Pour en donner cependant une idée, j'en vais citer deux ou trois, plus susceptibles d'être jugées par la généralité des lecteurs.

Tout le monde sait que Descartes est né en Touraine : l'auteur de l'Itinéraire le fait naître à la Flèche, en Anjou, où il a seulement été élevé. Tout le monde sait encore que la route de Tours à Nantes passe à Saumur : notre auteur ne paraît pas s'en douter, parce que le livre de poste, qui est sa boussole, ne porte pas le nom de Saumur, mais celui de *la Croix-Verte*, faubourg où passe la route, et où est situé le relais; et comme les géographes ne mentionnent point la Croix-

PRÉFACE.

Verte, il ne l'honore pas non plus de la note accoutumée.

Tout le monde sait enfin que la fameuse manufacture de cristaux du Mont-Cenis ou du Creusot, est en Bourgogne, près d'Autun ; mais l'auteur de l'Itinéraire qui ne trouve point dans son livre de poste ce Mont-Cenis, parce que ce n'est pas un lieu de relais, et qui y trouve en revanche le Mont-Cenis des Alpes, que franchit la route de Chambéry à Turin, y place sans façon l'établissement du Creusot.

C'en est assez pour montrer quel degré de confiance peut mériter une Description routière faite dans le cabinet.

Il en a été publié une autre, la même année, en deux volumes *in-12*, sous le titre de *Nouveau Voyage de France*. Elle ne renferme pas moins d'erreurs, mais elle est trop peu connue pour mériter d'être réfutée.

L'Itinéraire de l'Europe, par *Dutems*, en un seul petit volume, renferme plusieurs routes de France : l'auteur n'a pu les parcourir et les décrire que d'une manière très-rapide ; mais c'est encore ce que nous connaissons de plus satisfaisant sur cette matière, parce qu'il a vu du moins par lui-même.

On n'en peut pas dire autant de l'ouvrage de l'Allemand *Reychard*, qui, publié en trois volumes *in-*8°., sous le titre de *Guide des Voyageurs en Europe*, et annoncé avec tant d'éloge, n'est, pour la France, que la copie pure et simple de l'Itinéraire Français dont nous venons de relever les erreurs, et par conséquent une répétition de ces erreurs, quant aux notes descriptives, et du livre de poste, quant aux tableaux Itinéraires (*).

Les *Petits Routiers*, les *Petits Guides des Voyageurs*, tombés depuis long-

---

(*) Nous avons cru d'abord, comme tout le monde, que l'Itinéraire Français était l'ouvrage original, et qu'il avait été copié par l'auteur du Guide Allemand ; mais le temps, qui révèle tout, nous a appris que c'est au contraire celui-ci qui a été copié par l'auteur Français ; c'est par conséquent au premier qu'appartiennent

temps dans une défaveur méritée, par leur insuffisance et leur inexactitude, ne sont, comme les derniers ouvrages dont on vient de parler, que des espèces de livres de

toutes les bévues de l'ouvrage, mais non pas exclusivement, puisqu'en les répétant l'auteur Français les a partagées. Nous aimons toutefois à voir, pour l'honneur de la nation, que d'aussi lourdes erreurs, sur ce qui la concerne, aient leur principale source en Germanie.

P. S. Tel est pourtant l'avantage d'un auteur, qui, pressé de vendre, borne sa tâche à copier ou compiler, que ce traducteur Français d'un Itinéraire Allemand, après m'avoir gagné de vitesse, en publiant sa première édition, vient encore d'en donner une seconde, avant que j'aie pu parvenir à mettre la dernière main au laborieux ouvrage que je prépare depuis tant d'années, ouvrage aussi facile pour lui que difficile pour moi, qui ne copie rien et veut tout voir de mes propres yeux.

Cette seconde édition est bien une seconde copie, mais non de l'Itinéraire Allemand qui commençait à être trop connu. Aux documens souvent inexacts, mais du moins géographiques de Reychard, notre judicieux copiste a substitué cette fois les assommantes et pas toujours exactes nomenclatures de M. M. L. D. M., dont nous avons mentionné l'ouvrage, et il a rempli de cette ridicule série de noms, la plupart insignifians,

PRÉFACE. xvij

poste, et des Voyages faits dans le cabinet; ils sont d'ailleurs trop anciens pour être encore consultés, et trop pauvres de détails pour mériter le titre de Descriptions.

---

puisqu'on ne sait presque jamais ce qu'ils désignent, trois assez gros volumes, qu'il faut avoir tous à la fois sous sa main, attendu que l'ordre alphabétique, emprunté du livre de poste (car il ne vit que d'emprunts), force le voyageur à recourir continuellement de l'un à l'autre.

Certes, cette manière de décrire ne vaut pas même celle de sa première édition qui offrait du moins un Itinéraire plus laconique et plus portatif, le peu qu'il renfermait de choses se trouvant dégagé de ce fatras de mots, et resserré dans les bornes d'un seul volume.

Ainsi l'auteur copiste nous offre une particularité assez rare dans les Annales de la littérature, qui est d'avoir mieux fait à sa première édition qu'à la seconde. Il a copié dans celle-ci l'Itinéraire d'Italie, pour les routes de cette nouvelle partie de l'Empire, qu'il ne trouvait pas dans M. M. L. D. M.; et ce guide l'a encore plus mal servi, l'auteur n'étant, comme lui, qu'un voyageur de cabinet. Quant aux routes qu'il ne trouvait à copier nulle part, il paraît s'être tiré de cet embarras, en se plaçant devant une carte géographique très-détaillée, mais pas très-exacte, d'où il a extrait les noms divers, qu'il voyait à droite et à gauche de sa route, jusqu'à quelques lieues de distance, sans s'inquiéter si le voyageur voit lui-même les lieux ou non,

Le *Voyage littéraire de deux Bénédictins* n'est pas fait de même dans le cabinet, mais il est encore plus ancien, il n'embrasse pas toute la France, et n'a guères rapport qu'aux églises. Le *Voyage*

ni s'ils sont intéressans à connaître, et il les a couchés tout du long, avec les mots indicateurs : *à droite*, *à gauche*, dans ce qu'il intitule savamment *Topographie détaillée de la route*.

Grâce à cette belle Topographie, aussi exacte que le sont nos anciennes cartes, et que M. *M. L. D. M.* lui-même, au bout de vingt-cinq à trente ans, le voyageur sait le nom d'une partie des clochers qu'il voit, et de ceux qu'il ne voit pas, ainsi que de beaucoup de fermes, de couvens et de châteaux, qui souvent n'existent plus, tandis que ce qui existe, et qui mérite le plus son attention, n'est quelquefois pas mentionné.

Avec ces nouveaux secours, le nouvel Itinéraire a corrigé quelques erreurs, et en a beaucoup ajouté : sur les trois que nous avons relevées, concernant Descartes, Saumur et le Mont-Cenis, les deux premières subsistent toujours, et la dernière n'a disparu que pour faire place à une foule d'autres, non moins grossières, telles que de donner deux lieues et demie à la plaine du Mont-Cenis, qui n'en a seulement pas une ; d'y placer des layes, tandis que les Alpes n'en offrent nulle part ; de supposer que c'est de là qu'Annibal a montré les plaines de l'Italie à son armée, tandis qu'on ne voit point ces plaines du haut du Mont-

agricole *d'Arthur Younk*, exécuté pendant les premières années de la révolution, est encore un voyage réel, qui n'embrasse aussi qu'une partie de la France, et n'a rapport qu'à l'agriculture ; ni l'un ni l'au-

---

Cenis ; d'attribuer cette opinion à M. Lalande, qui non-seulement ne dit rien de semblable, mais ne pense pas même qu'Annibal ait suivi cette direction.

Je tourne un feuillet, et je lis, *page* 96, *tome II:* qu'on voit le Mont-Blanc du fond de la vallée de la Maurienne, ce qui est aussi impossible que de voir les tours de Vincennes du fond des caves de l'Observatoire. On y lit encore que cette montagne a deux mille quatre cent cinquante toises, ou environ trois milles au-dessus du niveau de la mer, et l'auteur met cet *à peu près* sur le compte de M. de Saussure, dont la mesure, loin d'offrir une pareille variante, ne varie au contraire point du tout, étant déterminée positivement à deux mille quatre cent vingt-six toises, ni plus ni moins.

Voilà bien des erreurs sans faire bien du chemin ! nous n'en releverons point d'autres, quoique le même feuillet nous en offre encore un grand nombre qui ne sont pas moins choquantes. La citation de celles qu'on vient de mettre sous les yeux du lecteur était peut-être nécessaire pour nous justifier d'en avoir tant dit jusque-là, et pour empêcher, en motivant par des faits nos critiques, qu'on puisse les attribuer à la jalousie de métier.

tre n'est complet, ni par ordre de routes, et ne peut par conséquent être regardé comme une Description Itinéraire.

On voit, d'après tout ce qui vient d'être dit, que nous n'en avons aucune, du moins complète; je dis complète, parce que nous sommes plus heureux pour les descriptions partielles.

Diverses contrées, sur-tout le Midi de la France, ont été décrites. Sans parler du voyage de *Chapelle* et *Bachaumont*, de celui de *Le Franc de Pompignan*, et d'autres promenades de ce genre, qui ne sont que des bagatelles purement amusantes, M. Millin a publié en 1807, 1808 et 1811, sous le titre de *Voyage dans les départemens du Midi de la France*, un livre très-savant qui, principalement consacré aux antiquités, réunit quelques autres objets étrangers au véritable but de l'ouvrage, mais ne saurait, sans une entière déviation du plan de l'auteur, embrasser tous les détails itinéraires, qui intéressent les voyageurs. Quoiqu'il ne décrive rien qu'il n'ait vu ou dû voir, je suis forcé de remplir aussi quelquefois, vis-à-vis de lui, le devoir que mon sujet m'impose, de relever les erreurs les plus frappantes des auteurs les plus accrédités. Il me pardonnera d'autant plus de ne l'avoir pas excepté, que je ne redresse que des erreurs de fait.

Un autre écrivain a publié, vers la même époque, sous le voile modeste de l'anonyme, un *Voyage dans la Savoie et le Midi de la France*. L'auteur est, dit-on, un jeune homme; on ne s'en douterait point à la maturité de son style; il n'a parcouru que trois ou quatre routes, et n'a décrit que ce qui l'a frappé le plus, sans donner les documens itinéraires, mais il a décrit comme il a senti, en observateur.

Je n'ai pas la confiance d'avoir mieux fait que les voyageurs que je viens de citer; mais ma description sera du moins générale, et mon Itinéraire complet; de manière que le lecteur ne sera pas obligé de me suivre dans un petit nombre de routes, que mes affaires ou mon goût particulier m'auront déterminé à parcourir, mais que ce sera moi au contraire qui l'accompagnerai dans toutes celles où il lui plaira de se transporter. Ma méthode, tout-à-fait itinéraire, puisqu'elle est route par route, et relais par relais, me fournit le moyen de mieux le guider en faisant concorder avec sa marche celle des descriptions. Il pourra leur manquer tous les genres de mérite, hors celui de la vérité, mais la vérité doit suffire pour leur assurer la confiance publique. C'est vers ce but important, et si rarement atteint, que j'ai dirigé mes principaux efforts, afin que les lecteurs qui n'auront pas vu les contrées que je décris, puissent les connaître d'après mon tableau, et que ceux qui les connaîtront d'avance, ou qui les parcourront avec l'ouvrage sous les yeux, trouvent le tableau toujours fidèle.

C'est ainsi qu'en essayant de donner à la France un livre qui lui manque, j'ai tâché d'être également utile aux voyageurs qui la parcourent, et à ceux qui veulent la connaître sans voyager. Il renferme, pour les premiers, outre les descriptions auxquelles il est particulièrement consacré, tous les genres de renseignemens qui peuvent les intéresser, tels que l'indication des courriers et des voitures publiques en tête de chaque volume, une carte routière en tête de chaque route, les noms des relais avec leurs distances en tête de chaque paragraphe, enfin, dans le corps de l'ouvrage, tous les lieux, tous les embranchemens qu'on rencontre, et toutes les ressources locales que présentent chaque lieu, chaque route, et même chaque contrée. Il réunit pour toutes les classes de lecteurs les divers objets utiles et agréables, ou qui offrent un intérêt quelconque (*).

Ma Description, pour être celle de la France entière, comprend, indépendam-

---

(*) Cet ouvrage n'étant ni ne pouvant être périodique, ne saurait servir de règle pour les distances postières, que le livre de poste peut seul indiquer avec

ment des lignes de postes existantes, celles qui sont vacantes ou à établir. Elle embrasse encore, mais sans détail, les routes adjacentes, en faisant connaître les lieux considérables dans lesquels, ou près desquels elles passent, ainsi que les objets principaux qu'elles offrent à l'observation ou à la curiosité du voyageur; ces routes de traverse sont néanmoins la partie accessoire et la moins apparente du tableau, dont les routes de poste doivent occuper

les variations annuelles. Ce livre est donc toujours indispensable pour les voyageurs en poste, tant sous ce rapport que sous celui des troisièmes et quatrièmes chevaux, des distances de faveur, des entrées et sorties des villes, postes Impériales, etc.

Je crois devoir cette observation, non-seulement au privilége du livre de poste, que d'autres n'ont pas autant respecté que moi, mais encore à l'intérêt de mon ouvrage, qui serait sujet à vieillir rapidement, comme ce livre, par le trop d'importance et de précision données à un accessoire aussi variable. Je me borne donc à indiquer les distances réelles et connues, sans tenir compte des distances de faveur, qui sont susceptibles d'être supprimées d'une année à l'autre, comme il peut en être accordé de nouvelles.

le premier plan. Après avoir décrit toutes celles de chaque département, je finis par le décrire lui-même dans un court aperçu, auquel je consacre une note particulière.

Enfin la description embrasse les lisières des états voisins de la France, ce sera le cadre du tableau. Elle ne comprend point Paris, qui est le point de départ de mes routes principales, parce qu'étant plutôt un lieu de séjour que de simple passage, ce centre de la France semble étranger à la méthode itinéraire, d'au-

---

Les mêmes motifs m'empêchent de désigner les auberges qui méritent la confiance du public, attendu que tout cela change aussi, d'une année à l'autre : j'indique seulement les lieux bien ou mal montés sous ce rapport, en ne mentionnant les auberges qu'autant qu'il y a une utilité marquée à le faire, ou qu'une réputation méritée semble appeler cette mention honorable. Je ne donne également l'indication des voitures publiques qu'en tâchant de démêler, dans le nombre, celles qui présentent une stabilité réelle, et mettant toujours au premier rang celles de l'entreprise générale, sans faire mention des petites entreprises particulières qui se forment et se détruisent journellement.

tant qu'il devient à lui seul l'objet d'un ouvrage de longue haleine, et que cet ouvrage a été traité amplement, et l'est encore tous les jours par un grand nombre d'auteurs, qui ont la facilité de tout voir de leurs propres yeux, aussi bien que moi. Les personnes, qui voudront se procurer ce complément, doivent toujours donner la préférence aux dernières Descriptions, les continuels embellissemens de Paris le faisant continuellement changer de face (*).

En divisant la France en quatre régions correspondantes aux quatre points cardinaux, l'ouvrage en quatre parties, correspondantes à chacune de ces régions, et chaque partie en routes et communications, j'ai eu le moyen de tellement détacher entr'elles, pour la commodité générale, ces différentes parties et ces différentes routes, qu'on peut se les procurer ensemble ou séparément, et même avec

---

(*) Les mêmes considérations m'ont fait prendre le même parti pour la ville de Rome nouvellement réunie à l'Empire.

ou sans les cartes, lesquelles pourront être aussi achetées sans l'ouvrage, et séparées également ou réunies en corps d'atlas (*).

(*) J'avais espéré commencer mes livraisons par la région de l'Est, pour continuer ensuite par celle du Sud, et parcourir ainsi successivement les deux autres. C'est pour ne pas intervertir cet ordre, qui me paraît préférable, parce qu'il est le plus naturel, que j'ai suspendu, depuis plusieurs années, la publication, n'ayant pas encore, dans mes recueils, la totalité des routes qui doivent composer cette première partie, quoique j'eusse la seconde complète. Mais je n'ai pas cru devoir, en m'obstinant davantage dans un système d'ordre, qui, quoique le meilleur, n'est pas indispensable, faire attendre plus long-temps au public, pour une partie, qui n'est pas encore prête, celle qui l'est déjà. Je me suis décidé, d'autant plus volontiers, à commencer par la région du Sud, qu'elle est la plus intéressante de toutes, et que d'ailleurs, détachées entr'elles, ainsi qu'il a été dit, chaque partie et chaque route pourront être considérées comme autant d'ouvrages particuliers.

MESSAGERIES IMPÉRIALES,

ÉTABLIES SUR LES 2 ROUTES DE PARIS A LYON,

Par l'Entreprise générale, rue Notre-Dame-des-Victoires.

SUR LA 1re. ROUTE (par Auxerre).

Une Diligence à 6 places intérieures part tous les jours à 8 h. du matin.

A Melun.	Diner.
A Villeneuve-la-Guyare.	Coucher.
A Auxerre.	D.
A Lucy-le-Bois	C.
A Saulieu	D.
A Autun.	C.
A Châlons-sur-Saône . .	D.

(On s'embarque à midi sur une diligence d'eau.)

A Mâcon.	C.
A Lyon	D.

SUR LA MÊME ROUTE.

Une Diligence à 9 places intérieures part tous les 2 jours à 7 h. du matin pour Auxerre, où elle correspond avec celle de Besançon.

A Montereau.	Diner.
A Sens	Coucher.
A Auxerre.	Diner.

SUR LA 2e. ROUTE (par Melun).

Une Diligence à 6 places intérieures part tous les jours à 10 h. du matin.

A Fontainebleau.	Coucher.
A Cône	Diner.
A la Charité.	C.
A Bouy	D.
A Moulins.	C.
A Saint-Gérand	D.
A Roanne	C.
A Lyon	D.

SUR LA MÊME ROUTE.

Une Diligence à 6 places intérieures part tous les 2 jours à 9 h. du soir pour Moulins, où elle correspond avec celle de Clermont.

A Fontainebleau.	Déjeûner.
A Montargis.	Diner.
A Bony	Coucher.
A St.-Pierre-le-Moutier.	Diner.
A Moulins	Coucher.

SUR LA 1re. ROUTE	SUR LA 2e. ROUTE
Est établie jusqu'à Montereau, par l'ancien maître de poste de Melun, une Diligence partant tous les jours, matin et soir, de la rue Saint-Paul.	Sont établies encore : 1°. Jusqu'à Fontainebleau, une voiture en poste partant tous les jours à 6 h. du matin en été, et 7 en hiver, de la rue Croix-des-Petits-Champs, à Paris, et de la Poste aux chevaux à Fontainebleau; 2°. Jusqu'à Montargis, une voiture allant de Paris à Bourges, et partant tous les jours, à 5 h. du matin, de l'hôtel S.-Simon, rue du Bouloy. *Nota.* La correspondance des pataches établies sur la même route, depuis Fontainebleau jusqu'à Roanne, ne mérite d'être mentionnée ici qu'à cause de son ancienneté.

DÉPART DES COURRIERS

DE PARIS A LYON.

SUR LA 1re. ROUTE	SUR LA 2e. ROUTE.
(par Auxerre).	(par Melun).
Les lundis, mercredis et vendredis.	Les mardis, jeudis, samedis et Dimanches.

A quatre heures du soir.

Nota. Chaque Malle renferme deux places, une pour le courrier, l'autre pour le voyageur.

DÉPART DES COURRIERS

DE PARIS A LYON.

SUR LA Ire. ROUTE.	SUR LA 2e. ROUTE.
(par Auxerre).	(par Dijon).
Les lundi, mercredi, vendredi.	Les mardi, jeudi, samedi et Dimanche.

A quatre heures du soir.

Nota. Chaque Malle renferme six places pour voyageurs, outre l'autre pour le voyageur.

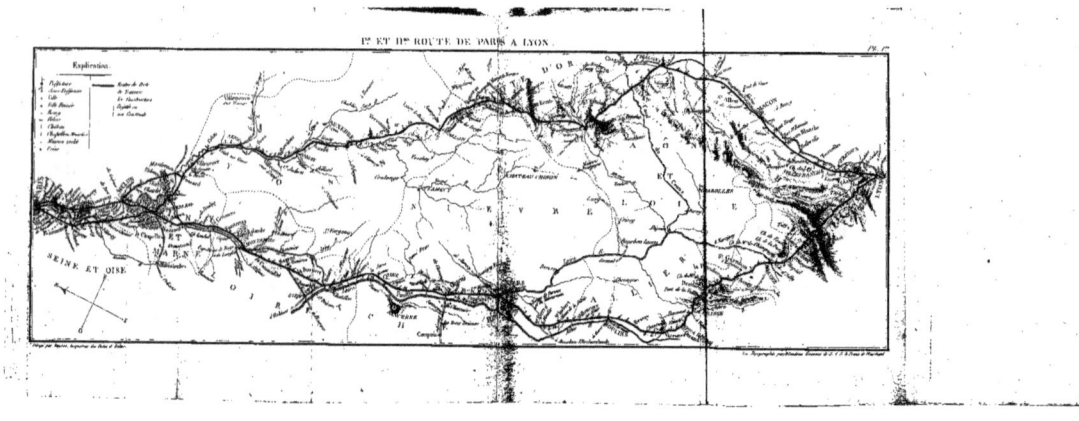

DESCRIPTION
ROUTIÈRE ET GÉOGRAPHIQUE
DE L'EMPIRE FRANÇAIS.

Ire. ROUTE DE PARIS A LYON,

Par Melun, Sens, Auxerre, Autun, Châlons-sur-Saône et Mâcon.

117 lieues et demie.

lieues.

§ 1. *De Paris à Charenton, à compter du centre de la ville.* 2

ON sort de Paris par le faubourg Saint-Antoine, en regrettant de quitter, à l'entrée de ce faubourg, près de la place de la Bastille, la grande et belle rue qui mène à la barrière du Trône, pour prendre à droite la triste et sale rue de Charenton.

Après avoir passé cette barrière, on se trouve dans le village de Bercy, espèce d'arrière-faubourg de la capitale, et principal entrepôt des vins qu'elle reçoit par la Seine; il renferme une fabrique de vitriol, une manufacture de toiles peintes, et une raffinerie de sucre. Au bout de ce village, on longe à droite le château de Bercy, et un peu plus loin, du même côté de la route, celui de Conflans, ancienne maison de plaisance des archevêques de Paris. Le vaste parc du premier, les agréables jardins du second, qui s'étendent jusqu'au bord de la Seine, ont été, dit-on, plantés par Le Nôtre.

Immédiatement après le château de Conflans, on voit le village de ce nom séparé de Charenton par celui des Carrières, qui semble faire partie de l'un et de l'autre, ou pour mieux dire les réunir. La vue continuelle et imposante du château de Vincennes est la seule qu'on ait à gauche dans toute cette distance. La maison de brique qui borde la route à l'entrée de Charenton, a été bâtie par Henri IV pour la belle Gabrielle d'Estrée. Ce bourg, situé sur la rive droite de la Marne, est composé de deux villages, Charenton proprement dit, et Saint-Maurice, qui forment deux communes séparées. Le premier comprend dans la sienne Conflans et les Carrières dont nous venons de parler. Le village d'Alfort, qui n'est séparé de Charenton que par la Marne, dépend encore d'une autre commune, ce qui fait cinq villages en un seul, et trois communes. La population totale est de seize à dix-huit cents habitans. Il y a un grand nombre de négocians en vin, une fabrique d'extrait de Saturne et un bureau de poste.

A l'extrémité du quartier de Saint-Maurice est l'ancien couvent des religieux de la Charité, dont on a fait une maison de santé, fondation philantropique qui jouit d'une réputation méritée. Les hôpitaux ordinaires des fous ne sont destinés qu'à les tenir renfermés, celui-ci est consacré à leur rendre la raison ; ils devraient tous l'y recouvrer si les sensations douces que procurent un site délicieux, des promenades fraîches au milieu des gazons et des berceaux, une vue ravissante suffisaient pour opérer cet heureux effet. Il était impossible de trouver une position plus propre à calmer la fermentation du cerveau, et à guérir les maladies morales (*).

Le château d'Alfort a été consacré en 1766, par le ministre Bertin, à une École Vétérinaire,

---

(*) M. De Coulmier, directeur général de l'établissement, est si convaincu que la distraction et le contentement d'esprit sont le vrai remède à ce genre de maladie, qu'il a ouvert sa maison aux divers plaisirs de la société, les concerts, les bals, et jusqu'à la comédie, le tout exécuté par ses malades, qui ont fait, à cet égard, l'admiration des connaisseurs, même des premiers artistes du Théâtre-Français.

établissement non moins célèbre que celui dont on vient de parler, avec lequel il a même, ce me semble, un double rapport, et par son objet, qui est d'exercer de même l'art médical sur des êtres privés de raison, et par la difficulté de traiter de pareils malades.

Cette école renferme un jardin de botanique, où les plantes sont classées selon le système de *Tournefort*. Dans le bâtiment on voit un très-beau cabinet d'anatomie comparée, et, dans la salle du concours, un beau buste en marbre blanc, élevé sur un cippe, à la mémoire du fameux *Bourgelat*, premier directeur de cette école.

Le pont de Charenton, souvent reconstruit, est fameux dans l'histoire, pour avoir été ensanglanté par plusieurs combats, depuis les Normands qui le rompirent en 865, jusqu'aux Frondeurs qui y repoussèrent en 1649 l'armée du prince de Condé.

§ 2. *De Charenton à Villeneuve-Saint-Georges*...... 2 ½

Après avoir laissé à gauche, en partant, la route de Troyes, et longé immédiatement après l'École Vétérinaire, dont il vient d'être parlé, on cotoie, à travers des champs fertiles, mais sujets aux inondations de la Seine, la rive droite de ce fleuve, par un chemin très plat, aligné, bordé d'une double rangée d'ormes, et assez large d'accotement, mais si étroit de pavé, qu'il paraît avoir à peine la voie d'une voiture. N'en pouvant croire mes yeux, je l'ai mesuré, et ne lui ai trouvé que dix pieds dans une partie, douze dans une autre : il en a pourtant quinze, d'après les documens que m'ont fournis les ingénieurs ; mais un quart de cette largeur, déjà si juste pour le passage de deux voitures, est couvert par le terrain des bas-côtés. Il importe d'élargir ce pavé, et plus encore de donner à la chaussée l'élévation nécessaire pour la mettre à l'abri des débordemens de la Seine.

Au bout d'un quart de lieue, on traverse le village de Maisons, plus loin la route de Choisy au château de Grobois, et l'on passe bientôt après du département de la Seine dans celui de Seine et Oise sans voir aucune délimitation. Plus loin, on laisse à gauche le chemin de Valenton, joli village qui renferme diverses maisons de campagne dont la principale est celle de M. Boulenois.

Cette distance est embellie par la vue continuelle de la rive opposée de la Seine, toute parsemée, comme celle que nous suivons, de maisons de plaisance, de villages et de bourgs. Le premier qu'on aperçoit est Ivry, le second Vitry, le troisième Choisy, le quatrième Villeneuve-le-Roi, le cinquième Ablon. Celui de Villeneuve-Saint-Georges, où nous arrivons, est peuplé de mille habitans, monté d'un bureau de poste et embelli d'un grand nombre de maisons de campagne, que ne laisse ni voir, ni soupçonner la vilaine rue par laquelle on traverse ce bourg. Elles sont situées, les unes en amphithéâtre, sur le coteau qui le domine, les autres en terrasse, sur la Seine qui le baigne. Le premier bâtiment qu'on trouve à droite, en entrant, est une raffinerie considérable. — *Parcouru depuis Paris.* . . . . $4\frac{1}{2}$

§ 3. *De Villeneuve à Lieursaint.* . . . . $3\frac{1}{2}$
§ 4. *De Lieursaint à Melun.* 3

La route s'éloigne de la Seine et va traverser, au bout d'une demi-lieue, le délicieux village de Montgeron presqu'entièrement composé de maisons de plaisance. Situé sur une hauteur, il jouit de l'air le plus pur et de la plus belle vue, d'un côté sur la vallée de la Seine, de l'autre sur celle de l'Yères, petite rivière que nous avons passée à Villeneuve; elle doit avoir donné son nom au village qu'on voit à une demi-lieue E., sur une colline dont elle baigne le pied. On remarquait naguères, en arrivant à Montgeron, le beau château de Crône, au milieu des prés qui bordent l'Yères, on peut même dire au milieu de ses eaux, puisqu'il en était environné. Ce château, ancienne propriété du marquis de Brancas, vient d'être démoli par les nouveaux propriétaires.

Le village d'Yères, non moins agréablement situé que celui de Montgeron, est de même rempli de maisons de campagne. Au milieu des bois qui entourent ce village est le château de Lagrange, où l'on admire un beau salon en stuc, commencé par le maréchal de Saxe.

Peu après Montgeron, on traverse la forêt de Senars, dont l'enceinte est de six lieues et le trajet de deux. La route qu'on laisse à gauche en entrant dans cette forêt conduit à Brunoi. On voyait le magnifique château de ce village, au bout d'une avenue de près d'une lieue. Une autre avenue du même château aboutit à un obélisque, qui marque le milieu de la route dans la forêt. Il appartenait, lors de la révolution, à Monsieur, frère du roi : il a été démoli depuis par les acquéreurs. La terre de Brunoi fut érigée en marquisat par Louis XV, en faveur de M. Pâris de Montmartel, financier aussi fameux par les services qu'il rendit à l'État, que son fils, le marquis de Brunoi, le fut par ses dévotieuses profusions, connues sous le nom de *folies de Brunoi*.

La route, dans la forêt de Senars, est sablonneuse en été, boueuse en hiver, difficile en toute saison.

On entre dans le département de Seine et Marne peu avant Lieursaint, assez beau village, au sortir duquel on voit, à droite, un chemin non ferré qui mène à Corbeil, et à gauche, une chaussée pavée qui conduit à divers châteaux.

Route droite, plate et peu intéressante, depuis là jusqu'à l'avenue de Melun. On entre dans cette ville par une rampe courte et rapide, au haut de laquelle on a laissé à gauche la route de Brie. L'embranchement est marqué par une étoile, dans laquelle, aussi bien que dans celle qu'on traverse au sortir de Lieursaint, une pierre indique la base d'un triangle qui a eu pour objet la mesure d'un arc du méridien.

Melun, siége de la préfecture de Seine et Marne, est une ville de 6,000 habitans, qui n'offre absolument rien à la curiosité des voyageurs. Une place circulaire, traversée par la grande route, est son unique embellissement. Ses deux petites promenades méritent à peine ce nom. Elle a des bains publics, une verrerie, deux filatures de coton, une fabrique de toiles peintes, des tanneries, des marchés considérables pour les grains tous les samedis, et une société d'agriculture distinguée, créée par son premier préfet, M. de la Rochefoucauld. Un ancien couvent a été converti en caserne pour le corps des Mamelucks.

Cette ville est mentionnée dans les Commentaires de Jules-César sous le nom de *Meloduuum*, mention que quelques érudits lui disputent pour en faire honneur à Corbeil ; certes, indépendamment de l'analogie des noms de *Melun* et *Melodunum*, il n'est pas plus possible de reconnaître Corbeil que de méconnaître *Melun* dans le passage ou Jules-César en parle : *Oppidum Senonum in insulâ sequanæ positum ut paulò ante Lutetiam diximus*, etc. C'est-là que son lieutenant *Labienus* fit construire la flotille destinée contre Paris.

La position de Melun dans l'île de la Seine dont parle César, et sur les deux bras qui forment cette île, n'est pas sans quelque ressemblance avec celle de la capitale, que les Melunois prétendent avoir été bâtie sur ce modèle. Elle n'est pas non plus sans quelqu'agrément, quoiqu'elle soit loin de ressembler au portrait qu'en fait l'auteur d'un ouvrage, où l'on lit que « le » territoire délicieux de Melun, et les aimables » rives de la paisible Seine en font un séjour enchanteur ». Quant à nous, cette ville nous a paru prendre si naturellement sa place parmi celles dont on ne dit rien, que nous sommes nous-même étonnés d'en pouvoir entretenir aussi long-temps nos lecteurs. Pour être cependant justes à son égard, nous ne devons pas omettre ses titres de gloire, consistant dans un grand nombre de siéges, qu'elle a soutenus avec distinction. Les Anglais ne purent la prendre en 1419 que par famine, et après l'avoir gardée pendant dix ans, ils en furent chassés par les habitans, qui y reçurent les troupes de Charles VII. Elle s'honore aussi d'avoir donné le jour à Amyot; mais ce qui a rendu son nom vraiment célébre, au point qu'il est connu même des personnes les moins versées en géographie, est le proverbe des *anguilles de Melun qui crient avant qu'on les écorche.* En voici l'origine d'après la tradition du pays et d'après les auteurs. « On » représentait à Melun le martyre de Saint-Bar» thélemi qui, suivant la tradition de l'Église, » fut écorché vif. Un nommé Languille, qui » faisait le rôle du Saint, fut attaché à une croix » pour être en apparence écorché. A l'aspect de » l'exécuteur qui, le couteau à la main, sem» blait se disposer à l'opérer, il ne put s'empê» cher de jeter des cris, ce qui égaya beaucoup » les spectateurs, et fit dire : *Languille crie* » *avant qu'on l'écorche* ».

Cette ville, outre les lignes de poste qu'indique la carte, possède encore deux routes de communication dirigées, l'une sur Corbeil, l'autre sur Nangis. — *Parcouru depuis Paris.* .

Iʳᵉ. ROUTE DE PARIS A LYON. 11 lieues.

§ 5. *De Melun à l'Écluse*............ 4
§ 6. *De l'Écluse à Montereau*........ 3

Les deux routes qui aboutissent à la barrière, l'une à droite, l'autre à gauche, conduisent, la première au château de Vaux, la seconde à Nangis. Celle que nous parcourons s'élève, par une montée d'une pente moyenne, sur une plaine sans agrément, mais non sans fertilité. A droite et à gauche s'élèvent diverses éminences hérissées de rochers, comme celles que nous remarquerons dans la forêt de Fontainebleau (2ᵉ. *route de Paris à Lyon*). Ces aspérités sont toujours des accidens curieux à observer, et le philosophe aussi bien que le naturaliste aime à méditer sur les causes extraordinaires qui ont pu les produire. On traverse d'abord le hameau de Sivry, ensuite celui du Châtelet, ancien lieu de relais, avant d'arriver à l'Écluse, ferme isolée, où ce relais a été transféré depuis quelque temps. On rencontre encore, après l'Écluse, deux autres villages, Pamphou et Valence, ce dernier attenant à une forêt dont le trajet dure près d'une lieue.

Une assez forte descente à travers une côte crayeuse, d'où l'on jouit d'une très belle vue, conduit à Montereau, petite ville, dont un double pont en pierre, sur la Seine et sur l'Yonne,

*

forme l'entrée : celui qui a été le théâtre de l'assassinat du duc de Bourgogne, n'existe plus, les deux ponts actuels n'étant pas d'une époque aussi reculée.

Cette ville, qu'on traverse par une large et assez belle rue, plaît aux voyageurs par la gaîté de sa situation, de ses maisons et de ses habitans ; elle est décorée d'une haute église gothique, où l'on conserve l'épée du duc de Bourgogne suspendue au côté droit de la nef.

L'emplacement de Montereau, sur les deux rivières, qui contribuent le plus à l'approvisionnement de Paris, donne lieu à un grand commerce : il y a une fabrique de faïence anglaise, et tous les samedis des marchés renommés pour les grains. Sa population n'est guères que de trois mille habitans. On la croirait plus forte à en juger par l'activité qui règne dans les rues, surtout par la fréquentation des cafés et de la promenade publique.

La route longeait, en sortant de la ville, cette promenade, par une haute chaussée, d'où j'ai plus d'une fois joui de la vue des bals champêtres, lorsque j'ai passé à Montereau un jour de fête ou de dimanche. Cette chaussée étant très-étroite, en mauvais état et même dangereuse, vient d'être abandonnée et remplacée par une belle avenue dirigée sur la droite.

Iʳᵉ. ROUTE DE PARIS A LYON. 13 lieues.

Une route, qu'on a laissée à gauche entre les deux ponts, conduit à Nogent-sur-Seine par Brai, petite ville de 2,000 habitans.

Il serait à désirer que Montereau devînt le point d'embranchement de la route de Fontainebleau et de celle que nous parcourons, lesquelles se réunissent dans l'état actuel à Fossard, simple hameau situé une demi-lieue plus loin, et dénué de ressources. La difficulté de placer le relais d'une manière entièrement convenable au bien du service, qui parle à-la-fois en faveur des villes et des lieux d'embranchement, l'a fait transférer à plusieurs reprises de Montereau à Fossard, et de Fossard à Montereau, où il finira sans doute un jour par rester irrévocablement. La direction que je propose pour concilier toutes les convenances, et lever toutes les difficultés, est indiquée sur la carte par une ligne ponctuée. — *Parcouru depuis Paris*... 18

---

§ 7. *De Montereau à Villeneuve-la-Guyare.*...... 3
§ 8. *De Villeneuve-la-Guyare à Pont-sur-Yonne.*... 3
§ 9. *De Pont-sur-Yonne à Sens.*............ 3

A la suite, et à un quart de lieue du hameau du Petit-Fossard, qui est en possession du relais, comme étant le point d'embranchement, on trouve celui du Grand-Fossard qui, malgré son nom, n'est guères plus considérable. Ils sont tous les deux hors de la ligne directe que doit suivre, d'après les plans, la grande route de Montereau à Villeneuve-la-Guyare, et cette rectification compensera le faible détour résultant du passage de la route de Fontainebleau par Montereau.

Entre Fossard et Villeneuve-la-Guyare, on passe du département de Seine-et-Marne dans celui de l'Yonne, et l'on traverse le village de Lavalette, entre Villeneuve-la-Guyare et Pont-sur-Yonne, deux très-petites villes aussi mal bâties, aussi mal percées l'une que l'autre, ayant 1200 habitans chacune, et chacune un bureau de poste.

La première a une petite promenade, en bosquet, qu'on longe à gauche, en sortant. La seconde fait le commerce des vins, assez abondans et assez bons, que produit son territoire, dont la nature crayeuse est peu propre à la culture du blé. Le nom de cette dernière ville lui vient du pont sur lequel on y traverse l'Yonne, pour en côtoyer ensuite la rive opposée. La route, constamment plate, et ordinairement belle, s'embellit encore, aussi bien que le pays, au delà du pont.

Sens est une ville ancienne, entourée de ses vieilles murailles, qui lui donnent un air gothique et peu gracieux; mais ces tristes remparts conservés, réparés, entretenus et non construits dans les siècles féodaux, sont de fondation romaine, et dès-lors ils deviennent un objet d'intérêt pour l'observateur. Plusieurs parties ont été détruites et remplacées par des constructions modernes; malgré cela il est peu de villes, j'oserai même dire qu'il n'en est point en France, qui offrent d'aussi beaux restes de remparts antiques. C'est ce qui les a peut-être fait respecter dans les deux derniers siècles où les anciennes fortifications, reconnues inutiles dans l'intérieur, insuffisantes sur les frontières, ont été remplacées en grande partie, là, par des maisons, des jardins en terrasse, et des promenades, là, par des terre-pleins et des glacis, propres à résister à l'artillerie. Le siècle actuel verra peut-être disparaître en entier les remparts de Sens, qui n'ont véritablement de mérite que pour l'amateur d'antiquité : je les ai vu démolir en plus d'un endroit (*).

Cette ville est agréablement située sur la rive

(*) Si M. Millin, qui n'aime pas les destructions de ce genre, comme il paraît par son voyage dans le midi de la France, avait été témoin de celles-là, il n'eût pas manqué de crier au sacrilège; mais on croirait qu'il n'a même pas vu les remparts, puisqu'il n'en parle point dans ce voyage consacré aux antiquités, quoiqu'il décrive la ville avec une grande profusion de détails.

droite de l'Yonne, à l'endroit où elle reçoit la Vanne, dont l'eau, distribuée en canaux dans les rues, les maintient propres en tout temps. Elles ne sont d'ailleurs pas belles, à l'exception de celle que parcourt la route, et qui offre, avec une superbe largeur, un parfait alignement. Les deux extrémités de cette rue sont ornées de deux belles portes de ville qui se font face, et le milieu d'un frontispice d'église, celui de la cathédrale, qu'on longe à droite. Construite au dixième siècle, et embellie successivement par différens archevêques, cette église est remarquable par son vaisseau, son jubé, son autel couvert d'un baldaquin que soutiennent quatre colonnes de marbre ; par son trésor qui renferme un Christ, de Girardon, et un autre donné par Charlemagne ; enfin par le mausolée du Dauphin, père de *Louis XVI,* mausolée que l'auteur de l'Itinéraire de l'Empire français croit être celui de Louis XV, et qu'il place dans la cour de la cathédrale. Il était dans le chœur, mais il n'y est plus depuis la révolution. « Les » diverses figures qui le composent, dit avec » raison M. Millin, ne font plus l'effet qu'elles » devaient produire au milieu d'un sanctuaire » auguste sous les voûtes hardies d'une immense » cathédrale, elles sont reléguées dans une pe-

» tite chapelle qui sert de dégagement et de
» magasin ». (Mill. *Voyage dans le midi de la
France, t. I.*)

J'avais toujours trouvé ce célèbre ouvrage d'un fils du célèbre Coustou, inférieur à sa réputation. J'y croyais voir une composition bizarre, une allégorie inexplicable, une espèce de logogriphe à-la-fois iconologique et mythologique, et je n'osais me l'avouer à moi-même, craignant avec raison de me tromper, puisque mon opinion n'était pas celle du public. Mais je ne crains plus de la produire aujourd'hui qu'elle est confirmée par celle de M. Millin, meilleur juge que moi dans cette matière. Je pense donc avec lui que « cette » composition si vantée n'offre qu'un poëme » froid et obscur, un mélange bizarre de sacré » et de profane, qui devrait être proscrit d'un » temple chrétien ». Le seul mérite de ce monument est dans l'exécution, qui n'est pas même tout ce qu'elle pourrait être.

Une autre chapelle renferme encore un monument remarquable : le martyre de Saint-Savinien. Quant au sujet principal, c'est ce qu'on appelle proprement, en style vulgaire, une véritable *charge*; mais la draperie du Saint m'a paru fort belle. Les vitraux de l'église méritent l'attention des amateurs. Les bas-reliefs du tombeau du chancelier Duprat sont conservés dans le Muséum du collège; on y conserve aussi le célèbre dyptique qui contient l'*office des fous* et *la prose de l'âne*, comme une preuve de l'existence de la bizarre fête des *fous*, et l'un des plus curieux monumens de la folie humaine (*).

Ce très-petit Muséum n'offre pas autre chose de remarquable. On voit une bibliothèque tout aussi petite dans la même maison, l'un des principaux bâtimens modernes de la ville. Dans le plus beau de tous est une filature de coton.

(*) Cette fête, qui paraît une grossière imitation des saturnales, est évidemment un reste de paganisme mêlé avec les premières cérémonies du christianisme naissant. Elle se célébrait aux fêtes de Noël. L'âne était le héros de la fête. Vêtu d'une belle chappe, on le conduisait en cérémonie à l'autel en chantant : *Orientis partibus, adventavit asinus pulcher, et fortissimus, sarcinis aptissimus;* le cri de l'âne était le refrain, et tous les assistans finissaient par braire en chœur. Tous les dieux de la fable, Bacchus, Pan, les Satyres, les Tritons, Vénus, etc., contribuaient, de la manière la plus confuse, à la cérémonie représentée dans le dyptique. L'auteur de l'office est Pierre Corbeil, archevêque de Sens, mort en 1222. Tantôt défendue, et tantôt permise, cette fête ne cessa tout-à-fait qu'à la fin du seizième siècle.

Après cet établissement, quelques tanneries et quelques manufactures de colle-forte, les pépinières et les clepsydres, ou horloges d'eau, sont les seules branches d'industrie de cette ville, peu commerçante, comme toutes celles où dominait le clergé. Les manufactures de coton et autres que lui donnent les géographes, et d'après eux l'auteur de l'Itinéraire, n'y existent pas plus aujourd'hui que les monumens antiques, les temples d'Auguste, de Vesta, et l'amphithéâtre que lui donnent plusieurs d'entr'eux. On voit seulement un tombeau gaulois, encastré dans le mur d'une pépinière.

Cette ville est regardée comme l'ancienne capitale des Senones, dont elle a pris son nom moderne, après avoir été connue des anciens, et mentionnée par César sous celui d'*Agendicum*.

Siége d'un archevêché avant la révolution, elle n'a pas obtenu même un évêché dans les nouvelles divisions ecclésiastiques. Elle a une sous-préfecture, une population de dix mille ames, des bains publics, une école secondaire et une salle de spectacle. La double allée d'arbres qui l'entoure, en forme de boulevard, procure aux habitans une agréable promenade, et aux curieux la vue de ses remparts antiques. Les environs sont fertiles en grains, et produisent d'assez bons vins d'ordinaire. Sens est la patrie du jurisconsulte Loyseau.

Il s'y est tenu plusieurs conciles, dont le plus célèbre est celui de 1140, où Saint-Bernard fit condamner la doctrine d'Abeilard. — *Parcouru depuis Paris*. 27

§ 10. *De Sens à Villeneuve-sur-Yonne*. . . . . 3 ½

On passe près du château et de la fontaine de Véron, renommée par ses incrustations, vers les deux tiers de cette distance, que les boues de l'hiver et les sables de l'été rendent également difficile ; elle est d'ailleurs agréable par sa direction continuelle le long de la rive droite de l'Yonne, toujours au pied, quelquefois sur le penchant des côteaux, qui règnent sur la gauche. Le sol crayeux et blanchâtre de ces côteaux se dérobe sous un long tapis de vigne. La rivière serpente au milieu d'une riche plaine de champs entremêlés de prairies. Villeneuve est une petite ville de trois mille habitans livrés la plupart au commerce des vins, des bois et des charbons. La route la traverse, par une rue large et tirée au cordeau, comme celle de Sens. Cette rue est terminée de même, à chaque bout, par une belle porte de ville, et ornée, dans son milieu, d'un beau frontispice d'église. Pour

Iʳᵉ. ROUTE DE PARIS A LYON. 21 lieues.

compléter la ressemblance, l'entrée et la sortie sont également embellies par des allées qui entourent la ville, comme celles de Sens, et qui sont taillées en berceau, comme celles d'un jardin. La ville consiste presque toute entière dans cette belle rue. — *Parcouru depuis Paris,* . . . 30 ½

§ 11. *De Villeneuve à Ville-Valier.* 2
§ 12. *De Ville-Valier à Joigny.* 2

Même route jusqu'à Ville-Valier, village de mille habitans, au-delà duquel elle devient plus roulante. A une lieue de ce village, de l'autre côté de l'Yonne, est la petite ville de Saint-Julien, connue par ses vins. Même contrée jusqu'à Joigny, où l'on arrive par une belle grille qui ressemble à celle d'un château : peu de villes ont un abord plus riant. Un quai spacieux et très-élevé règne en droite ligne le long de l'Yonne, depuis la grille par laquelle on entre, jusqu'à une grille semblable placée à l'autre extrémité, où aboutit la route de Dijon. Mais celle que nous suivons n'arrive pas jusque-là, elle traverse l'Yonne, vers le milieu du quai, sur un beau pont de pierre, qui conduit dans le faubourg, où aboutit, avec la route d'Auxerre, celle de Saint-Fargeau. Le voyageur qui ne fait que passer, ne voyant de Joigny que ce faubourg, ce pont et ce superbe quai, décoré d'une belle caserne de cavalerie, emporte de cette ville l'idée la plus avantageuse; mais il est bien détrompé, s'il pénètre dans l'intérieur. La ville, proprement dite, est groupée au-dessus du quai contre la pente rapide du côteau qui règne le long de la rive droite de l'Yonne; les rues en sont prodigieusement escarpées, bordées de vilaines maisons, et aussi étroites que tortueuses. Le château de Joigny, bel édifice moderne, construit par le cardinal de Gondi au haut de la ville, semble placé là pour dédommager les curieux du chemin désagréable par lequel ils y arrivent. Les croisées et les terrasses du château, offrent une vue magnifique; l'église attenante, mérite aussi quelqu'attention par sa belle voûte, qui est encore intéressante à voir, quoique mutilée.

Une sous-préfecture, un tribunal civil et un tribunal de commerce sont les établissemens que possède Joigny. Sa population est de cinq à six mille habitans; son commerce consiste en écorce de chêne, en bois, en étoffes dites tiretaines, sur-tout en vins, qui abondent, et sont très-bons dans son territoire. On leur attribue la vertu de fondre l'humeur arthritique de la goutte. Leur vertu ne va pas malheureusement jusque-là, mais ils fournissent une boisson agréable et apéritive ; c'est assez pour les faire rechercher : ils le seraient trop s'ils guérissaient la goutte.

Quelques savans croient que le nom de *Joviniacum*, donné à cette ville, lui vient de Jovin, général de la cavalerie romaine sous les enfans de Constantin. — *Parcouru depuis Paris*. . . . 34 ½

§ 13. *De Joigny à Bassou*. 3

Au sortir du faubourg, on tourne à gauche pour longer la rive méridionale de l'Yonne, en laissant en face la route de Joigny à Saint-Fargeau. Celle qu'on suit est large, très-plate, et bordée de beaux arbres qui lui donnent l'air d'une promenade, et la rendraient agréable à parcourir, si elle n'était extrêmement boueuse en hiver, et non moins sablonneuse en été; pavée en grande partie, elle ne tardera pas sans doute à l'être en totalité. Bassou est un village qui a un bureau de poste. — *Parcouru depuis Paris*. . . . 37 ½

§ 14. *De Bassou à Auxerre*. 4

On continue à longer à gauche la rivière d'Yonne, et à droite un petit côteau de vignes dont on s'est rapproché à la fin de la distance précédente; on en était séparé auparavant par les belles prairies de Joigny. Il offre des aspects rians. La route devient moins plate et moins sablonneuse.

Auxerre est une vieille ville, qui, par cette raison, n'est ni bien bâtie, ni bien percée; mais elle est agréablement située sur la pente douce du côteau de vignes, dont nous venons de parler, et sur la rive gauche de l'Yonne, qui forme en face une petite île rafraîchie par des bouquets d'arbres, et animée par le mouvement d'un grand nombre de moulins. Les maisons, situées le long de la rivière, en sont séparées par un beau chemin pavé, au bout duquel est un quai commencé, dont elles paraissent, par leur alignement, attendre la continuation. Une promenade, en forme de boulevard, enceint le reste de la ville, et représente un arc de cercle dont la rivière figure la corde.

Les premiers édifices qui frappent la vue, sont les trois églises gothiques de Saint-Pierre, de l'Abbaye-Saint-Germain et de la cathédrale, remarquables, la première, par une belle tour et un mélange singulier d'architecture gothique et moderne; la seconde, par un gothique très-ancien qui touche au Bas-Empire; la troisième, par la grandeur et l'élévation de sa nef, par les peintures extrêmement chargées de ses vitraux, et par le tombeau du naïf traducteur de Plutarque.

La tour de l'horloge, et la flèche délicate qui la termine méritent un coup d'œil en passant sur la place du marché; le cadran est si vieux qu'il porte encore les caractères gothiques. A la pointe de l'aiguille roule un petit globe qui marque les lunaisons.

On ne distingue d'autre édifice moderne à Auxerre que le palais épiscopal, qui n'a rien de beau, quoique très-vanté par les géographes. Il est actuellement occupé par la préfecture : l'évêché est supprimé.

Cette ancienne capitale de l'Auxerrois, aujourd'hui chef-lieu du département de l'Yonne, est peuplée de douze mille habitans, et possède, avec la préfecture, et les établissemens qui en font suite, une école secondaire, une bibliothèque publique peu riche, une salle de comédie passable, des bains publics, et de bonnes auberges. On n'y fait d'autre commerce que celui des vins de cette contrée, connus et estimés à Paris sous le nom de vins d'Auxerre ou de la Basse-Bourgogne. La navigation de l'Yonne en facilite le transport.

Cette navigation remonte et s'arrête à Cravan, petite ville située quatre lieues plus haut, à la jonction de la Cure avec l'Yonne, et sur la rive droite de cette dernière. Le flottage des bois remonte jusqu'à Clamecy dans le Morvan. Auxerre en voit passer tous les ans cent vingt mille cordes, et n'en fait pas le commerce elle-même, comme le disent divers auteurs. Elle n'a pas non plus de fabriques de draps, ni de lainages, comme le dit l'Itinéraire français, et ne renferme qu'une fabrique d'ocre, matière qu'on tire des mines de Pourrain, à trois lieues vers l'ouest. Les environs produisent des carrières de belle pierre blanche de nature calcaire.

On a trouvé, en creusant dans un jardin, des coins antiqués bien conservés, des fragmens de chapiteaux très-mutilés, une apparence de fourneau, une patère portant l'inscription *Eizodon Brenn*, et une statue équestre qu'on a cru être celle de *Brennus*, à cause de cette inscription.

L'histoire d'Auxerre n'offre qu'un intérêt local, sa fondation se perd dans la nuit des temps. Son nom latin d'*Antissiodurum*, passe pour un composé des mots celtiques : *Antissio* et *Durum*. Cette ville est la patrie de Germain Brice et du savant abbé Le Bœuf.

Outre la route que nous décrivons, Auxerre est encore sur le passage d'une grande route non achevée, aboutissant, d'après les plans, d'un

Iʳᵉ. ROUTE DE PARIS A LYON.   27 lieues.

côté à Troyes, par Saint-Florentin; de l'autre à Bourges, par Clamecy et la Charité. Une autre route également non terminée et praticable seulement en été, établit la communication de cette ville avec celle de Tonnerre par Châblis, petite ville de trois mille habitans, située à mi-distance sur le Serain, et renommée par ses excellens vins blancs. — *Parcouru depuis Paris.* 41 ½

---

§ 15. *D'Auxerre à Saint-Brix*............ 2

Après avoir passé l'Yonne sur le pont d'Auxerre, on monte pendant plus d'une heure une côte assez douce, du haut de laquelle on n'a qu'une courte descente pour arriver au relais. Pendant toute la montée, le voyageur voit derrière lui, en se retournant, la ville d'Auxerre, avec une certaine étendue et des vignobles qui l'entourent, et de la rivière qui la baigne. Dans une partie de la descente, il découvre la petite ville de Cravan, dont on vient de parler, et plus près, sur la même rive droite, le bourg d'Yrancy, connu par ses vins. Il aperçoit aussi dans le lointain Vezelai, dont on parlera dans peu. Il est toujours au milieu des vignobles d'Auxerre, et toujours dans les terres calcaires; mais de grasses et argileuses qu'elles étaient dans le voisinage de cette ville, elles deviennent ici maigres et pierreuses.

Saint-Brix est une petite ville de quinze à dix-huit cents habitans, avec bureau de poste. Le bassin où elle est située est moins aride que les collines environnantes; elles produisent des vins blancs assez estimés, inférieurs néanmoins au Châblis. — *Parcouru depuis Paris.* 43½

§ 16. *De Saint-Brix à Vermanton.* 4

Collines toujours calcaires et de plus en plus maigres et pierreuses. Il n'y prospère d'autre culture que celle de la vigne, dont la maigreur répond à celle du sol. Tout ce qui n'est pas vignoble est remué de loin en loin par la charrue, mais elle ne sillonne le plus souvent que des couches de roc en débris, qui ne rendent pas toujours la semence qu'elles reçoivent. La campagne, entièrement dépourvue d'arbres, n'offre par-tout que nudité et stérilité.

Après la courte montée par laquelle on sort de Saint-Brix, une descente continuelle conduit à Vermanton, petite ville située au pied des collines, sur la rive droite de la Cure. Il y a un bureau de poste et deux mille quatre cents habitans, la plupart adonnés au commerce du vin que produit son territoire, et du bois que transporte sa rivière. Le vin est renommé comme bon vin d'ordinaire; le bois est de première qualité; il y arrive du Morvan à bois perdu. C'est à Vermanton qu'on l'arrête, pour construire les trains qui descendent à Paris par l'Yonne et la Seine.

A deux lieues S. de Vermanton et trois N.-O. de Lucy-le-Bois, sur le bord occidental de la Cure, sont les fameuses grottes d'Arcy, auxquelles l'opinion commune donne une demi-lieue de long ou de profondeur. Des personnes instruites du pays ne leur croient pas cinq cents toises. Les continuateurs du *Voyageur français*, qui ne leur en donnent que trois cents, pourraient bien être les plus près de la vérité. C'est encore une longueur prodigieuse pour des galeries souterraines où l'on marche lentement à la lueur des flambeaux, sans cesse arrêté par des obstacles qu'il faut vaincre, ou par la curiosité qu'il faut satisfaire : elle l'est complettement dans les grottes d'Arcy, mais elle l'est de même, plus ou moins, dans toutes les grottes, accidens singuliers de la nature, où les amateurs de toutes les classes courent alternativement chercher, les uns des effets, les autres des causes. Les grottes d'Auxelles, près de Besançon, moins connues parce que, plus éloignées de la capitale, elles sont moins prônées par l'enthousiasme, m'ont paru plus dignes de l'être.

Quoi qu'il en soit, les unes et les autres offrent des jeux de la nature du même genre. C'est une succession continuelle de vastes salles, de passages étroits, de cabinets, de galeries. Les stalactites s'y reproduisent sous les formes les plus variées et les plus bizarres. On y voit toutes les figures imaginables, toutes celles qu'on veut y voir : les jeux d'orgue sont à-la-fois celles qui se montrent le plus souvent, et qui font le plus d'illusion. Je dis ailleurs par quel procédé la nature forme cette congélation composée de la réunion des stalactites et des stalagmites *(voyez la description des grottes d'Auxelles, route de Paris à Besançon).* Nous ne pousserons pas plus loin celle des grottes d'Arcy, afin de ne pas nous répéter. Elles offrent toutefois deux particularités qui les distinguent; la première, de pouvoir être parcourues en totalité, sans retourner en arrière, au moyen d'une continuité de communications intérieures; la seconde, de renfermer, près de l'entrée, un petit lac, que quelques auteurs croient être un bras de la Cure. Les deux postes de Vermanton et de Lucy-le-Bois, conduisent à ces grottes les voyageurs, qui ont la curiosité de les visiter; ils n'allongent, en passant par là, que d'une lieue. Ceux qui disposent de leur temps et de leur voiture ne doivent pas craindre une aussi courte déviation pour un objet aussi intéressant.— *Parcouru depuis Paris* . 47 ½

§ 17. *De Vermanton à Lucy-le-Bois*............ 4 ½

Même nature de route et de contrée; le beau bâtiment qu'on remarque à quelques portées de fusil sur la droite en partant de Vermanton, est l'abbaye de Ligny, où sept bernardins jouissaient de soixante mille livres de rente. La position de ce monastère, au bord de la Cure, au pied d'une colline couverte de bois, et dans le voisinage d'un grand nombre de forêts, le rend propre à un établissement considérable.

On s'élève par une nouvelle côte sur de nouvelles hauteurs toujours pierreuses et calcaires. Ce sont les arides plaines, qui s'étendent entre le bassin de Vermanton et celui de Lucy-le-Bois, village de huit à neuf cents habitans, qui a un bureau de poste et beaucoup d'auberges. Il paraît placé sur la ligne de séparation des terres maigres qu'on vient de parcourir, et du sol fertile qui forme le territoire et annonce l'approche d'Avalon.— *Parcouru depuis Paris*. 52

§ 18. *De Lucy-le-Bois à Avalon*. 2

Les vignes disparaissent vers le milieu de la distance ; là le voyageur en poste laisse en face l'ancienne route par Sauvigny, village qui renferme le château de l'ancien intendant de Paris, Bertier, pour prendre à droite la nouvelle route dirigée par Avalon.

Comme le roc ne se montre plus, on passe de la contrée calcaire à la contrée graniteuse, sans s'en apercevoir. Les matériaux de la route sont : d'abord la pierre calcaire pure, ensuite la pierre calcaire coquillière.

La ville d'Avalon se présente agréablement à la vue ; ses rues sont assez larges, très-propres, bordées de maisons bien bâties ; ses places publiques plaisent, malgré leur irrégularité, par la fraîcheur et la gaîté des bâtimens qui les entourent. Trois promenades, dont une règne en terrasse sur la sauvage vallée du Cousin, décrite ci-après, achèvent le tableau de cette intéressante petite ville, qui charme moins par sa beauté que par sa physionomie.

On n'y voit d'ailleurs aucun bâtiment remarquable, à l'exception d'un hôpital qui le serait peu dans une plus grande ville. Le portail de l'église paroissiale présente, dans son architecture gothique, des colonnes torses d'un genre bizarre et d'une extrême délicatesse, qui n'échappent pas à l'attention de l'artiste.

Cette petite ville offre toutes les ressources des grandes, d'excellentes auberges, de très-beaux cafés, montés et fournis à peu près comme ceux de la capitale, des bains publics et une bonne société. Elle n'est plus la proie de la fureur du jeu, ni le réceptacle de tous les joueurs de la contrée, comme lors du passage de M. Millin, qui y trouva, dit-il, dans son voyage, le perfide Trente-Un et la friponne Roulette en permanence.

Elle renferme une sous-préfecture, une école secondaire, un tribunal civil, un tribunal de commerce, des tanneries, une papeterie, et six mille habitans. Elle fait le commerce du bois, des grains, des bestiaux, chevaux, mulets, et doit ces dernières branches au voisinage du Morvan, dont elle est l'entrepôt. Avalon était autrefois une forteresse qui soutint, sous le règne du roi Robert, un long siége, et ne put être forcée, les habitans s'étant défendus à outrance.

Cette ville, située dans une plaine fertile en grains, est à une lieue des vignobles qui produisent les vins renommés de son territoire, à peu de distance de la Cure, et sur le bord septentrional du Cousin, qu'elle domine par un escarpement pittoresque. D'autres escarpemens plus pittoresques encore se montrent sur la rive opposée ; les sinuosités de la rivière et de l'étroit vallon qu'elle arrose, les sombres masses de granit qui s'élèvent de part et d'autre, enfin le ton sauvage et bocager qui règne dans toute la perspective, égayée vers une extrémité par la jolie maison des Panats, m'ont rappelé quelques paysages des cantons de Berne et de Fribourg. J'ai cru voir un coin de la Suisse au milieu de la France (*).

C'est en cet endroit que commencent les forêts du Morvan, pays connu par les bois de chauffage qu'il fournit à la capitale, par les nombreux bestiaux qu'il élève, et par les mœurs plus grossières qu'agrestes, plus sauvages que simples,

_____

(*) M. Millin qui, dans sa description d'Avalon, donne à la vallée du Cousin près de mille toises de profondeur, ce qui en suppose à la ville plus de onze cents d'élévation, au-dessus du niveau de la mer, ne fait pas attention que cette hauteur excéderait celle, non-seulement des plus hautes montagnes de l'intérieur, le Mont-d'Or et le Cantal, mais encore des principaux passages des Alpes, le Mont-Cenis, le Mont-Genèvre, le Col de Tende, le Simplon. Nous verrons dans la suite de cet ouvrage ces dernières élévations évaluées

quoique pourtant très-hospitalières, de ses habitans. Il participe des deux départemens de la Nièvre et de l'Yonne, comme il participait autrefois des deux provinces du Nivernais, et de la Bourgogne *(Voyez deuxième route de Paris à Lyon).*

Une route de communication d'Avalon à Vézelai, petite ville de quinze cents habitans, patrie du fameux Théodore de Bèze, se prolonge jusqu'à Clamecy, où elle s'embranche avec celle d'Auxerre à Bourges par la Charité.

Dans la direction opposée, une autre route nouvellement montée en ligne de poste, conduit à Semur par Époisse, village renommé pour la fertilité de son territoire et la grande quantité de grains, sur-tout d'avoine, qu'on en retire. — *Parcouru depuis Paris.* 54

---

par les mesures diverses qui en ont été prises plus au-dessous qu'au-dessus de mille toises. La profondeur de cette vallée est tout au plus de deux cents mètres (cent toises), ce qui ferait présumer une erreur typographique consistant dans l'addition d'un *zéro*, si cette quantité n'était indiquée en toutes lettres dans l'ouvrage de M. Millin; et dès-lors le lecteur ne peut plus y voir qu'une méprise géologique un peu forte, et bien surprenante de la part d'un savant aussi célèbre.

§ 19. *D'Avalon à Rouvray*.............. 4

On rejoint, une lieue après Avalon, l'ancienne route qu'on a laissée une lieue avant cette ville, et l'on trouve au milieu de la distance le village de Cussy-les-Forges; une lieue plus loin celui de Sainte-Mayence.

Le département de l'Yonne finit aux portes de Rouvray, où commence celui de la Côte-d'Or, dont nous allons suivre la lisière. Ce bourg, peuplé de quinze cents habitans, que quelques géographes qualifient de ville, a un bureau de poste à cause de l'embranchement de la route de Dijon. Son territoire est rempli de granit à grain fin qui imite le granit antique.

La distance qu'on vient de parcourir est montueuse. Les matériaux granitiques remplacent, sur la route, ceux de pierre coquillère que nous avons vus en approchant et en repartant d'Avalon, et la culture du seigle, celle du froment. Les chevaux partagent avec les mulets et les bœufs, les travaux du labourage. — *Parcouru depuis Paris*................ 58

§ 20. *De Rouvray à la Roche-en-Berny*........ 2
§ 21. *De la Roche-en-Berny à Saulieu*........ 3

Sol toujours graniteux et montagneux. Les

Ire. ROUTE DE PARIS A LYON.   37 lieues.

sables s'emparent de la route. On laisse à gauche celle de Dijon, vers le quart de la première distance.

La Roche est un village où l'on s'étonne de voir plusieurs boutiques, et Saulieu une petite ville de trois mille habitans, où l'on ne s'étonne pas moins de voir un tribunal de commerce. L'étonnement cesse en apprenant qu'elle a douze foires considérables par an. Elle fabrique une grande quantité de futailles.

Cette ville a été prise et reprise plusieurs fois par les Anglais, les Français, les Huguenots, etc.

Son territoire produit d'excellens navets qui s'expédient jusqu'à Paris. On y récolte aussi beaucoup de seigle et de foin : les labours se font tous avec des chevaux. Le roc se montre peu, tout ce qu'on en découvre décèle le granit.

La ligne de poste que nous suivons se divisait autrefois à Saulieu en deux branches qui se rejoignaient à Châlons-sur-Saône. L'une des deux, dirigée par Arnai, petite ville de deux mille cinq cents habitans, a été supprimée pendant la révolution, comme faisant double emploi avec celle par Autun, que l'importance de cette dernière ville a fait préférer. — *Parcouru depuis Paris.* 63

§ 22. *De Saulieu à la Pierre-Écrite*............ 2½
§ 23. *De la Pierre-Écrite à Chissey*.......... 3
§ 24. *De Chissey à Autun*.................. 5

Contrée de plus en plus montagneuse, mais sans aspérité : sol moins sablonneux et non moins infertile. Le genêt et la bruyère en sont les productions spontanées. On monte presque toujours jusqu'à Pierre-Écrite, hameau ainsi nommé à cause d'une pierre tumulaire qu'on y voit, dont l'inscription, d'ailleurs insignifiante, est à demi-effacée. La plaine élevée dans laquelle il est situé, continue à s'élever encore graduellement jusqu'au sommet d'une montagne, où l'on entre dans le département de Saône-et-Loire, et d'où l'on descend par une longue côte à Chissey, hameau un peu plus considérable que Pierre-Écrite, et situé au fond de la plus triste des vallées. Dépourvue d'ombrage comme les croupes arrondies qui la bordent, et couverte de maigres prairies, où la faux rencontre plus de jonc que de foin, cette vallée est d'un aspect sauvage, sans être pittoresque. Les collines semblent repousser toute espèce de végétation. Quelques bouquets d'arbres s'y laissent apercevoir de loin en loin ; mais ils décèlent leur état de souffrance par des tiges si grêles, et un branchage si appauvri, qu'on croirait voir plutôt des buissons que des arbres.

Un domicile champêtre, élégamment construit, dont on longe l'enclos, en arrivant à Chissey, produit un effet extraordinaire au milieu de cette misérable contrée, et prouve qu'il est au moins quelqu'un pour qui elle a des charmes. Les hameaux assez rapprochés qu'on y remarque prouvent d'un autre côté que cette terre, moins marâtre qu'elle ne le paraît à la simple vue, offre encore quelque subsistance à ses habitans. Son meilleur produit est le bétail. J'y ai vu de fort beaux bœufs, auxquels elle fournit sans doute des plantes nourricières, malgré sa maigreur naturelle.

Peu de rochers varient la monotone et attristante nudité de la perspective : un seul frappe la vue, après avoir passé Chissey, au-dessus du village de Lucenai. Sa forme bizarre et sa couleur noirâtre lui donnent l'air d'une éjection volcanique; mais c'est une apparence trompeuse, qui n'est appuyée par aucun symptôme de volcanisation. Les matériaux de la route sont tous plus ou moins ferrugineux, et semblent un mélange de grès, de schiste et de granit.

La vallée qu'on suit, en côtoyant le ruisseau de Chissey, s'ouvre vers le milieu de la distance en une plaine assez étendue et boisée, au bout de laquelle on aperçoit la ville d'Autun, située au pied, non de trois montagnes, comme le disent presque tous les auteurs, mais d'une seule divisée en trois mamelons, si peu saillans, que l'on a eu de la peine à me les faire distinguer. Elle n'est pas non plus sur une colline, comme d'autres le disent, mais sur un plateau peu élevé qui s'étend entre la plaine et la montagne, et participe de l'une et de l'autre.

On traverse, en arrivant, la rivière d'Arroux, qui prend sa source près d'Arnai-le-Duc, devient navigable quelques lieues au-dessous d'Autun, et se jette dans la Loire à Digoin.

Avant de passer le pont, il faut se détourner un peu sur la droite, pour aller observer de près un premier échantillon des antiquités d'Autun. C'est une carcasse, ou pour parler plus juste, un reste de carcasse qu'on regarde, sans autre preuve que la tradition orale, comme un ancien temple de Janus. Cette ruine, qui se soutient par la seule force de son ciment, présente une maçonnerie très-simple en petites pierres quarrées, et n'est un objet de curiosité que pour les savans de profession. Une société d'amateurs y a fait faire des fouilles qui n'ont découvert autre chose que trois couches de pavé en mastic.

La porte d'Arroux, sous laquelle nous allons passer, en entrant dans la ville, est un monument bien plus digne de notre attention. « Elle con- » siste (je copie M. Millin) en deux grandes » arcades pour l'entrée et la sortie des voitures, » et deux plus petites, sur les côtés, pour les » gens de pied. Un magnifique entablement les » couronne. Au-dessus règne une espèce de » galerie composée autrefois de dix arcades, » dont il ne reste plus que sept ». *(Voyage dans le Midi de la France, tom. I.)*

Les pilastres d'ordre corinthien qui séparent les arcades sont cannelés avec une grande netteté. Les chapiteaux sont d'un fini précieux, et surtout d'une parfaite conservation, ce qui aurait bien dû calmer l'humeur de M. Millin contre l'esprit de destruction qu'il reproche aux habitans de cette ville. Les pierres paraissent sortir des mains de l'ouvrier, et les ornemens, surtout les chapiteaux, de celles de l'artiste, tandis qu'on voit ordinairement cette partie des anciens édifices mutilée par le temps, quand elle ne l'a pas été par les Barbares. Mais ici les Barbares, les siècles et les habitans semblent s'être concertés, pour épargner ce précieux reste de la construction romaine.

La porte de Saint-André, à droite, et à peu de distance de celle-ci, n'est guères moins bien conservée, et lui ressemble beaucoup, quoique d'un ordre différent, les chapiteaux des pilastres étant ioniques, au lieu d'être corinthiens. « Il est étonnant, dit M. Millin, que des » murs de dix-huit pouces d'épaisseur, cons- » truits sans ciment, aient pu braver tant de » siècles ». Il doit sembler plus étonnant à ses lecteurs, qu'il ait mis cette phrase dans le même chapitre où il s'élève si violemment contre ce qu'il appelle : la manière barbare dont les Autunois traitent leurs monumens.

Une tour qu'on croit avoir appartenu à un temple de Minerve, et qui en porte le nom, a été incorporée dans le bâtiment de l'abbaye de Saint-Andoche. On ne voit de cette tour qu'un seul mur bien conservé, et qu'une seule face de ce mur.

Le monument qu'on a baptisé : *la Pierre de Couars*, est une masse informe, composée non de petites pierres quarrées, comme le dit M. Millin, mais de pierres brutes liées ensemble par un ciment blanchâtre, qui n'offre pas la dureté ordinaire du ciment des anciens, et dépouillées de leur revêtement, lequel a pu être composé, dans le principe, des petites pierres quarrées qu'a cru y voir cet antiquaire, mais qu'il n'y a certainement point vues. La forme de ce massif est pyramidale, et, sa hauteur, d'environ soixante pieds. Il s'élève sur une éminence, à un quart de lieue E. de la ville, au milieu du Champ des Urnes, ainsi nommé parce qu'on y en a trouvées beaucoup : ce qui fait présumer, avec raison, que ce lieu était consacré aux sépultures, et que ce monument était un tombeau ; d'autres veulent que ce soit un phare. En me rangeant de la première opinion, qu'il me soit permis d'y ajouter que cet endroit devait être une des avenues d'Autun, lesquelles étaient bordées, sans doute, de tombeaux, comme toutes les voies anciennes. La société d'amateurs, dont j'ai déjà parlé, a fait fouiller sous cette ruine, et a vu, avec surprise, qu'elle n'a pas de fondation. Cette découverte est tout le fruit qu'elle a retiré de ses recherches.

Un faible reste d'ancien pavé, formé de grandes dalles de granit, dans une rue de cette ville; quelques restes tout aussi faibles des anciens murs de ville dont on suit la trace presque partout; un pan de muraille qu'on croit avoir appartenu à un temple, les uns disent d'Apollon, les autres de Minerve, les autres de Cybèle; dans la cour d'une auberge ; enfin, hors de la ville, des vestiges d'un théâtre, si peu conservés, que la terre les recouvre en entier, et qu'on n'en reconnaît la place qu'à la faveur des indications ; telles sont les autres ruines moins apparentes qu'offre encore cette ville.

On a trouvé peu de médailles, peu de marbres, de bronzes, et autres objets que les fouilles font découvrir dans toutes les villes antiques, et que le sol d'Autun devrait produire en abondance. M. Millin n'a vu qu'une inscription qui n'apprend rien ; mais il en cite une autre, qui nous paraît beaucoup plus intéressante, en ce qu'elle porte les mots *Deæ Bibracti,* et semble par-là, résoudre la question long-temps débattue entre les savans sur l'identité des villes de Bibracte et d'Autun. Celle-ci a dû en faire la meilleure pièce de son procès contre les antagonistes de cette identité, qui ont voulu trouver l'emplacement de l'ancienne Bibracte sur une montagne voisine, dont le nom de *Bouvrai* offre quelqu'analogie avec celui de *Bibracte,* et dont le site n'a jamais pu, d'après le savant d'Anville, fournir l'espace nécessaire à une aussi grande ville que celle dont parle César : *Oppidum longè maximum ac copiosissimum.*

Deux marbres et une plaque de bronze, trouvés dans la même ville, et portant les mêmes mots, ont achevé de lever tous les doutes, qui n'eussent pas existé, si le conquérant des Gaules nous eût décrit, avec sa précision accoutumée, cette capitale des Eduens, qui jouent un si grand rôle dans ses Commentaires, au lieu de se borner à la désigner comme la plus grande et la plus riche du pays. Elle prit sous son successeur Auguste le nom d'*Augustodunum*, d'où est dérivé celui d'Autun, et c'est l'identité de Bibracte et d'Augustodunum, qui a été contestée, non celle d'Augustodunum et d'Autun, que des traditions moins reculées et moins obscures, jointes à l'étymologie la plus satisfaisante, ne permettaient pas de révoquer en doute.

Cette ville, à la faveur de son alliance avec les Romains, à qui elle facilita la conquête des Gaules, jouit paisiblement de sa splendeur, jusque vers le milieu du troisième siècle, où s'étant déclarée pour l'empereur Claude le Gothique, elle soutint, contre son compétiteur Tétricus, un siége de sept mois, que l'opiniâtreté de sa résistance rendit un des plus désastreux dont l'Histoire fasse mention. Ruinée par ce siége, elle fut relevée par Constantin, et c'est de cette époque, sans doute, que datent les anciennes constructions que nous avons vues.

Bientôt après elle fut de nouveau, et alternativement, saccagée par les Goths, les Francs, les Bourguignons, les Normands, les Sarrazins, etc. Peu de villes ont autant ressenti les maux de la guerre, et loin de s'étonner avec M. Millin de la destruction du plus grand nombre de ses monumens, on doit s'étonner au contraire d'en voir encore quelques-uns sur pied.

Une rue d'Autun porte le nom de Marchaux qui passe pour une corruption de *Martis Campus*, et l'une des montagnes qui dominent la ville, celui de Monjeu, *Mons-Jovis*. Une autre montagne semble porter un caractère encore plus ancien, c'est le mont Dru, *Mons Druidum*.

Nos premiers regards se sont dirigés naturellement et comme par une impulsion involontaire, vers les restes de l'ancienne Bibracte; notre dernier coup d'œil sera pour la ville moderne, dont ces augustes débris forment le véritable ornement.

Ce qu'elle offre de mieux par elle-même à l'attention du voyageur, est une grande et belle place (le Champ de-Mars), dont une partie, élevée en terrasse, et plantée de quelques rangées d'arbres, forme une assez jolie promenade. La grille et la façade du collége fixent agréablement la vue sur un des côtés de cette place. La cathédrale, édifice gothique, située dans la partie haute de la ville, n'a rien de remarquable que le chœur et le maître-autel, revêtus, l'un et l'autre, de diverses espèces de marbres.

La révolution a détruit, dans cette église, le tombeau de l'illustre président Jeannin, qui, par sa courageuse résistance, empêcha l'exécution des massacres de la Saint-Barthélemi dans la Bourgogne. Les restes mutilés de ce monument sont conservés dans la bibliothèque du chapitre.

Si la cathédrale possédait le tombeau d'un de nos plus vertueux ministres, l'abbaye de Saint-Martin d'Autun renfermait celui de la plus méchante des reines désignée dans l'épitaphe suivante :

« Ci-gît la reine Brunéhaut
» A qui le saint pape Grégoire
» Donna des éloges de gloire
» Qui mettent sa vertu bien haut;
» Sa piété pour les saints mystères
» Lui fit fonder trois monastères,
» Sous la règle de Saint-Benoît.
» Saint-Martin, Saint-Jean, Saint-Andoche,
» Sont trois saints lieux où l'on connoît
» Qu'elle est exempte de reproche.

Sur la place qui est devant cette cathédrale

on remarque une assez belle fontaine. Le séminaire qu'on voit hors de la ville, près de l'avenue de Châlons, est un superbe édifice. Des religieuses y ont établi depuis peu une fabrique de toiles de coton. La plantation d'arbres qu'on voit auprès de la même avenue, forme la principale promenade d'Autun.

Cette ville, chef-lieu de l'un des arrondissemens du département de Saône-et-Loire, renferme une population de dix mille âmes; un tribunal civil, un tribunal de commerce, et deux très-petites bibliothèques, qui réunies ensemble, n'en formeraient pas une bonne.

Le peu de commerce qu'elle fait consiste en vins et en tanneries. C'est la patrie de l'orateur Eumène, qui vivait au quatrième siècle, et du président Jeannin dont nous avons déjà parlé. La ville Celtique a produit les deux gaulois *Damnorix* et *Divitiae*, fréquemment nommés dans les Commentaires de César.

La route que nous suivons n'a pas toujours été la seule ligne de poste de cette ville : elle en avait autrefois une sur Moulins qui a été supprimée, faute de travail, pendant la révolution, et pourrait fort bien être un jour rétablie, vu que, continuée jusqu'à Beaune, elle conduit de Bordeaux, Limoges et Clermont, par la direction la plus courte, à Bâle et dans une partie de la Suisse, à Strasbourg et dans la plus grande partie de l'Allemagne. Toujours praticable pour les voitures, quoique moins entretenue depuis qu'elle n'a plus de relais, la route d'Autun à Moulins traverse des terres à seigles, et des montagnes de granit entre Autun et Bourbon-Lancy, des plaines et des vignobles au-delà de cette petite ville, qui est le lieu le plus considérable qu'on rencontre : c'est aussi le seul dont nous parlerons, la description détaillée des routes de traverse n'entrant pas dans le plan de cet ouvrage.

Bourbon-Lancy ou Belle-vue-les-Bains, est une petite ville de douze à quinze cents habitans, située aux confins du département, non loin de la rive gauche de la Loire, à douze lieues d'Autun, et à sept lieues de Moulins. Elle est intéressante par sa position pittoresque, par son vieux château élevé sur la cime d'un roc escarpé, par ses eaux minérales renommées, dont huit fontaines, sur neuf, sont très-chaudes, pendant que la neuvième est très-froide, et par des restes d'antiquités romaines, entre lesquels on remarque sur-tout le pavé en marbre du grand bain.

Autun a plusieurs autres grandes routes, dont une se dirige sur Digoin, petite ville peuplée de deux mille deux cents habitans, connue par la réunion du canal du centre avec la Loire, et fort commerçante par l'effet de cette position; une autre sur Nevers par Château-Chinon, ville de trois mille habitans, siége d'une sous-préfecture, et jadis reconnue pour capitale du Morvan; une autre sur Dijon, par Arnai, ville dont nous avons parlé plus haut; enfin un chemin de traverse, praticable pour les voitures, conduit par les montagnes, en passant près du beau château de Montjeu, à Mont-Cenis, petite ville de mille habitans, et au village de Creusot, lieux également connus, et si voisins l'un de l'autre, que leurs noms servent indifféremment à désigner la fonderie de canons la plus considérable, et la manufacture de cristaux la plus perfectionnée que possède la France. Mont-Cenis est au sommet, et Creusot au pied d'une colline, dominée par deux montagnes; c'est dans ce dernier lieu que sont toutes les usines.

M. Millin les décrit avec des détails exacts dans son voyage déjà cité, et M. Roujoux, préfet du département, avec une exacte précision dans sa statistique. Nous croyons mieux servir nos lecteurs en mettant ici, par extrait, la description de ce dernier, la meilleure qui existe, qu'en en faisant une nous-mêmes, puissions-

Ire. ROUTE DE PARIS A LYON. 51

nous être souvent dans le cas de diminuer ainsi notre travail sans en diminuer l'exactitude.

« En 1777 on comptait à peine au Creusot
» quelques maisons habitées par des ouvriers
» employés à l'exploitation du charbon de terre
» qui y abonde, lorsque la bonne qualité de ce
» combustible détermina à y former des éta-
» blissemens qui, par leur accroissement suc-
» cessif, ont élevé à près de deux mille le nom-
» bre des habitans de cette espèce de colonie
» formée par les arts et l'industrie.

» Les établissemens du Creusot présentent
» trois branches distinctes : 1°. l'exploitation des
» mines de charbon ; 2°. la fonderie ; 3°. la ma-
» nufacture des cristaux.

» L'exploitation des mines de charbon se fait
» en grand. Trois pompes à feu servent à l'épui-
» sement des eaux. Le transport du charbon
» s'opère facilement de la mine au lieu où on
» le consomme, par le moyen des chariots
» adaptés à des plans inclinés de telle sorte
» qu'un cheval y conduit aisément de cinquante
» à soixante quintaux (deux cent cinquante à
» trois cents myriagrammes).

» La fonderie consiste en quatre fourneaux
» dans lesquels on fond le minerai. On admire

» les machines intérieures, sur-tout le soufflet,
» ou pompe à air qui entretient l'activité du feu
» des fourneaux où l'on coule des canons du
» plus gros calibre, et où l'on fabrique tous les
» autres mobiles de guerre. La forerie offre
» quelque chose d'admirable et de simple, tout
» à-la-fois. Le mouvement imprimé aux dif-
» férentes machines est l'effet des pompes à feu
» qui successivement, mettent en jeu les rouages
» des foreries, activent le feu qui opère la fu-
» sion du minerai, et donnent l'élévation à l'eau,
» dont le poids met encore en mouvement d'au-
» tres machines; de sorte qu'avec la seule res-
» source des eaux pluviales, et sans consommer
» de bois, les établissemens du Creusot offrent
» une fabrication considérable de fonte grosse
» et de menue ferronnerie. Les quatre lions qui
» ornent l'entrée du palais des Arts, à Paris,
» viennent des fonderies du Creusot.

» La manufacture des cristaux, séparée des
» autres établissemens, offre tous les objets né-
» cessaires aux besoins habituels de la vie. La
» beauté du cristal ne le cède en rien à celle
» du cristal anglais.

» Le produit de ces établissemens divers peut
» être versé facilement dans le commerce, par

» le canal du centre, connu sous le nom de » canal du Charolais. Une rigole d'embranche- » ment commence près des établissemens du » Creusot et aboutit au point de partage des » eaux du canal ». *(Statistique du département de Saône et Loire).*

L'auteur d'où nous avons extrait cet article ne nous paraît pas s'être suffisamment étendu sur la fabrique de cristaux, la plus belle, l'unique même dans son espèce qui soit en France. Non seulement elle travaille pour les besoins de la vie, mais encore pour les arts, auxquels elle livre aujourd'hui divers objets dont la fabrication semblait auparavant l'appanage exclusif des fabriques d'Angleterre et de Bohême. Elle imite toutes les pierres précieuses, le grenat, l'améthiste, etc. Le commerce, la marine, les télégraphes doivent à M. Dufougerais, qui, depuis douze à quinze ans, a rendu la vie à cet établissement, les verres à lunette de tout genre. La France lui doit de l'avoir affranchie du tribut qu'elle payait à l'Angleterre pour le *flint glass*, dont il a trouvé la fabrication. Le cristal du Creusot l'emporte sur celui d'Angleterre, par la beauté des formes, sur celui de Bohême par l'éclat. La lustrerie, produite par une substance extrêmement diaphane, au moyen de la grande quantité d'oxide métallique qui entre dans sa composition, est reconnue pour la plus parfaite de l'Europe. — *Parcouru depuis Paris* . . . . . . 73 ½

§ 25. *D'Autun à Saint-Émilan.* 4

On est plus d'une heure à gravir la montagne d'Autun : c'est un des anneaux de la chaîne granitique, qui parcourt cette partie méridionale de la Bourgogne : elle devient calcaire en se prolongeant et s'abaissant dans la partie septentrionale. Les mamelons les plus élevés de cette chaîne paraissent atteindre la hauteur de huit cents mètres, au-dessus du niveau de la mer : le passage où on la franchit, en a environ six cents. Ce sont les plus hautes montagnes de cette route. Le voyageur n'y arrive que par degrés, ayant traversé, entre Auxerre et Avalon, des collines qui atteignent presque la hauteur des montagnes, et entre Avalon et Autun, une contrée encore plus élevée, dont les croupes, servant comme de gradins à celle-ci, préparent sa vue au spectacle, toujours majestueux, qu'offrent les montagnes, la première fois qu'on en jouit. On a peu à descendre pour gagner le plateau, où est situé le village de Saint-Émilan. — *Parcouru depuis Paris.* . . 77 ½

Iʳᵉ. ROUTE DE PARIS A LYON. 55 lieues.

§ 26. *De Saint-Émilan à Saint-Léger*. 3

On continue à descendre, et souvent par des rampes rapides, jusqu'à Couches, petite ville placée aux deux tiers de la distance où reparaissent et la terre calcaire, et la vigne que nous avons quittées près d'Avalon. Elle a un bureau de poste, deux mille habitans, la plûpart vignerons, des mines de fer dans son territoire, et un grand chemin aboutissant aux établissemens du Creusot, dont elle est plus près qu'Autun d'environ une lieue.

La route, après s'être abaissée de montagne en montagne jusqu'à Couches, va s'abaissant encore de colline en colline depuis Couches jusqu'à Saint-Léger, village de mille habitans, agréablement situé au fond d'un vallon, où l'on traverse le canal du centre, et entouré de coteaux qui produisent du gypse, et des vins d'ordinaire en abondance. — *Parcouru depuis Paris* 80 $\frac{1}{2}$

§ 27. *De Saint-Léger à Châlons*. 5

Une côte rapide, qu'on gravit en partant, conduit au sommet de la colline de Charsey, qui a donné son nom au hameau qu'on traverse sur le revers opposé. On peut voir un reste de voie romaine, près de ce village, d'où l'on va toujours en descendant, jusqu'à Bourgneuf, joli bourg, jadis lieu de relais, à trois lieues de Saint-Léger et deux de Châlons-sur-Saône. Il consiste en une seule rue, et présente la singularité d'avoir deux noms, savoir : Bourgneuf et Couches, parce qu'il dépend de deux communes, séparées par la largeur de la rue, que parcourt la route. La population totale est de douze cents habitans. A Bourgneuf cessent les coteaux de vigne, et commencent les plaines à blé. Une demi-lieue après on croise une route qui aboutit d'un côté à Beaune, par Chagny, de l'autre à Charolles, par Givry, bourg situé à une lieue S. de l'embranchement, et connu par ses bons vins, qui lui ont mérité l'avantage d'un bureau de poste.

Charolles est à dix lieues de cet embranchement : c'est une ville de deux mille cinq cents habitans, chef-lieu jadis du Charolais, aujourd'hui d'une sous-préfecture.

Les matériaux de la route, dans la distance qu'on vient de parcourir, sont d'abord cette pierre calcaire coquillière qui a déjà fixé notre curiosité près d'Avalon, ensuite la calcaire pure. Après Bourgneuf, les chevaux commencent à remplacer les bœufs à la charrue, pour la leur céder de nouveau dans les plaines de Mâcon.

Iʳᵉ. ROUTE DE PARIS A LYON.

Châlons-sur-Saône est une ville charmante, tant par elle-même que par sa situation, dans une plaine aussi agréable que fertile, sur la rive droite de la Saône, à l'endroit où cette rivière reçoit le canal du centre, et en face d'une des îles qu'elle forme.

Cette ville, généralement assez bien percée, s'annonce pour riche, par la manière dont elle est construite, sur-tout par son beau quai, où l'on distingue, entre plusieurs bâtimens considérables, l'Hôtel-du-Parc l'une des plus fameuses auberges de France.

On ne voit cependant ni sur ce quai, ni dans les autres quartiers de la ville, aucun édifice remarquable, si l'on excepte l'hôpital Saint-Laurent, qui même est moins à citer pour son extérieur que pour sa distribution intérieure et son excellente tenue, objet de l'admiration des étrangers. Il est situé dans l'île et le faubourg dont il porte le nom, sur la rive gauche du bras principal de la Saône, et en face du quai dont nous venons de parler. Le pont qui établit la communication de la ville, avec ce faubourg, est en pierre de taille et assez bien bâti ; mais les parapets sont chargés d'obélisques écrasés et mesquins, ornemens bizarres sans goût et sans grâce. Il fait face à la route de Châlons à Lons-le-Saunier, par Louhans, petite ville du même département, située à six lieues vers l'Est, peuplée de trois mille habitans, et siége d'une des sous-préfectures du même département.

Cette route forme, à travers l'île, une avenue au bout de laquelle on voit, à un quart de lieue de distance, le village de Saint-Marcel et son ancienne abbaye, fondée par Gontran, roi de Bourgogne. Trois belles promenades concourent à l'embellissement de Châlons. L'une dans l'île, derrière l'hôpital, s'élève en terrasse sur le bras oriental de la Saône; une seconde forme également terrasse sur le bras principal et la rive droite de la même rivière : l'une et l'autre offrent, quand le temps est serein, la vue des Alpes ; il est difficile d'apercevoir ces montagnes à une plus grande distance ; le rayon visuel, qui est au moins de cinquante lieues, franchit vers le milieu de cet intervalle la chaîne du Jura, sans pouvoir la distinguer malgré son élévation de dix-huit à dix-neuf cents mètres, parce qu'elle s'efface dans la vapeur du lointain, et se confond avec le niveau général.

Une troisième promenade borde le canal, et se termine à une place ornée d'un grand obélisque, qui, érigé à l'occasion de l'ouverture de ce canal, a été dédié depuis à l'Empereur

Napoléon. On en fait une quatrième autour de l'emplacement qu'occupait la citadelle.

Cette ville renferme une population de onze à douze mille habitans, une assez belle salle de comédie, une bibliothèque dont M. Millin ne vante que le vaisseau, deux établissemens de bains publics très-bien tenus, quelques cafés, enfin de belles et bonnes auberges. C'est le siége d'une des sous-préfectures du département de Saône et Loire, d'un tribunal civil et d'un tribunal de commerce. Il y avait un évêché avant la révolution.

Châlons n'est une place de commerce que depuis la guerre actuelle qui en a fait l'entrepôt du Nord et du Midi de la France, surtout de Paris et de Marseille, dont les relations commerciales n'existent presque plus que par la navigation intérieure. Ce commerce y a fait établir beaucoup de banquiers et de commissionnaires, mais il reste presque tout entier dans leurs mains, d'où il reflue peu sur le reste des habitans. Les principaux objets d'entrepôt sont les grains, les vins, les fers, les cuirs, les huiles et savons. Trois foires fameuses y attirent, le 11 février, le 25 juin, et le 30 octobre, avec un grand nombre d'étrangers, un autre genre d'affaires d'un avantage plus général et mieux réparti.

On prépare à Châlons, avec les écailles de l'ablette qu'on y pêche en abondance, cette substance brillante et nacrée, appelée essence d'Orient, qui sert à faire les perles fausses.

Cette ville est la patrie du bibliographe Louis Jacob, et du mathématicien Jean Prestet. Elle est très-ancienne, puisque César en fait mention sous le nom de *Cabillonum*, et que Saint-Donatien, qui vivait dans le quatrième siècle, est regardé comme son premier évêque, d'après les meilleurs historiens. D'autres font remonter encore plus haut la fondation de son évêché. Ruinée de fond en comble par Attila, au sixième siècle, on la voit passer, peu de temps après, sous le joug des Bourguignons, et devenir la résidence de leurs premiers rois.

Le canal du Centre, qui réunit la Saône et la Loire, est la source de sa prospérité. Ce canal est tout enclavé dans le département de Saône et Loire, qu'il traverse sur une longueur de vingt-quatre lieues.

Commencé en 1783, par les États de Bourgogne, il fut achevé en 1792, sous la direction de son auteur M. Gauthey, alors ingénieur en chef de cette province. On y fit d'abord une na-

Iʳᵉ. ROUTE DE PARIS A LYON.   61 lieues.

vigation d'essai ; mais elle n'est devenue active qu'en l'an 4 (1795) où elle fut reprise.

Il a été nommé *canal du Centre*, parce qu'il établit, au moyen de celui de Briare, qui joint la Loire avec la Seine, une communication intérieure entre les deux mers, dans une partie de la France, qu'on a regardée comme centrale, quoiqu'elle ne le soit pas géographiquement parlant. On l'avait baptisé dans l'origine, *canal du Charolais*, du nom de la partie de la Bourgogne qu'il traversait.

Un coche d'eau part tous les jours de Châlons pour Lyon, et embarque les deux diligences qui viennent de Paris, l'une par Dijon, l'autre par Autun. — *Parcouru depuis Paris*. . . . . $85\frac{1}{2}$

§ 28. *De Châlons à Sénecey*.   4

On suit la rive droite de la Saône par un chemin, qui change fréquemment de direction, quoiqu'en plaine ; il paraît que c'est pour éviter des marécages.

Au bout d'une demi-lieue on laisse à droite, une belle route qui mène à Charolles, par Givry, lieux auxquels nous avons consacré quelques lignes du paragraphe précédent. Sénecey est un joli bourg, peuplé de treize cents habitans, avec un bureau de poste ; on y fait le commerce des grains. — *Parcouru depuis Paris*. . . 89 ½

§ 29. *De Sénecey à Tournus*. 3

Même route, toujours près de la rive droite de la Saône, même plaine, toujours fertile et riante. Elle est coupée, dans cette distance, par une colline calcaire qui se détache des montagnes du Charolais, et vient expirer au bord de la Saône : le sommet en est aride ; mais il présente de beaux points de vue.

La route qu'on laisse à droite, avant d'arriver à Tournus, conduit à Saint-Gengoux, très-petite ville située à cinq lieues vers l'Est, et connue par ses vins, réputés les meilleurs de cette partie de la Bourgogne.

Tournus est une petite ville de cinq mille habitans, agréablement située au pied d'un petit coteau, et au bord de la Saône, sur laquelle on a construit depuis peu un beau pont de bois, formant l'avenue de la route de Lons-le-Saunier par Louhans. On travaillait à bâtir un quai lors de mon dernier passage en 1810. Il y a deux promenades, dont l'une est à gauche en sortant de la ville. Le bâtiment de l'abbaye de Tournus est détruit.

Cette ville fait le commerce des grains qu'elle

tire de Louhans, et des vins que produit son territoire. Les fabriques de toiles de coton, que lui donne l'Itinéraire, n'existent pas; elle a un tribunal de commerce. C'est la patrie du peintre Greuze. — *Parcouru depuis Paris*. . . . . . . 92 ½

§ 30. *De Tournus à Saint-Albin*. 4
§ 31. *De Saint-Albin à Mâcon*. 4

Même nature de contrée, même rive de la Saône, route plate et roulante en été, mais très-sujette à se dégrader en hiver par la nature des matériaux calcaires qui sont employés à son entretien. Elle est séparée de la rivière par un long tapis de prairies.

Les coteaux se rapprochent sur la droite, et dérobent la vue des montagnes du Charolais dont ils dépendent. Ils les laissent apercevoir une seule fois, à travers une espèce d'échancrure, où ils se séparent un instant pour se rejoindre aussitôt. Saint-Albin est un lieu peu considérable. On y remarque le plus joli costume de villageoise qu'il soit possible de voir. J'ai eu occasion de l'observer, et d'en juger l'effet dans un bal champêtre, qui m'en a laissé un agréable souvenir. Je n'oublierai jamais ces petits chapeaux en forme de disque, placés légèrement sur la tête, et penchés avec abandon sur l'une ou l'autre oreille, comme ceux de nos bergères de théâtre. Je n'ai retrouvé ce genre de coiffure pastorale que dans le Valais, où il m'a également charmé; le reste du costume, quelquefois aussi riche que gracieux, répond à l'élégance de la coiffure: il est circonscrit dans un très-petit territoire, dont Saint-Albin est le centre.

Presqu'en face de ce village, à peu de distance de la rive opposée de la Saône, est la petite ville de Pont-de-Vaux, peuplée de trois mille habitans, et patrie du général Joubert.

Un quart de lieue après Saint-Albin on voit à droite, sur le penchant d'une colline, le château de Senosan, dont l'avenue traverse la route. Livré aux flammes pendant la révolution, il présente encore une carcasse imposante. Toute la contrée que nous traversons, depuis Châlons jusqu'à Mâcon, en longeant à peu de distance, à gauche, la rive occidentale de la Saône, et à quelques lieues à droite, la chaîne des montagnes du Charolais, est regardée avec raison comme un des meilleurs et des plus beaux pays de la France. Il doit sa richesse, comme sa beauté, aux vastes prairies qu'on voit s'étendre entre la route et la Saône, et aux abondans vignobles qui tapissent au loin ses coteaux. Il produit aussi beaucoup de grains, qui rendent communément de six à sept pour un.

La ville de Mâcon située, comme celle de Châlons, sur la rive droite de la Saône, présente de même un très-beau quai, dont la magnificence fait oublier l'élégance de celui de Châlons. Il l'emporte sur ce dernier autant par sa grandeur que par la somptuosité de ses édifices, parmi lesquels on remarque l'Hôtel-de-Ville, l'ancien palais Montrevel, la salle de comédie attenante, des bains publics et de très-belles auberges. Dans toute la longueur de ce quai, j'ai vu très-distinctement une partie de la chaîne des Alpes.

L'île qui est en face est loin d'être un vrai tableau de l'Albane, comme le dit l'auteur de l'Itinéraire de l'Empire français, qui n'entend point par-là sans doute un tableau original de l'Albane, ainsi que pourrait le croire, en le prenant au *mot*, un grammairien, mais bien un paysage dans le genre de ceux qu'a peint l'Albane: ce qui n'est pas plus conforme à la vérité qu'à la grammaire. C'est une île comme une autre, moins belle même que la plupart des îles bocagères de la Seine et du Rhône. Elle est couverte d'une simple prairie semblable à toutes celles qui tapissent la vallée de la Saône. Vers le milieu du quai, un pont plus solide que beau, traverse la rivière, et forme, avec le faubourg de Saint-Laurent, qui est sur l'autre rive, l'avenue de la route de Bourg. Le milieu de ce pont était la frontière de la Bourgogne et de la Bresse.

Quand on ne voit de Mâcon que son quai et son port, on croit voir une des belles, des riches, des grandes villes de France. L'illusion cesse dès qu'on pénètre dans l'intérieur, entièrement composé de rues noires, sales, étroites, tortueuses, où l'on n'est frappé que d'un grand nombre de boutiques et d'un certain air d'activité. Le quai est la plus belle promenade de la ville ; elle en a cependant encore deux autres, peu remarquables, dont une conduit à un assez bel hôpital. La cathédrale a été démolie, l'évêché supprimé, et le palais épiscopal consacré à la préfecture.

Ce chef-lieu du département de Saône et Loire est le siége d'un tribunal civil et d'un tribunal de commerce, mais non de la cour d'assises, qui a été fixée à Châlons, en dédommagement de la préfecture, dont cette dernière ville aurait dû naturellement être le siége, vu sa situation à peu près centrale, tandis que la position de Mâcon est reculée vers une extrémité du département. Il est impossible de ne pas être frappé de cette singularité, lorsqu'on considère sur-tout, que ces deux villes occupent le même rang géographique, et que, s'il existe une légère différence dans la population, elle est à l'avantage de Châlons, qui renferme, ainsi que nous l'avons vu, onze à douze mille habitans, tandis que Mâcon, malgré la présence de la préfecture, n'en a que dix à onze mille. Cette dernière ayant obtenu la supériorité, sous le rapport politique, a voulu l'obtenir encore sous celui des embellissemens et du commerce. C'est à cette rivalité que sont dus et le beau port, et le beau quai nouvellement construits à Mâcon.

Ce port n'a pu enlever à celui de Châlons le commerce d'entrepôt que semble assurer à cette dernière ville la jonction du canal du Centre avec la Saône, et ses expéditions demeurent bornées aux vins du Mâconnais. Cette seule branche est l'objet d'un grand commerce, et la source de tout le mouvement qu'on remarque dans le port et dans les rues. On fait à Mâcon beaucoup de confitures, dont la plus estimée, est connue sous le nom de *Cotignac de Mâcon*, et se vend à Paris sous le nom de *raisiné* (*).

(*) C'est sans doute la répugnance des Parisiens pour les terminaisons en *gnac*, qui leur a fait rejeter le

Matisco est le nom sous lequel cette ville est mentionnée par les anciens. Il paraît que ce n'était encore alors qu'un *Castrum*. Les Romains, d'après quelques auteurs, y établirent une manufacture d'armes. Quoi qu'il en soit de cette partie incertaine de son histoire, il n'est que trop certain qu'elle a été ravagée plusieurs fois par les barbares, notamment par Attila. Elle l'a été de nouveau dans les guerres de religion, et le vainqueur en a fait le théâtre du spectacle affreux, ou pour mieux dire, de l'affreux supplice inventé par le fanatisme, sous le nom de *sauteries*.

C'est la patrie de l'historien de la Bresse Guichenon, et du poète Senecé, auteur de plusieurs poëmes, entre lesquels on distingue celui qui a

---

véritable nom de cette confiture pour lui en substituer un autre qui appartient exclusivement, et grammaticalement, à la confiture de raisins; et ce, nonobstant la présence et les décisions contraires des législateurs de la langue qui ne commettent sûrement pas eux-mêmes cette confusion de mots; mais si quelqu'un d'entr'eux cependant s'avisait d'offrir à une petite maîtresse de la rue de Richelieu ou de la Chaussée-d'Antin, du *cotignac*, il la verrait au moins rire sous cape, et peut-être corriger charitablement l'expression méridionale par l'expression parisienne, soit en acceptant, soit en refusant.

Iʳᵉ. ROUTE DE PARIS A LYON.   69 lieues.

pour titre : *les Travaux d'Apollon*, dont J.-B. Rousseau faisait grand cas.

A quatre lieues N.-O. de Mâcon est située, sur la rivière de Grône, la ville de Cluny célèbre par son abbaye de bénédictins, de laquelle dépendaient plus de deux mille monastères en Europe, et dont les abbés jouent un si grand rôle dans notre histoire. L'église gothique du couvent était une des plus belles, et la bibliothèque une des plus riches de France. Ni l'une ni l'autre n'existent plus. Le couvent, superbe édifice moderne, a été conservé et utilisé pour divers établissemens publics, au nombre desquels est un haras. La ville est plus grande que Mâcon, quoique moins peuplée, puisqu'elle n'a que quatre mille habitans. Son commerce consiste en tanneries, en fabriques de toiles et de gants, et en ouvrages d'osier. — *Parcouru depuis Paris*................................ 100 ½

§ 32. *De Mâcon à la Maison-Blanche*.......... 4
§ 33. *De la Maison-Blanche aux Tournelles*...... 4
§ 34. *Des Tournelles à Anse*................. 3

Plaine entrecoupée de légères inégalités dans la première distance, parfaitement unie dans les deux suivantes, et par-tout aussi agréable que fertile. La route belle et roulante en été, est sujette aux boues en hiver, à cause de la nature grasse des terres et de la pénurie des matériaux. Elle ne cesse de longer, d'un côté la rive occidentale de la Saône, dont elle est toujours séparée par de vastes prairies, de l'autre, et dans un grand éloignement, les montagnes du Charolais, qui se confondent avec celles du Beaujolais vis-à-vis de la Maison-Blanche.

L'œil cherche vainement, au départ comme aux approches de Mâcon, les immenses vignobles dont cette ville semblerait devoir être entourée, d'après la quantité de vins qu'elle exporte. Ces vignobles sont au pied des montagnes, et celles-ci sont trop éloignées de la route pour qu'on en puisse distinguer la culture ; elles offrent, pendant quelque temps, l'aspect pittoresque de deux escarpemens presque verticaux, et très-curieux, qui font un effet extraordinaire, au milieu des cimes arrondies en dos d'âne, dont se compose le reste de cette chaîne.

Un objet a fixé encore mes regards, du même côté, et à peu de distance de la route : c'est un château gothique remarquable par quatre énormes tours rondes, dont les combles élevés en pain de sucre ressemblent à des meules de blé de manière à s'y tromper. D'autres châteaux gothiques, mais moins apparens, répandus çà et là dans la plaine et sur les collines, font un agréable contraste avec l'élégante fraîcheur des châteaux modernes qui brillent de toute part dans cette riche contrée. On distingue parmi ces derniers, d'abord à droite, au bout d'une avenue de demi-lieue, le beau château de Saintré situé au pied d'un petit coteau, ensuite à gauche, le joli château de Mont-Rouge, dont on longe la grille. La route est traversée par un chemin qui conduit au port Saint-Romain, où est le relais du coche, un quart de lieue avant la Maison-Blanche, où est celui de la poste. Près de ce hameau composé de quelques maisons éparses, au nombre desquelles est une auberge, il y a une mine de manganese. En sortant de la Maison-Blanche on passe du département de Saône et Loire dans celui du Rhône.

Au tiers de la distance, la route traverse le hameau de la Croisière ainsi nommé, parce qu'on y croise un chemin aboutissant, d'un côté à Beaujeu petite ville de trois mille habitans, de l'autre à celle de Belleville moins peuplée d'un tiers. La première située à trois lieues dans les montagnes, n'est remarquable que par son vieux château, ancien séjour des sires de Beaujeu. La seconde située sur la rive droite de la Saône, où on l'aperçoit au travers des arbres, à un quart de lieue de la route, ne justifie pas le nom qu'elle porte, mais plutôt le dicton du pays : *belle ville sans beauté.*

Aux deux tiers de la distance, on traverse le village de Saint-Georges-de-Renand, où était autrefois le relais, transféré depuis quelques années aux Tournelles, maison isolée qu'a fait bâtir exprès le maître de poste (M. de Lai), l'un des plus riches propriétaires de cette contrée. Il a réuni dans son château, qu'on voit au bout d'une avenue d'un quart de lieue, plusieurs animaux domestiques de race étrangère, parmi lesquels on remarque des taureaux romains, des buffles, un cheval sans poil, etc. Il se fait un plaisir de montrer aux curieux cette espèce de ménagerie, qu'il saisit toutes les occasions d'enrichir. Le bois qui règne entre le château et le relais a cessé, depuis l'établissement de ce dernier, d'être un repaire de voleurs.

A mi-chemin des Tournelles à Anse, on traverse Ville-Franche, par une très-large rue qui ressemble à une place, et qui n'est belle que de cette prodigieuse largeur. Elle commence par une descente, et finit par une montée, qui sont les seules qu'on rencontre dans toute la distance. Cette ville, peuplée de cinq mille habitans, consiste presqu'entièrement dans sa grande rue, qui n'est accompagnée que de quelques ruelles latérales. Elle avait autrefois un relais, lorsque celui des Tournelles était à Saint-Georges.

C'est le siége d'une des sous-préfectures du département du Rhône, d'un tribunal civil, d'un tribunal de commerce. Il y a des filatures et des fabriques de toiles de coton, connues sous le nom de toiles de Ville-Franche. Il s'y tient, tous les lundis, un marché considérable de bœufs, où s'approvisionnent les boucheries de Lyon. Ces bœufs, dont la plus grande partie vient du Charolais, sont renommés pour leur belle espèce. J'ai été étonné d'en voir dix attelés à une seule charrue.

Cette ville fut fondée, dans le douzième siècle, par Humbert, quatrième sire de Beaujeu. Parmi les priviléges qu'il accorda, pour y attirer des habitans, on en trouve un qui autorisait les maris à battre leurs femmes, pourvu que mort ne s'en suivît pas; concession propre à faire juger, à-la-fois, le caractère du prince qui l'imagina, et celui du peuple qui le reçut comme une faveur. Les habitans du Beaujolais étaient donc plus barbares, dans ce siècle de la chevalerie, que ceux du reste de la France, qui consacraient alors toutes leurs pensées à la guerre et au beau sexe; et sans doute aussi que ce sexe n'était pas ce qu'il est aujourd'hui dans le Beaujolais, sans quoi il eut inspiré des sentimens bien différens. On ne voit nulle part de plus belles femmes qu'à Ville-Franche et dans les environs : elles joignent à la beauté des formes, et à la fraîcheur du teint, une grâce naturelle, que favorise encore leur chevelure relevée en chignon, et tantôt découverte, tantôt surmontée d'un grand chapeau de paille, semblable à ceux de nos élégantes du matin.

Le proverbe du pays *Ville-Franche sans franchise*, ne paraît être qu'un jeu de mots insignifiant. La même contrée, féconde en proverbes, a mieux caractérisé, par celui-ci : *la lieue d'Anse à Ville-Franche est la plus belle lieue de France*, la plaine délicieuse qui sépare ces deux villes : on la parcourt en effet au milieu des haies vives, des arbres touffus, des prairies verdoyantes, des récoltes de toute espèce, ayant à droite et à gauche les plus riantes perspectives.

La richesse de cette plaine en égale la beauté : le produit en blé s'y élève à sept ou huit pour un, tandis qu'il n'est que de cinq ou six dans les environs. C'était le noyau du Beaujolais qui finissait à Anse, ville ancienne, peuplée à peine de quinze cents individus. Plus semblable à un bourg qu'à une ville, elle n'a rien de remarquable que son agréable position dans cette belle plaine, et au pied d'un charmant coteau de vignes, faisant partie du long rideau de collines que nous voyons depuis long-temps à droite. Il semble se rapprocher ici de la route pour déployer toutes ses beautés aux regards avides du voyageur.

Les vignobles qui tapissent au loin les diverses sinuosités de ces collines, sont agréablement parsemés d'une quantité innombrable de maisons de plaisance, dont quelques-unes, plus groupées que les autres, forment, par leur réunion, le joli village du Lucenai, au milieu duquel domine un superbe château.

De l'autre côté de la Saône, qui coule à une demi-lieue d'Anse, s'élève en amphitéâtre sur la pente d'une colline, couronnée des débris d'un château gothique, la petite ville de Trévoux, connue par le Journal et le Dictionnaire, qui portent son nom pour y avoir été imprimés l'un et l'autre. Cette ancienne capitale de la principauté des Dombes, est aujourd'hui le siége d'une des sous-préfectures de l'Ain; sa population est de deux mille habitans. Elle avait un parlement qui a subsisté jusqu'à la réunion de cette principauté à la France en 1762. Le père Ménétrier prétend qu'elle tire son nom de ce qu'elle est bâtie à l'endroit où l'un des grands chemins d'Agrippa se partageait en trois branches, qu'on nommait *Trivium*, d'où l'on a fait *Trévoux*.

La campagne que domine cette ville a été le théâtre d'une sanglante bataille que l'empereur Sévère gagna contre son compétiteur Albinus. — *Parcouru depuis Paris.* . . . . 111 ½

§ 35. *D'Anse à Limonet.* 3
§ 36. *De Limonet à Lyon.* 3

Même plaine jusqu'au village des Échelles, ancien lieu de relais. L'on s'élève de là par une pente en ligne droite, médiocrement longue, mais très-rapide, à mi-côté du Mont-d'Or, dont le sommet tapissé de bois nourrit les troupeaux de chèvres, qui fournissent les fromages connus à Lyon, sous le nom de fromages du Mont-d'Or.

Cette montagne, qu'il ne faut pas confondre avec celle du même nom qui forme en Auvergne le point le plus élevé de l'intérieur de la France, n'a guères que six cents mètres de hauteur perpendiculaire au-dessus du niveau de la mer; le village de Limonet n'en a pas plus de quatre cents. On y voit beaucoup de pierres et de blocs, provenant de la roche coquillière dont se compose le noyau de la montagne. Elle produit de belles pierres de taille, qui sont recherchées, et d'un grand usage à Lyon. Ce sont des amas de coquilles fortement agglutinées, et d'une telle dureté, qu'on n'emploie pas de plus belle pierre à Lyon, et qu'elle supporte même le poli. Limonet jouit d'un air pur et d'une vue agréable sur les vignobles et les maisons de campagne de cette partie du Lyonnais.

Le château de la Baralière, qu'on voit à gauche, enfoncé dans une espèce de golfe que forme la montagne, fut, lors du siége de Lyon, un des quartiers généraux de l'armée républicaine.

Une descente, presque continuelle, conduit de Limonet à Lyon, à travers les vignes, les bosquets, les vergers, les jardins et les maisons de plaisance, qui décorent les rives de la Saône, aux approches de cette ville.

On longe quelques instans, à gauche, le vallon romantique de Rochecardon; un sentier y conduit les curieux : ils peuvent, en suivant ce vallon jusqu'aux bords de la Saône, se rendre à Lyon par une charmante promenade. Ceux qui en ont le temps feront mieux d'exécuter cette promenade de Lyon même. Je l'ai faite des deux manières ; mais la dernière est celle dont j'ai été le plus satisfait, ayant eu le secours des renseignemens dont j'avais été privé la première fois. Chaque site, chaque maison qu'on voit dans ce vallon mystérieux, provoque une question, et demande un indicateur. Voyez-vous, me dit celui qui me conduisait, cette chaumière isolée, qui menace ruine? Voyez-vous cette partie plus délabrée que le reste? Ce fut le séjour de Jean-Jacques, pendant qu'il habita notre pays. Effectivement ce lieu devait lui plaire : il offre, ce me semble, quelque chose de plus mélancolique que le reste du vallon. Le fond en est presqu'entièrement occupé par un ruisseau, qui souvent est obligé de prêter son lit au chemin, destiné à servir les moulins et les habitations champêtres, dont les Lyonnais ont peuplé ses bords : il fuit sous un ombrage continuel, et laisse rarement, à côté de lui, la place d'une étroite prairie, d'un petit verger. Il suffit de connaître le caractère de Rousseau, par ses ouvrages, pour juger qu'il devait aimer cette retraite. On croit suivre les pas de ce philosophe, en suivant les sentiers solitaires et ombragés, qui serpentent le long du ruisseau, ou sur le penchant des collines. Près de la maison où il logeait, on peut voir, en passant, pour varier ses plaisirs, une belle filature nouvellement établie, et destinée aux fabriques de crêpes.

C'est sur-tout le bois et la fontaine du Roset qui faisaient les délices de Rousseau. On y arrive par un sentier très-escarpé et bizarrement taillé dans le roc, premier attrait pour cet ami passionné de la nature. Au bout de la montée, on pénètre dans le bois, non sans peine, et l'on se trouve dans un nouveau sentier, élevé en terrasse, ouvert en allée, au bout duquel la fontaine se dérobe sous un cabinet de verdure, dont la nature a fait presque tous les frais; l'art, qui n'est venu que la seconder, a tâché de l'imiter en y pratiquant une petite grotte. Les arbres groupés confusément à l'entour, portent divers noms, au nombre desquels je n'ai pas vu celui du grand homme; mais je l'ai trouvé inscrit sur une pierre, au milieu d'une foule d'autres noms, parmi lesquels il s'étonnerait sans doute lui-même d'être confondu. Un sicomore porte son épigraphe si connue : *Vitam impendere vero.*

Quelque retiré, quelque solitaire que soit cet asile, dans lequel il venait oublier les hommes, ou plutôt cesser de les voir, pour mieux les méditer, il y aurait eu continuellement en perspective la ville de Lyon, sans la haie qui garnit le bord de la terrasse, de manière qu'on n'aperçoit cette ville que par intervalles, et comme à la dérobée, à travers quelques clairières. Je ne peindrai point l'impression que fait cette vue furtive au milieu de l'isolement, du silence, et du souvenir de Jean-Jacques, dont on est entouré : je n'ai pu que la sentir.

Peu de voyageurs seront disposés, à quitter avec nous leur route, pour les sentiers de Rochecardon, vu l'inconvénient d'abandonner sa voiture, et la facilité de faire cette promenade de Lyon. Ceux qui s'y décideront cependant ne seront pas peu dédommagés de leurs peines. Les beaux aspects des deux rives de la Saône, l'île Barbe et les nombreuses maisons de plaisance qui frappent la vue de toute part seront pour eux un surcroît de jouissances, ajoutées à celles que nous venons de leur annoncer. Les plus remarquables de ces maisons sont, d'abord le Roset, attenant au bois de ce nom, ensuite sur l'autre rive, le Vernet la plus belle de toutes, plus loin celle de M. Merlinot, élevée sur un amphitéâtre de terrasses; enfin la tour gothique de la Belle Allemande, ainsi nommée pour avoir été la prison d'une Allemande condamnée par un mari jaloux à y finir ses jours. La maison de la Claire, la dernière et la plus vantée de toutes celles de la rive droite, n'est remarquable que par ses jardins, qui ne le sont eux-mêmes que pour avoir été plantés par Le Nôtre.

Après avoir joui en partie, mais plus confusément, des mêmes aspects, les voyageurs qui poursuivront leur route, passeront, en approchant de Lyon, entre cette dernière maison et le château de la Duchère, qui placé lui-même entre les deux routes de Paris, et près de leur jonction, se distingue par la grandeur, et plus encore par l'irrégularité de l'édifice, qu'on semble avoir voulu mettre en harmonie avec la nature du local. Il appartient à M. de Vara, qui y a formé une galerie de peinture. Ce vaste château fut pendant le siége de cette ville, lors de la révolution, un des principaux avant-postes des assiégés, et ensuite des assiégeans.

La place de la Pyramide, où commence le faubourg de Lyon, est en face et à quelques portées de fusil de ce château. C'est une étoile dont le centre était orné d'une pyramide, élevée en l'honneur de Louis XVI, et détruite, comme on pense bien, dans les temps révolutionnaires. Ce point central est le sommet de l'angle formé par la rencontre des deux routes de Paris. — *Parcouru depuis Paris jusqu'à Lyon*. . . . . . . 117 ½

FIN DE IA 1re. ROUTE DE PARIS A LYON.

DESCRIPTION
ROUTIÈRE ET GÉOGRAPHIQUE
DE L'EMPIRE FRANÇAIS.

IIe. ROUTE DE PARIS A LYON,

Par Fontainebleau, Montargis, Nevers, Moulins et Roanne.

119 lieues.

lieues.

§ 1. *De Paris à Villejuif, à compter du centre de Paris.* 2

ON sort de Paris par le faubourg Saint-Marceau et la barrière d'Italie (ci-devant des Gobelins). C'est par cette porte que J. J. Rousseau y arriva pour la première fois, et ce fut l'aspect de ce triste et sale faubourg qui lui laissa, contre la capitale de la France, une impression si vive, que tout ce qu'il y vit depuis de magnificence réelle ne put la détruire, ainsi qu'il nous l'apprend lui-même dans ses Confessions. Cette entrée, qui a peu changé de face depuis Rousseau, ne ferait pas une impression plus favorable aujourd'hui, si l'on ne l'évitait, soit qu'on parte, soit qu'on arrive, en suivant les boulevards de l'Observatoire, ou ceux du Jardin des Plantes.

Immédiatement après la barrière, on laisse à gauche le chemin de Choisy par Vitry. Villejuif se montre, en face, au bout d'une avenue d'une lieue. L'étranger est surpris de ne pas la voir bordée de maisons de campagne ; mais toutes les avenues de Paris lui offrent plus ou moins le même sujet d'étonnement. On parcourt celle-ci entre deux rangées d'ormes, qui ne donnent qu'un faible ombrage, et n'ôtent rien à la monotonie du pays : peu fertile d'abord, il le devient à mesure qu'on avance ; mais l'étendue des moissons ne fait pas la beauté des campagnes, comme elle en fait la richesse.

On voit bientôt, à peu de distance à droite, d'abord dans un bas-fond arrosé par la petite rivière de Bièvre ou des Gobelins, le village de Gentilly, qui se vante de quelqu'ancienneté, et d'un concile tenu en 767 ; ensuite, sur une éminence, au bout d'une jolie avenue en berceau, l'hôpital de Bicêtre, qui, fondé en 1290 par un Évêque de Paris, appartint depuis, dit-on, à un Évêque de *Wincester*, ou *Wincestre*, d'où, par corruption, on a fait Bicêtre.

IIe. ROUTE DE PARIS A LYON.

C'est une chose assez piquante que cette étymologie anglaise : les auteurs qui nous l'apprennent eussent bien dû nous en apprendre aussi les circonstances. J'ai consulté, à cet égard, tout ce qui était naturellement à consulter, sans faire d'autre découverte que quelques contradictions dans les dates, et sans pouvoir offrir aucun éclaircissement historique à mes lecteurs, aussi curieux que moi, sans doute, de savoir comment un prélat Anglais est venu donner le nom de son évêché à un château de France. Le traité de Wincester, conclu en 1410 entre les Ducs d'Orléans et de Bourgogne, nous apprend seulement que ce château de Wincester était alors possédé par Jean, Duc de Berry, en même temps qu'il nous prouve que sa dénomination était plus ancienne (*). Ce Duc, qui l'avait fait rebâtir

---

(*) Quelques recherches que j'aie faites à cet égard, il est possible qu'avec des recherches plus étendues encore, et à l'aide des nombreuses bibliothèques de la capitale, je fusse enfin parvenu à éclaircir la question; peut-être aussi aurais-je changé en certitude mon soupçon assez fondé que cette étymologie (que je trouve partout rapportée et nulle part prouvée), est imaginaire, et que le nom de Bicêtre, ou Bissestre vient de *Joannes Bituricensis*, nom latin, sous lequel les chartes du temps désignent le Duc *Jean de Berry*, possesseur de ce château.

en 1400, le vit brûler onze ans après par les bouchers de Paris, en sorte qu'il n'en resta que les murailles. Il le donna en cet état en 1416 au chapitre de Notre-Dame. Rebâtie depuis par Louis XIII, pour les soldats invalides, la maison de Bicêtre fut consacrée, par Louis XIV, à un hospice pour les pauvres de Paris.

L'avenue, l'élévation et la majesté de ce vaste édifice semblent encore rappeler, bien qu'il ait été renouvelé plusieurs fois, que ce fut dans l'origine un château. Sa position aérée fait applaudir au choix du prélat qui en fut le fondateur, et plus encore à la destination que lui donna Louis XIV. Cette position offrait néanmoins l'inconvénient grave de manquer d'eau : on y a depuis remédié par un immense puits de quinze pieds de diamètre, et de cent soixante-douze de profondeur. C'est le plus grand, sans doute, qui soit en France. La machine à puiser l'eau est curieuse par son ingénieux et très simple mécanisme. Des prisonniers de la maison se relaient pour la faire mouvoir, sans interruption. L'eau qu'elle fournit se rend dans un vaste réservoir, d'où elle se distribue dans toute la maison.

Près de ce puits s'élève un beau corps de bâtiment, qu'on vient de construire pour les insensés soumis au traitement, afin de les séparer des incurables, avec lesquels ils étaient auparavant confondus. Il s'y opère journellement des guérisons merveilleuses, qui ne diffèrent de celles de la maison de santé de Charenton, qu'en ce qu'elles sont gratuites.

Un objet non moins digne de la curiosité de l'observateur à Bicêtre, est un vaste atelier où l'on a rassemblé tous les pauvres industrieux, au nombre de trois ou quatre cents. On ne voit nulle part une semblable réunion d'ouvriers de toute espèce. Chacun se livre à l'occupation qui lui est propre : là on file, ici l'on forge, là se fabriquent les souliers, ici les chapeaux, plus loin les joujoux des enfans, les béquilles des vieillards, les guêtres des soldats. Le spectacle de cette laborieuse et bruyante diversité de métiers, tous exercés par des bras infirmes et caducs, produit sur l'âme je ne sais quelle impression, à-la-fois douce et pénible, que ne sauraient concevoir ceux qui n'ont vu que des ateliers ordinaires. On aime à voir la vieillesse et le malheur adoucir ainsi leurs peines par les distractions et les fruits du travail : on s'affectionne presque à ce lieu de misère; on s'en éloigne à regret.

La population de Bicêtre est de trois mille individus. Elle se compose d'indigens de tout âge, de vieillards infirmes, d'insensés curables et incurables, de vagabonds et de criminels condamnés à la gêne. Ces derniers sont renfermés dans les galbanons, qui ne sont plus, comme autrefois, des souterrains, mais des prisons ordinaires. C'est là que se fabriquent ces jolis ouvrages en paille, ces boîtes, ces étuis, qui, dans un temps où l'on était moins recherché, garnissaient les toilettes de nos petites maîtresses, et passaient ainsi des mains du crime dans celles de la beauté. La propreté, l'ordre admirable et l'excellente tenue de cette maison méritent aussi l'attention d'une certaine classe d'observateurs. L'infection qui se répand jusqu'à la route ne vient pas de la maison de Bicêtre, comme sont portés à le croire les voyageurs, mais d'un puisard voisin, nouvellement et très artistement construit, où se rendent les égoûts de cette maison.

Villejuif est un village, peuplé de douze cents habitans. L'éminence sur laquelle il est bâti, honorée par les Parisiens, du nom de montagne, n'est autre chose que le plateau, très peu élevé qui borde au Midi la vallée de la Seine : il n'a de remarquable que d'être, de ce côté, le dernier point de l'horizon et de la banlieue de la capitale, dont il offre aux voyageurs une belle perspective.

L'obélisque qu'on voit à l'entrée du village, sur le tertre qui borde la route à gauche, n'est pas destiné à marquer la méridienne de Paris, comme le dit M. Millin, d'après l'opinion commune, mais bien l'extrémité septentrionale de la base d'un triangle, qui a eu pour objet la mesure d'un arc du méridien; base dont l'extrémité opposée est marquée par un obélisque semblable, que nous verrons à Fromenteau.

Le beau château dont on longe ensuite l'avenue à droite est celui de l'ancien seigneur, M. de Saint-Romau. Une des allées, qui composent cette avenue, forme un superbe berceau qui mérite d'être vu.

Villejuif est trop près de Paris pour que les voyageurs soient souvent dans le cas de s'y arrêter, ce qui fait qu'on n'y trouve pas de bonne auberge.

Quoique son nom paraisse un composé étymologique, on n'a sur son origine que des conjectures diverses, dont la diversité même prouve sinon la fausseté, du moins l'incertitude.

Son territoire, fertile en blé, à l'aide des fumiers de Paris, et cultivé tous les ans, produit, une année portant l'autre, dans la proportion de six pour un. La vigne y est assez commune et peu vigoureuse, le vin très mauvais. Les pépinières dont il est parsemé, sont une dépendance du territoire de Vitry, bourg considérable connu pour le commerce des arbres, et peuplé de 2000 habitans. Il est situé à un quart de lieue E. de Villejuif, et à mi-chemin de Paris à Choisy.

A un quart de lieue vers l'Ouest, sont des carrières de plâtre, remarquables par les fossiles qu'on y trouve fréquemment. Le jour où je les ai visitées, un carrier venait d'y extraire, à une profondeur de cent vingt pieds, une mâchoire d'un animal inconnu, qu'il croyait être un sanglier, et qui appartient à l'une des espèces perdues, dont l'ancienne existence nous est attestée par le grand nombre de fossiles de cette nature trouvés en diverses parties du globe. Cette mâchoire très bien conservée était adhérente à un petit bloc de plâtre, qu'il m'a vendu douze sols. Un fragment, de si peu de valeur pour lui, a été un trésor pour M. Cuvier, en ce qu'il lui a fourni une pièce ou une variété qui lui manquait pour la recomposition du squelette de cet animal, qu'il désigne sous le nom de *paleotherium* (animal inconnu). On trouve aussi, dans ces plâtrières, des mâchoires de divers poissons, dont plusieurs appartiennent de même à des espèces qui n'existent plus. Les carrières de Pantin et de Montmartre offrent le même genre de fossiles, en plus grande quantité.

Quel bouleversement a pu réunir, entasser ainsi ces antiques débris du règne animal? Quelle nouvelle révolution, ou quelle longue suite de siècles a pu recouvrir ces débris d'une couche de terre ou de roc de plus de cent pieds d'épaisseur? Source inépuisable de conjectures et de systèmes, vaste champ de recherches scientifiques, où l'homme ne recueille d'autre certitude que celle de son ignorance!

§ 2. *De Villejuif à Fromenteau*............ 2 $\frac{1}{2}$

Même nature de pays et de culture que dans la distance précédente. Les arbres qui bordent le chemin offrent plus de vigueur et d'ombrage, ce qui annonce un meilleur sol.

On traverse les deux routes de Sceaux et de Versailles à Choisy, joli bourg connu par un ancien château royal qu'affectionnait beaucoup Louis XV, et dont aujourd'hui l'on ne voit pas même les débris. La charrue laboure l'emplacement qu'il occupait, sur la rive gauche de la Seine, à une demi-lieue de l'embranchement. Les bâtimens qui servaient de grands communs et d'écuries ont été seuls conservés. On y a établi une manufacture de faïence et une de savon. Le bourg attenant, bien percé, assez bien bâti, et presque entièrement composé de petites maisons de plaisance, renferme une maison d'éducation, un bureau de poste et une population de quinze cents habitans. Situé entre la Seine et le pied d'un joli coteau en pente douce, il doit son nom de Choisy à cette agréable position. On vient d'y construire un pont en bois.

L'église paroissiale, à laquelle était contigu le petit château occupé par madame Dubarry, n'est remarquable que par sa noble simplicité. Le clocher offre une particularité qui est peut-être unique en France, celle d'être plus bas que l'église. La cause de cette bizarrerie est plus singulière encore : elle est l'effet d'un caprice de Louis XV, qui ne voulait pas entendre le son des cloches.

L'aimable auteur de l'Art d'Aimer, le gentil Bernard, était bibliothécaire au château de Choisy, et il y a fait long-temps sa résidence.

L'avenue qu'on laisse à gauche, une demi-lieue après celle de Choisy, conduit au château d'Athis, appartenant autrefois à mademoiselle de Charolais, plus anciennement à M. de Roquelaure, et aujourd'hui à M. Corvisard, médecin de l'Empereur.

IIe. ROUTE DE PARIS A LYON.

Près de cette avenue, l'on passe du département de la Seine dans celui de Seine et Oise.

Un quart de lieue plus loin, on laisse à droite le chemin qui mène à Longjumeau, et quatre cents mètres au delà, tout près de Fromenteau, celui qui conduit à Arpajon. En face de ce dernier, sur le bord et l'autre côté de la route, s'élève l'obélisque dont nous avons parlé, à l'occasion de celui de Villejuif. Cet endroit offre un beau point de vue sur la vallée de la Seine.

Fromenteau, où est situé le relais, est un hameau agréable. A quelques portées de fusil, sur la droite, est celui de Juvisi, dont le château, jadis au marquis de Brancas, naguère au banquier Sevennes, appartient aujourd'hui à M. de Montessuy. C'est par ce village que passait autrefois la route; la pente y était si rapide, qu'on était obligé d'y prendre des chevaux de renfort, dont les prix arbitraires devenaient vexatoires pour les voyageurs. Ce fut une vexation de cette nature, exercée contre M. d'Antin, alors Ministre, qui fut cause du changement. Ce Ministre conçut dès lors, et fit exécuter bientôt après, le projet de la nouvelle route, qui est aussi douce que l'autre était rapide.

Cette rectification, d'après certains auteurs, est un chef-d'œuvre comparable aux ouvrages des Romains, ce qui fait croire à des difficultés majeures, telles que celles que le génie a vaincues en différentes parties de la France. L'étranger qui arrive au sommet ou au pied de la montagne de Juvisi, avec une de ces pompeuses descriptions sous les yeux, est bien surpris de n'y trouver, au lieu des aspérités effrayantes auxquelles il s'attend, qu'une petite colline sans rochers, sans escarpemens, et d'une pente moyenne : elle n'a présenté des difficultés que parce qu'on a voulu conserver la ligne droite dans toute la longueur de la rampe; ce que l'art obtient aisément dans une pareille localité, par le moyen du déblai et du remblai.

Vers le milieu de cette rampe, on franchit la rivière d'Orge, sur un beau pont, d'une hauteur peu commune, et curieux surtout par ses arcades élevées à grands frais les unes sur les autres.

Nous mériterions le reproche opposé à celui que nous venons de faire aux auteurs dont l'enthousiasme a peint ces travaux avec exagération, si nous ne convenions qu'ils offrent un bel ouvrage, quoiqu'il soit bien loin de nos chefs-d'œuvres en ce genre. Qu'est-ce en effet que ce pont auprès du pont du Saint-Esprit, et de tant d'autres, cette chaussée auprès de celle qui forme la route d'Orléans à Tours et de Tours à

IIe. ROUTE DE PARIS A LYON.

Angers, cette côte auprès de celle du Mont-Cenis, du Simplon, des Échelles, du col de Tende, etc...? C'est pour de pareils travaux qu'un auteur judicieux doit réserver son enthousiasme. — *Parcouru depuis Paris*...... 4 ½

§ 3. *De Fromenteau à Essonne*............ 3

C'est en partant du relais qu'on descend la montagne, et qu'on passe le pont dont il vient d'être parlé. On remarque, sur ce pont, deux belles fontaines surmontées de deux groupes, dont un représente le Temps qui porte le médaillon de Louis XV. La construction de ce monument est l'ouvrage de Coustou, et le dérangement des fontaines, celui de la bande connue dans la révolution sous le nom de Marseillais. Allant à Paris pour détruire, ils croyaient devoir partout, comme les fléaux, marquer leur passage par la destruction.

L'horizon a changé : un joli vallon où serpente, au milieu des prairies, la petite rivière d'Orge, et un plus joli coteau qui le borde, vers le couchant, par un rideau de verdure, délassent agréablement la vue, fatiguée de la monotonie des plaines. Ce coteau, qui règne sur la droite, pendant plus d'une lieue, est un des plus frais et des plus rians qui soient en France. Le voyageur regrette, en le suivant des yeux, que la rapidité de sa marche le lui fasse trop tôt perdre de vue ; et celui qui dispose de son temps et de sa voiture, doit céder au désir de le voir de plus près, en allant visiter quelques-unes des charmantes maisons de campagne qui l'embellissent, surtout dans le village de Viry.

Celle de M. Botterel-Quintin s'y fait remarquer, non par elle-même, elle est très simple, mais par ses cascades et plus encore par ses grottes, dont deux en pierre brute sont dans le parc où elle produisent la plus complète illusion, on ne saurait mieux imiter la nature ; la troisième en rocailles, laves, vitrifications et coquillages distribués par compartimens fait partie de la maison, et en est le véritable ornement. Le château du village n'offre pas le même genre de luxe, mais le Duc de Raguse, son propriétaire actuel, l'a plus agréablement et plus utilement embelli par une prairie et une vacherie Suisse, tenue sur un pied tellement Helvétique, qu'il n'y admet rien jusqu'au berger, qui ne vienne d'un des treize cantons.

Le château, d'un aspect plus imposant, qu'on remarque sur la rive opposée de l'Orge est celui de Savigny, appartenant au Maréchal d'Avoust, jadis au Comte du Luc.

Vers le tiers de la distance de Fromenteau

à Essonne, on traverse le village de Riz, où a été autrefois le relais, et dont l'entrée est marquée par le beau château de M. Anisson Duperron, ancien directeur de l'imprimerie royale. Le château a été vendu, et le propriétaire immolé dans la révolution.

Au haut de la côte qu'on monte au sortir de ce village, on laisse à droite un embranchement qui conduit à Villeroi, superbe château, situé à deux lieues dans les terres. Il avait coûté deux millions au dernier Duc de ce nom, qui a péri sur l'échafaud révolutionnaire.

Le coteau s'abaisse et finit par disparaître; mais on découvre en revanche, et comme en dédommagement, ceux de la rive opposée de la Seine, la plaine et le bourg de Villeneuve-Saint-Georges, la colline et le village de Montgeron, la forêt de Senars, enfin la ville de Corbeil, située sur les deux rives, à un quart de lieue N. E. du bourg d'Essonne.

Cette ville, peuplée de quatre mille habitans, est un chef-lieu de sous-préfecture, et l'un des greniers de Paris. Deux vastes moulins à eau, et plusieurs autres moins considérables y travaillent sans relâche à l'approvisionnement de cette capitale : on y a bâti aussi une grande halle et un superbe magasin, qui est dû aux soins de l'abbé Terrai. Un beau pont réunit le vieux Corbeil au nouveau. Outre son commerce de grains et de farines, cette ville possède encore des tanneries.

On a lieu de s'étonner que la grande route n'y passe point, quand on considère combien elle avait peu à dévier, et combien aussi l'inconvénient de cette faible déviation eût été compensé par les avantages qui en auraient résulté. On a regardé, dit-on, comme un obstacle les inondations fréquentes de la Seine; mais il semble que c'était un motif de plus : la route aurait opposé à ces inondations, toujours funestes et quelquefois désastreuses, une digue préservatrice, comme celle d'Orléans à Tours et à Angers, dont nous avons parlé plus haut.

Le château qu'on voit à mi-distance des deux relais, à gauche de la route et au bout d'une avenue de près d'un quart de lieue, est celui de Petit-Bourg, admirable par son architecture, par son parc et par la belle vue dont il jouit sur la vallée de la Seine. Il appartenait au Duc d'Antin qui y logeait madame de Montespan, et qui par cette raison y recevait de fréquentes visites de Louis XIV. Il a passé ensuite à différens princes et seigneurs, et enfin à l'ex-administrateur général des jeux, Perrin.

Essonne est un village percé d'une très large et assez belle rue en ligne droite. On y arrive

IIe. ROUTE DE PARIS A LYON.

par une courte descente, on en sort par une montée semblable. Il est peuplé de 12 à 1500 habitans, et de 1800 à 2000, quand on y comprend tous les ouvriers des nombreuses fabriques établies sur la petite rivière de Juine ou d'Essonne, dont on traverse un bras en entrant, un autre en sortant.

Ces deux bras se réunissent dans la Seine à Corbeil, après avoir donné le mouvement, au dessus d'Essonne, à une filature de coton, à une filature de laine, et à une fabrique de cuivre, placées à peu de distance l'une de l'autre; au dessous, à une poudrerie impériale, à une fort belle manufacture de toiles peintes montée sur le pied brillant de celle de Jouy, dont elle dépend, et qu'elle surpasse sous bien des rapports; enfin à la superbe filature de coton, récemment établie, sur un pied plus brillant encore, par le même entrepreneur, M. Oberkamp, qui y emploie sept cents ouvriers de tout âge et de tout sexe. On admire dans ces deux derniers établissemens, outre la magnificence des bâtimens, celle des mécaniques. J'ai remarqué dans la fabrique de toiles peintes la machine à blanchir inventée par MM. Chaptal et Bertholet, et dans la filature, toutes les montures en acajou plein, genre de luxe qui joint l'élégance à la solidité.

La perfection apportée dans tous les mouvemens, et la précision avec laquelle ils s'exécutent, placent cette fabrique et cette filature au premier rang des établissemens de ce genre.

Expilly recommande aux voyageurs de se tenir en garde contre l'avidité des aubergistes d'Essonne. — *Parcouru depuis Paris* . . . . . 7 $\frac{1}{2}$

§ 4. *D'Essonne à Ponthierry*. . . . . 2 $\frac{1}{2}$

Sur la droite, se présentent les coteaux et le vallon de la Juine, sur la gauche, les coteaux et la vallée de la Seine, et vers le tiers de la distance, une 2º. route du château de Villeroi. A mi-chemin, on trouve le village du Plessis-Chenet.

A gauche et à quelques portées de fusil de la route se montre le château du Coudrai, appartenant au maréchal Jourdan, jadis au Prince de Chalais, fils aîné du comte de Périgord, et plus loin, dans la même direction, sur l'autre rive de la Seine, le grand et beau pavillon du Roi, ainsi nommé parce que le fermier général Bourette l'avait dédié au Roi Louis XV, en le destinant à recevoir ce Prince, au retour de ses chasses dans la forêt de Senars. Ce pavillon qu'on nomme aussi Croix-Fontaine, est un véritable château et l'un des plus beaux de France. Il appartient aujourd'hui au Ministre d'Etat Maret. Sur la même rive droite de la Seine, presque

II.e ROUTE DE PARIS A LYON.

en face du village de Ponthierry, s'élève le magnifique château de Sainte-Assise, qui fut long-temps habité par l'avant-dernier Duc d'Orléans et par madame de Montesson. « C'était » alors, dit M. Millin, le séjour des arts ai- » mables, l'asile de la noble bienfaisance, et » de tout ce qui peut intéresser le cœur et » charmer l'esprit». Vendu et revendu plusieurs fois, il appartient aujourd'hui à M. Pourtalès, fils du riche négociant Suisse de ce nom.

Ces châteaux offrent la particularité d'être situés dans la plus triste et la plus aride des contrées qu'arrose la Seine. Ils sont presque entourés de bois, dont les arbres rabougris ajoutent encore, si j'ose le dire, à la mélancolie du site. Cette aridité du sol est une circonstance toute aussi extraordinaire, en ce qu'elle ne règne que dans la vallée même et les coteaux qui la bordent : le plateau que nous parcourons est assez fertile, quoique la qualité du terrain dégénère à mesure que nous approchons de la forêt de Fontainebleau.

On passe du département de Seine et Oise dans celui de Seine et Marne, un quart d'heure avant d'arriver à Ponthierry, village traversé par la route et assez bien monté en auberges.
— *Parcouru depuis Paris*. 10

§ 5. *De Ponthierry à Chailly.* 2

La route non pavée, qu'on laisse à gauche, presque au sortir de Ponthierry, conduit à Melun. On voit devant soi, au delà de Chailly, la naissance de la belle forêt de Fontainebleau, et toujours à gauche, les campagnes de la rive opposée de la Seine. Chailly est un village comme Ponthierry; le relais en est renommé dans toute cette route pour les quarante ou cinquante chevaux blancs, qui forment habituellement, depuis un grand nombre d'années, la composition de ce relais. — *Parcouru depuis Paris.* 12

§ 6. *De Chailly à Fontainebleau.* 2 1/2

Au bout d'un quart de lieue, on s'enfonce dans la forêt. Les arbres majestueux et antiques qui bordent et ombragent la route, y répandent, avec la fraîcheur, une obscurité mélancolique, je dirai presque religieuse. Je ne puis jamais voir une belle forêt sans me rappeler que c'est dans ces sanctuaires de la nature que son éternel auteur reçut le premier encens de nos pères. A ce souvenir s'en joignent d'autres dans la forêt de Fontainebleau. On songe qu'elle servit pendant des siècles aux délassemens de

IIe. ROUTE DE PARIS A LYON.

nos rois, dont ses vieux chênes ont vu s'écouler une longue suite de règnes. Il y a tel arbre qui peut avoir prêté son ombrage à Louis XII et à Louis XVI, à François Ier. et à Louis XIV, à Henri IV et à Napoléon.

Pendant qu'on se livre à ces réflexions, on aperçoit à travers les clairières, des masses de grès arrondis, et confusément amoncelés sur des éminences d'où ils semblent menacer la route de leurs éboulemens. Ces ruines de la nature, et le désordre sauvage qui règne à l'entour, font penser aux révolutions qui ont bouleversé le globe. Cependant ces blocs énormes qu'on prendrait à leur forme presque sphérique, pour des roches roulées par d'énormes courans, ont été plus vraisemblablement arrondis sur place par les eaux pluviales qui les ont ainsi lavés et mis à nu, en entraînant avec le terrain qui les entourait, les débris sablonneux qu'elles ont détachés de leur surface.

Ce n'est que dans certains points de la route que se laissent apercevoir ces majestueuses horreurs ; mais pour en jouir pleinement, il faut pénétrer dans l'intérieur de la forêt : il faut voir sur-tout l'ermitage de Franchard, situé à une lieue N.-E. de Fontainebleau. Les escarpemens qu'on découvre de la route, ne donnent qu'une faible idée de ceux qu'on voit dans les environs de cet ermitage. D'un côté, d'immenses entassemens de rochers ; de l'autre, de profondes anfractuosités ; par-tout un sombre horizon de désert et de forêt, sur lequel l'observateur promène au loin ses mornes regards, du haut de la sommité dépouillée où gissent les débris de cette austère et silencieuse retraite. On n'aperçoit autour de soi d'autre vestige humain que la demeure ruinée d'un anachorète du dixième siècle. Le voyageur Parisien qui n'a connu ce genre de beauté sauvage que par les descriptions, doit se croire transporté tout-à-coup au milieu des vastes solitudes de l'Amérique septentrionale.

En face d'un vieux mur, où l'on a barbouillé, dans le fond d'une niche, l'image du saint ermite, un petit lac, au lieu d'occuper la partie basse du terrain, selon les lois ordinaires de la nature, est, au contraire, élevé sur un plateau qui borde et domine un bas-fond entièrement à sec. On dirait que tout doit être extraordinaire dans ce site, comme le site même. Parmi les rochers pittoresques qui règnent autour de cet enfoncement, il en est une qui, plus curieuse que les autres par sa forme bizarre et l'espèce de grotte qu'elle renferme, ne l'est pas

II€. ROUTE DE PARIS A LYON.

moins par la source qui découle de la voûte. Reçue dans une petite auge qu'on a creusée directement au-dessous, cette fontaine ne filtre en aucune partie de la voûte, et l'eau en est amère.

La forêt de Fontainebleau a environ douze lieues de tour, et trente-deux mille arpens de surface. Elle fournit une petite partie du chauffage de Paris et la plus grande partie de son pavé. On remarque qu'elle n'est pas plus redoutée des voyageurs que des bergers. Les voleurs ni les loups n'ent ont point fait leur repaire; les animaux innocens et fugitifs en sont les seuls habitans (*).

Fontainebleau est une ville que plusieurs géographes ne qualifient que de bourg, malgré une population de huit à neuf mille âmes : c'est qu'elle n'a jamais été murée. L'avenue de Paris n'est point décorée d'un obélisque, comme le

---

(*) Je comprends dans cette classe les sangliers qui sont très-communs dans la forêt de Fontainebleau : ces animaux ne sont point dangereux, malgré leurs défenses, qui ne sont vraiment dans toute la rigueur du terme, que des armes défensives. Ils fuient devant l'homme, et ils ne se retournent pas même sur lui, comme on l'a dit, lorsqu'ils sont blessés. Si cela est arrivé quelquefois à la chasse du sanglier, comme à celle de l'ours, c'est lorsqu'on a blessé une femelle qui avait des petits.

dit M. Millin, qui confond, on ne sait pourquoi, cette avenue avec celle de Nemours.

Les rues sont larges et droites, les maisons assez bien bâties, partie en pierre, partie en brique. C'est une chose digne de remarque que cet usage de mêler la brique avec la pierre dans une ville, comme Fontainebleau, entourée de carrières. Mais le château était bâti ainsi, suivant l'usage du temps, et la ville a voulu, suivant l'usage de tous les temps, imiter la cour.

C'est à ce château impérial qu'elle doit toute son importance. François Ier. le fit augmenter et embellir par le Primatice, artiste fameux, (à-la-fois architecte et peintre) qu'il avait fait venir d'Italie. Plusieurs autres rois, du nombre desquels est Henri IV, y ont ajouté de nouveaux corps de bâtimens. Il en est résulté une masse confuse d'édifices de différente architecture, qui portent le style des différentes époques où ils ont été construits, et dans lesquels Expilly compte quatre châteaux en un seul. Cet assemblage a néanmoins un air imposant de grandeur et de majesté qui décèle la demeure des rois.

Le château de Fontainebleau a deux entrées; la principale, celle de la cour du Cheval-Blanc, vient d'être embellie d'une grille qui borde noblement l'avenue méridionale de la ville. La cour offre un vaste carré dont l'aspect n'est pas moins noble. Les deux ailes, de construction moderne, qui règnent à droite et à gauche, ont aussi leur noblesse : la façade du milieu, construite sous Louis XIII, porte, avec le cachet de son siècle, celui de sa destination.

On entre dans ce château par un escalier extérieur, développé en fer à cheval, et vanté par tous les connaisseurs, hors M. Millin, qui le trouve bizarrement contourné. Il est difficile de partager son avis.

Des diverses galeries qui décoraient l'intérieur, celle de François Ier. est la seule conservée. Le buste de ce roi guerrier et ami des arts, occupe une des deux extrémités.

Napoléon Ier. a fait placer dans cette galerie, avec divers tableaux de perspective représentant ses campagnes d'Italie, les bustes d'un grand nombre d'hommes célèbres, parmi lesquels on distingue plusieurs généraux morts dans la révolution. On y conserve avec respect, dans leur état de vétusté, les tableaux à fresque, au nombre de quatorze, exécutés tant par le Primatice que par son compatriote Rosso. Ces précieux restes ont franchi près de trois siècles : les peintures exécutées par les mêmes artistes en diverses autres parties du château, avaient résisté de même aux injures du temps, mais elles ont succombé sous celles de la révolution.

Les autres galeries ou sont détruites, ou ne méritent plus nos regards. C'est dans celle des Cerfs que fut assassiné, par ordre de la reine philosophe, Christine de Suède, l'infortuné Monaldeschi, son favori, qui fut coupable, les uns disent, d'une indiscrétion, les autres d'une infidélité : dans tous les cas, il le fut bien moins que son assassin.

On peut voir encore dans ce château, après l'appartement de l'Empereur et celui de l'Impératrice, la grande chapelle ornée, et presque entièrement couverte d'anciennes peintures, et la chapelle de Saint-Saturnin, dont on vient de faire une jolie bibliothèque.

Les dehors offrent plusieurs belles pièces d'eau, dont la plus grande, située entre le parterre et le parc, est un bassin de six cents toises de long sur vingt de large; trois autres sont autour du château. Au milieu de l'une d'elles s'élève un pavillon octogone orné de pilastres doriques, surmonté d'une plate-forme et connu sous le nom de *cabinet secret*, parce que les rois y tenaient leurs audiences secrètes.

Ce bassin sert de décharge à la fontaine qui a donné, dit-on, son nom à Fontainebleau. Elle est nommée dans les anciennes chartes : *Fons Blaudi*. Quelques modernes substituent à cette étymologie, celle de *belle eau*, d'où ils font également dériver Fontainebleau. L'une et l'autre sont rejetées par Expilly et remplacées par une troisième de sa façon, qui est évidente selon lui, et qui selon ses lecteurs, est la plus absurde de toutes. Je vais citer ce passage pour faire sentir jusques à quel travers d'esprit peut conduire la manie des étymologies. « Pourquoi, » dit-il, se donner la torture à ce sujet. Il » suffit de la moindre notion de la chasse pour » savoir que quand le chasseur appelle les » chiens, il crie : *Thia hillaut*. N'est-il pas vrai- » semblable que le château ayant été bâti en » pays de chasse, les habitans des environs en- » tendant continuellement le mot *hillaut*, l'ap- » pelèrent de ce nom, auquel ils joignirent » celui de la fontaine près de laquelle il avait » été bâti. De *Fontaine hillaut*, on fit insensi- » blement Fontainebleau ».

Quoi qu'il en soit, il n'est pas fait mention de Fontainebleau avant Louis VII, qui fit bâtir une chapelle dans la forêt, connue alors sous le nom de *Forêt de Bièvre*. Philippe Auguste s'y plaisait beaucoup aussi bien que saint Louis, dont on voit plusieurs édits, ainsi datés : *Donné en nos déserts de Fontainebleau.* Henri III et Louis XIII y sont nés. Nos derniers rois aimaient à s'y rendre en automne pour y prendre le plaisir de la chasse, et l'Empereur Napoléon paraît conserver le même goût.

Après cette maison impériale, la ville ne possède d'autre bâtiment remarquable que deux belles casernes. Quoiqu'elle soit sans commerce, elle a une manufacture de porcelaine, une de faïence anglaise et une brasserie. Ce qu'elle produit de plus renommé est le raisin, cultivé tant dans ses jardins que dans ses environs, à quelques lieues à la ronde, et connu à Paris sous le nom de *chasselas de Fontainebleau.*

La plus grande partie du peuple est occupée à l'exploitation des carrières ou à la conduite des voitures publiques, ce qui répand dans cette classe un ton de brutalité qui n'échappe pas à l'attention des étrangers. Le reste de la population se compose en grande partie de rentiers.

Fontainebleau offre aux voyageurs de nombreuses et très-chères auberges, des bains publics, une petite salle de spectacle, rarement ouverte, et d'agréables promenades, dans le parc et le parterre du château, ainsi que dans

IIe. ROUTE DE PARIS A LYON. 111 lieues.

la forêt. C'est le siége d'une sous-préfecture et d'un tribunal civil. Le climat n'est point malsain pour les habitans, malgré sa position dans un bas-fonds, autour duquel s'élève de tout côté la forêt.

La route de Paris à Lyon par Fontainebleau communique ici, d'un côté par Melun, de l'autre par Moret avec celle de Paris à Lyon par Auxerre; cette dernière communication forme, avec la route d'Orléans, et celle que nous parcourons, l'étoile qu'on remarque en sortant par l'avenue méridionale de la ville; l'obélisque qui s'élève au centre de cette étoile est celui que M. Millin a cru voir à l'avenue opposée. Ce monument a été érigé à la naissance du dauphin, fils de Louis XVI. On y lisait le nom du roi, de la reine et des enfans de France, ce qui le faisait appeler *le calendrier de la cour.—Parcouru depuis Paris*. . . . . 14$\frac{1}{2}$

---

§ 7. *De Fontainebleau à Nemours.* 4

On ne sort de Fontainebleau que pour rentrer dans la forêt. Elle offre dans cette partie des éminences escarpées, qui, vues à une distance de douze à quinze cents toises, m'ont paru rendre un peu l'effet des hautes crêtes des Alpes ou des Pyrénées, vues dans un éloignement de douze à quinze lieues. Cet effet est favorisé encore par la teinte grisâtre des rochers, et la verdure montagneuse des pins qui recouvrent quelques-unes de ces éminences. Comme dans de pareils sites on n'aime à trouver que la nature, j'ai été fâché d'apprendre que les pins de cette forêt sont une végétation exotique. Ils ont été plantés par les soins de M. de Montmorin, alors gouverneur de Fontainebleau.

Une croix qui s'élève au milieu de la route, à une lieue de Fontainebleau, indique l'endroit où l'Empereur Napoléon Ier. fut à la rencontre du pape Pie VII, arrivant de Rome pour la cérémonie du sacre. Une lieue au-delà de cette croix, près du village de Bourron, on quitte la forêt pour descendre dans les plaines de Nemours, et une lieue plus loin, le pavé de Paris, pour s'enfoncer dans des sables, mouvans en été, fermes en hiver, boueux seulement à la suite des grandes pluies.

Une large et assez belle rue forme l'entrée de Nemours, ville de quatre à cinq mille habitans, bien percée, assez bien bâtie, traversée par la rivière du Loing et baignée par le canal de Montargis, dont les bords, ainsi que ceux de la rivière et les bosquets qui les avoisinent, procurent d'agréables et fraîches promenades.

Elle ne présente dans son intérieur autre chose à voir que son nouveau pont de pierre, d'une très-belle construction, remarquable surtout par l'extrême surbaissement des arches. Comme on voulait le faire dans l'alignement de la rue de Paris, on a été forcé de brusquer un tournant, pour regagner au-delà du pont, le chemin de Montargis. Un troisième chemin, celui d'Orléans par Beaumont, forme une troisième avenue à cette ville. Elle renferme d'assez bonnes auberges, dont une cependant se trouve mal notée dans le Voyage d'Arthur-Young : pour rendre le lecteur juge de ses griefs, il copie dans son livre *la carte payante* qui lui a été présentée par son hôte.

La position de Nemours dans un terrain bas, arrosé par une rivière peu encaissée, l'expose aux inondations, et les inondations aux fièvres, s'il faut en croire les géographes et les médecins ; on s'y porte aussi bien qu'ailleurs, s'il faut en croire les habitans. Son commerce n'est point considérable : il consiste dans le blé et les tanneries.

Le château n'a plus rien de remarquable : il fut long-temps habité par les ducs de Nemours, de la maison de Savoie, et ils ont pris leur nom de cette ville, qui l'a pris elle-même de la forêt dont elle était entourée, *Nemus*, dont on a fait d'abord *Nemosium* et ensuite Nemours. — *Parcouru depuis Paris.* . 18½

§ 8. *De Nemours à la Croisière.* 3

On revoit, en partant, de nouveaux entassemens de rochers qui prouvent que si l'on est hors de la forêt de Fontainebleau, on n'est pas encore sorti de la sauvage contrée qu'elle occupe. Les mêmes aspérités se reproduisent de temps en temps, le long de cette route, qui suit la rive droite du Loing, par un chemin ombragé et gracieux en été, mais boueux en hiver. De l'autre côté de la rivière, la vue s'arrête, d'abord avec plaisir sur la petite maison de campagne de madame Praslin, ensuite avec douleur sur les ruines d'un couvent de Bernardins, dont l'église passait pour une des plus belles de France. Vers le milieu de la distance une avenue qu'on laisse à gauche conduit au château du Boulai. On traverse le hameau de Soupe, où plusieurs diligences ont leurs relais, avant d'arriver à la ferme isolée de la Croisière, où est celui de la poste. On peut voir à Soupe une forge à fer où l'on a tenté d'imiter l'acier anglais.

Presqu'en face de la Croisière, de l'autre

côté du Loing, et près de la rive droite du Fusin, s'élève, sur une colline, la petite ville de Château-Landon, peuplée de deux mille habitans, et connue par son abbaye d'Augustins. — *Parcouru depuis Paris*. . . . . . . 21 ½

§ 9. *De la Croisière à Fontenai*. 2
§ 10. *De Fontenai à Puits-la-Laude*. 2

On entre presque en partant de la Croisière dans le département du Loiret, et l'on parcourt ces deux courtes distances dans l'espace d'une heure, toujours au bord du Loing qui serpente au milieu des prairies, et toujours entre deux allées, qui font de cette partie de route une véritable promenade. —

Fontenai est un hameau de deux ou trois maisons, dont une offre aux voyageurs une assez bonne auberge. Un vieux pont de pierre, qui traverse le Loing, en face de Fontenai, est attribué par le vulgaire, et par quelques géographes, à César; sa construction, et sur-tout ses arcades en ogive, le signalent pour gothique.

A mesure qu'on s'éloigne de Nemours, le pays perd de son âpreté, les grès entassés deviennent plus rares, et finissent par disparaître entièrement. La pierre à fusil est la seule qu'on rencontre : elle abonde dans les champs voisins et sert à l'entretien de la route.

Au-delà et non loin de la rivière, on aperçoit par fois le canal qu'elle alimente et qui se confond de temps en temps avec elle. On est tenté de révoquer en doute la nécessité de ce canal, en voyant la rivière suivre la même direction, avec des eaux assez abondantes pour servir à la navigation, comme elle y servait avant 1720, époque où le duc d'Orléans, alors régent du royaume, fit continuer le canal depuis Montargis jusqu'à la Seine : le sdoute se fortifie quand on songe que ce canal était un apanage du Duc d'Orléans.

Puits-la-Laude est un hameau sans ressource. — *Parcouru depuis Paris*. 25½

§ II. *De Puits-la-Laude à Montargis*. 2

On laisse en partant, à une lieue sur la droite, le village de Cepoix, où l'on découvrit, il y a trente ou quarante ans, des bâtimens souterrains, qui renfermaient des mosaïques. A ce seul indice on reconnaît des antiquités romaines. L'auteur où j'ai puisé ce fait ne m'a point trompé : j'ai vu moi-même, dans les champs qui couvrent ces souterrains, et qui cachent peut-être une ville romaine, les petites pierres cubiques dont les anciens se servaient pour faire les mosaïques. Etonné de ne plus voir l'ouverture d'où on les avait tirées, je ne le fus pas moins d'apprendre qu'elle avait été comblée par le propriétaire, qui ne put supporter ni les dommages ni les frais d'une pareille fouille.

Ainsi, des monumens dont l'existence ne saurait être révoquée en doute, et qui peuvent renfermer quelque chef-d'œuvre précieux, quelque trait de lumière pour les sciences ou les arts, restèrent enfouis, par le défaut de moyens d'une famille de laboureurs, et y restent encore par l'inconcevable oubli où est tombé cette découverte. J'abandonnai ces lieux avec regret, car je m'étais flatté d'entrer dans une ville romaine, avant d'aller coucher dans celle de Montargis.

Une maison de campagne, dépendante de Cepoix, prolonge son enclos jusqu'à la grande route, que nous avons quittée, et qui n'offre d'intéressant que la vue de cet enclos sur la droite, et les bords extrêmement élagués de la forêt de Montargis, sur la gauche. Cette forêt, qu'on longe presque sans s'en apercevoir, était fameuse autrefois par les assassinats qui s'y commettaient, et n'a cessé de l'être, que lorsqu'on l'a ainsi éloignée de la route. Située toute entière au N.-E. de la ville, elle a sept lieues de tour, et n'offre ni les curieux escarpemens de celle de Fontainebleau, ni ses belles futaies.

Deux grands et beaux bâtimens fixent, vers l'ouest, les regards du voyageur. Ce sont les papeteries renommées de Buge et de l'Anglée, situées à demi-lieue de Montargis. Elles ont été établies sur le modèle de celles de Hollande, par les soins de *M. Anisson Duperron*. M. Delille, devenu propriétaire de l'établissement, après en avoir été le régisseur, l'a perfectionné et augmenté de l'un des deux bâtimens qui le composent; il eut la bonté de me montrer tous ses ateliers, de me faire remarquer l'ensemble et la combinaison des quarante opérations nécessaires à la confection de chaque feuille de papier, l'économie du temps et celle des bras, pour tenir les frais de ces opérations multipliées en équilibre avec la modicité des prix.

Non content de faire du papier avec l'écorce des arbres et toutes les espèces de végétaux, il a voulu soumettre aussi tous les genres de chiffons à la trituration qui forme la pâte propre au papier, et ceux de laine lui ayant opposé de la résistance, il a pris le parti de les utiliser différemment, en les rendant de nouveau propres à la filature. Les nouvelles laines qui en résultent sont converties, dans ses propres ateliers, en nouvelles étoffes, et ces draperies, ressorties pour ainsi dire de leurs cendres, répondent, quoiqu'inférieures pour les qualités, à celle des laines qui ont fourni la matière des étoffes primitives. M. Delille a fait aussi preuve de goût dans les embellissemens dont il a orné son enclos.

C'est près du nouveau bâtiment qu'il a fait construire que s'opère la jonction des canaux d'Orléans et de Briare, au milieu d'une vaste étendue de prairies, qui se prolonge jusque sous les murs de Montargis.

Cette ville, assez mal bâtie, mais assez bien percée, est située agréablement sur les bords du Loing et du canal de Briare, qui lui servent de promenade. La route y traverse l'un et l'autre.

Montargis renferme six à sept mille habitans, une sous-préfecture, un tribunal civil, un tribunal de commerce, une petite salle de comédie, et d'assez bonnes auberges.

Le château, bâti par Charles V, a fait long-temps partie du domaine de la couronne, et les rois de France y tinrent souvent leur cour. Les reines venaient y faire leurs couches, à cause de la pureté de l'air (il n'y avait pas alors de canal), ce qui fit appeler cette ville, *le berceau des enfans de France.*

On montrait, avant la révolution, dans ce vieux château, une très-grande salle ayant sept cheminées et plus de vingt-deux toises de long, sur plus de huit de large ; et dans cette pièce, parmi diverses peintures à fresque très-anciennes, le portrait du chien de Montargis, qui est bien plutôt un chien de Paris, puisque c'est dans cette ville qu'il acquit sa célébrité, comme on peut le voir dans les Essais sur Paris, de M. de Sainte-Foi (*). Ces peintures ont disparu pendant la révolution, il ne m'a pas même

---

(*) On connaît l'histoire de ce chien qui, ayant vu assassiner son maître, *Aubry de Montdidier*, dans la forêt de Bondy, fit connaître le lieu où il était enterré et le chevalier Macaire son assassin. Le roi (on croit que c'était Charles VI) instruit des discours qu'on tenait sur ce chien, et frappé des indices qui se réunissaient contre Macaire, jugea qu'il écheait gage de bataille, c'est-à-dire, qu'il ordonna, selon les lois, le duel entre l'accusateur et l'accusé, jugement bien digne de ces temps d'ignorance et de ce roi insensé. Le champ-clos fut marqué dans l'île Notre-Dame. Macaire était armé d'un gros bâton, le chien avait un tonneau percé pour sa retraite et ses relancemens. Après plusieurs attaques, il saisit enfin son adversaire à la gorge, le renverse, et le force à faire l'aveu de son crime en présence du roi et de toute la cour.

été possible de voir la salle, l'escalier ayant été abattu. Le château doit subir le même sort (*). C'est du monticule où il est situé, que la ville tire son nom de *Montargis, Mons arginis*.

Elle a résisté, en 1427, aux Anglais, qui furent battus et contraints de se retirer; ce fut ce premier succès qui releva les espérances de la France et du roi Charles VII. Il ne laissa pas sans récompense la fidélité de cette ville; il l'affranchit d'impôts, et lui permit de prendre le titre de *Montargis-le-Franc*.

Elle ne fait d'autre commerce que celui des bois et des grains. Deux routes nouvelles doivent établir sa communication, d'un côté avec Orléans, de l'autre avec Joigny et Sens, par Château-Renard.

Le climat est fiévreux, sur-tout le long du canal, dont les eaux stagnantes ne peuvent que produire des exhalaisons mal saines. Il en est de même de tous les canaux; ils portent, dans les contrées qu'ils traversent, la richesse et l'insalubrité. On cultive le safran dans les environs; ils produisent aussi d'assez bon vin blanc qui

---

(*) Je l'ai vu démolir à mon dernier passage en 1810.

se boit sur les lieux, et d'excellent beurre qui se vend à Paris. On y extrait de l'ocre, mais de médiocre qualité.

Montargis est la patrie de la fameuse *quiétiste*, Bouvière de la Motte-Guyon, et du trop fameux procureur de la commune, Manuel. — *Parcouru depuis Paris.* . . . . 27 ½

§ 12. *De Montargis à la Comodité.* . . . . 2 ½
§ 13. *De la Comodité à Nogent-sur-Vernisson.* 2

Pays plat, sablonneux et peu fertile. Les chevaux que nous avons vus, jusque-là exclusivement employés à la charrue, commencent à partager ici avec les bœufs les travaux de l'agriculture.

La-Comodité est un hameau sans ressource, et Nogent un mauvais village où l'on trouve une bonne auberge. Il a un bureau de poste, à cause de l'embranchement de Gien.

A une lieue E. de Nogent, sur le bord du canal, on voit, dans l'enclos d'un château, appelé *Chenevier*, d'assez beaux restes d'un édifice, qu'on reconnaît à sa construction et à sa forme demi-circulaire, pour un théâtre romain. Ce monument, mentionné par très-peu de géographes, ignoré même d'un grand nombre d'antiquaires, n'en est pas moins un des plus remarquables que possède la France, et le seul qui existe dans le voisinage de Paris. Il est isolé, au milieu d'une campagne qui serait un véritable désert sans la maison de plaisance bâtie à côté.

Un théâtre annonce une ville, même une ville d'un certain ordre. Le temps en a détruit jusqu'aux ruines. Il n'en reste d'autre vestige que ce théâtre en débris, qui semble n'avoir survécu à tout ce qui l'entourait que pour apprendre aux générations à venir, que là fut une ville. Je me trompe, des décombres qu'on regarde comme des restes de bains, gissent à peu de distance de ce théâtre, au milieu d'une forêt de ronces et de broussailles, qui en dérobent entièrement la vue, et que le plus intrépide antiquaire ne peut aborder qu'avec des précautions et des peines infinies, dont il est peu dédommagé par un nouveau, mais bien faible échantillon de la construction romaine (*).

(*) Il serait possible que ce ne fût qu'un camp romain ; mais ces camps ou quartiers d'hiver, étaient nécessairement des lieux plus ou moins considérables que la présence des Romains transformait en villes ; ils bâtissaient, d'abord pour leurs besoins, au nombre desquels étaient les spectacles et les bains, ensuite pour l'emploi de leurs loisirs ou la gloire du nom romain.

Ces uniques restes d'une cité ensevelie dans l'oubli des siècles et le silence de l'histoire, recouverte aujourd'hui par le sol même qu'elle couvrit autrefois, et rentrée pour ainsi dire, par la végétation, dans le domaine de la nature, offrent à la vue un spectacle attachant, et à l'âme de profondes méditations.

L'architecture du théâtre est très-simple : ce sont des assises égales de petites pierres cubiques, semblables à celles dont sont construits les acqueducs de Lyon, l'amphithéâtre de Fréjus, la Tourmagne de Nîmes, etc.

Si son origine romaine n'était pas évidente, diverses médailles, un petit Mercure en bronze et autres antiques qu'on y a découverts, leveraient toutes les incertitudes. Les arts doivent s'applaudir de ce que ce monument s'est trouvé dans la propriété d'un amateur qui a su l'apprécier. Il a respecté ces ruines au point de les consolider dans les parties qui menaçaient, et il n'a pas craint de faire quelques sacrifices pour conserver à la France une antiquité qu'elle ignore et dont elle ne lui sait aucun gré. Cet précieux amateur, qui fait l'accueil le plus empressé aux personnes que la curiosité attire chez lui, leur montre les médailles qu'il a trouvées, et leur donne

IIe. ROUTE DE PARIS A LYON. 125 lieues.

tous les renseignemens qui dépendent de lui.
— *Parcouru depuis Paris*. 32

---

§ 14. *De Nogent-sur-Vernisson à la Bussière*. 3
§ 15. *De la Bussière à Briare*. 3

La route de Bourges qu'on voit à droite, au tiers de la première distance, aurait pu jusqu'à Gien être encore celle de Lyon, si l'avantage de cette direction avait été senti dans le temps où l'intérêt des seigneurs l'emportait sur celui des villes, et si celle de Gien avait fait entendre d'assez puissantes réclamations. On allonge d'une lieue par le coude que forme cet embranchement; on n'allongerait que de demi-lieue, si la route allait directement de Nogent à Gien sans faire ce coude. On n'allongerait pas du tout, si elle allait tout droit de Montargis à Gien, sans passer par Nogent. Cette dernière direction est en grande partie tracée.

Au milieu des campagnes infertiles et sablonneuses qui séparent le bassin de Nogent de celui de Briare, se présente un beau château, celui de la Bussière, agréable donjon du quinzième siècle. Il appartenait à la famille d'Ormesson. La route en longe le parc, au milieu duquel le bâtiment s'élève entouré d'une belle pièce d'eau, qu'il faut traverser sur un pont-levis pour y pénétrer. C'est une île déserte pendant la plus grande partie de l'année, le propriétaire actuel ne l'habitant que par intervalles.

La Bussière est un lieu dénué de ressource. Peu satisfait de ce hameau lorsqu'il est obligé de s'y arrêter, le voyageur ne l'est pas davantage au départ, en voyant sa voiture décrire deux côtés d'un triangle, parce que la ligne droite aurait traversé l'enclos du seigneur. Il ne tarde pas à être distrait de ce léger mécontentement par la surprise que lui causent les singuliers matériaux employés à l'entretien de la route dans cette partie. Leur couleur noire semble signaler du charbon de terre ou des résidus de forges, ou même des scories volcaniques, si l'on ne savait qu'il n'y a ni houillère, ni mine de fer, ni aucun vestige de volcanisation dans cette partie de la France. Afin de mieux les examiner je suis descendu de ma voiture, et je me suis convaincu que c'est du vrai machefer; j'en ai pris quelques échantillons pour les montrer à M. Vauquelin. Ce savant chimiste a bien voulu en faire l'analyse; les résultats ont répondu à son attente et à la

IIe. ROUTE DE PARIS A LYON.

mienne. Les usines dont ces matériaux indiquent l'ancienne existence, dans une forêt voisine d'où on les extrait, ont dû avoir une grande étendue et une longue durée, pour laisser des dépôts aussi considérables. Cette espèce de mine ou carrière est exploitée pour le même usage, depuis un temps immémorial, sans s'épuiser, ce qui a fait penser aux habitans que c'est un genre de pierre particulière. Le pays est toujours plat et d'un aspect attristant ; le seigle et l'avoine sont les seuls produits de ce sol ingrat, qui triple à peine sa semence.

Du haut de la colline qui descend à Briare, on découvre tout-à-coup comme une nouvelle terre, je dirai presque un nouveau ciel. De rians coteaux de vignes, des plaines non moins riantes, en un mot les bords de la Loire sont le tableau qu'on a sous les yeux, et la contrée qu'on va parcourir, en remontant la rive droite de ce fleuve jusqu'à Nevers. Son large canal offre au voyageur, placé sur ce point de vue, une multitude de voiles éparses comme dans un bras de mer, spectacle vraiment pittoresque, qu'on ne retrouve sur aucun autre fleuve de France ; c'est qu'aucun n'a une navigation aussi active ; aucun ne contribue autant à l'approvisionnement de la capitale, et en même temps aux exportations maritimes, aucun n'arrose plus de provinces, et ne baigne plus de remparts.

L'élégant pavillon qu'on voit pendant quelque temps en face, et ensuite à quelques portées de fusil sur la droite, a été bâti par M. Dangeau, secrétaire du comte d'Artois; sa position en belvedère au bord de la plaine, d'où il domine sur le fleuve, lui a fait donner le nom de *Beauvoir*. On distingue sur la rive opposée, et dans la position la plus heureuse, le village, et le gothique château de Saint-Brisson, plus loin, la petite ville de Châtillon-sur-Loire.

Briare est un bourg formé d'une seule rue droite, assez belle et peuplée de mille à douze cents habitans, presque tous mariniers. Il y a un bureau de poste, de médiocres auberges et un embranchement sur Gien, qui, prolongé jusqu'à Orléans, forme la route de Lyon à cette dernière ville.

Le bourg de Briare est devenu fameux pour avoir donné son nom au canal, qui, en s'y réunissant à la Loire, établit la communication de ce fleuve avec la Seine. A six ou sept lieues vers l'est, dans le département de l'Yonne, est la source du Loing, vrai réservoir de ce canal.

Du pont sur lequel on traverse ce dernier, en arrivant à Briare, le voyageur voit au-dessous de lui, une foule de barques qui attendent le signal du départ, et plusieurs écluses qui donnent une idée de l'art ingénieux, au moyen duquel on fait franchir aux canaux les montagnes et les vallées. Celui de Briare, commencé par Sully, est le premier ouvrage important de ce genre, qui ait été entrepris en France. Cette grande idée était digne du grand ministre qui l'avait conçue : l'exécution, interrompue après sa retraite, fut reprise sous Louis XIII, par les nommés *Guyon* et *Bouteroue*, à qui ce monarque en concéda l'entreprise. — *Parcouru depuis Paris*................. 38

─────────

§ 16. *De Briare à Neuvi*.............. 4

Pays de plaines entrecoupées de collines et de champs entremêlés de vignes, route montueuse. Elle traverse le hameau de Housson, et le bourg de Boni qui avaient jadis chacun un relais, ce qui faisait alors trois petites postes, au lieu de deux très-longues. A Housson on laisse sur la gauche une route qui conduit à

Auxerre par Saint-Fargeau, petite ville de deux mille cinq cents habitans, dont le nom rappelle celui d'une des plus célèbres victimes de la révolution. Boni est un grand et assez joli bourg, que plusieurs géographes qualifient de ville : il est peuplé de douze cents habitans. On y voit reparaître la Loire, qu'on a perdu de vue depuis Briare, et qui ne se montre jamais sans embellir la perspective.

Un quart de lieue après, au sortir du hameau de Villeneuve, l'on quitte le département du Loiret, ci-devant Orléannais, pour entrer dans celui de la Nièvre, ci-devant Nivernois. Neuvi est un bourg un peu moins considérable que celui de Boni, avec lequel les voyageurs le confondent quelquefois. Il y a de médiocres auberges, un bureau de poste et une très-belle maison de campagne, qu'on ne voit pas sans regret, bâtie au milieu d'un marais, dominée par la route, tandis qu'elle eût elle-même dominé les marais et la route, si on l'eût placée sur le penchant ou au sommet d'un petit coteau qu'on voit sur le derrière. Neuvi est le *Noviodunum* des Commentaires de César, d'après divers auteurs. — *Parcouru depuis Paris.* 42

IIe. ROUTE DE PARIS A LYON. 131 lieues.

§ 17. *De Neuvi à Cône*. . . . . 3 ½

Route toujours agréable, et toujours voisine de la Loire, qui sépare les deux départemens de la Nièvre et du Cher, comme elle séparait autrefois les deux provinces du Nivernais et du Berry. Au milieu des campagnes verdoyantes qu'on découvre sur l'autre rive, dans un superbe lointain, se fait remarquer un vaste château, flanqué de quatre tours; c'est celui de Pesan, propriété de l'ancienne famille de la Trimouille. On trouve à mi-distance le village de Lasserre qui avait jadis un relais, et une demi-lieue plus loin le château de Mienne, appartenant à l'ancienne famille de Brancas. Il est situé de la manière la plus gracieuse, entre la route et la Loire.

La petite ville de Cône, placée au bord de ce fleuve et à l'embouchure de la Novain, s'est beaucoup accrue depuis peu et s'agrandit encore tous les jours. Sa population actuelle n'est guères que de quatre mille âmes; mais elle est bien plus forte, si l'on interroge les habitans, qui ne manquent jamais de comprendre dans la population de la ville celle de la banlieue. Cône a une sous-préfecture, un tribunal civil, dont la salle d'audience mérite d'être vue, une assez jolie salle de spectacle, de bonnes auberges, dont l'une est au nombre des plus renommées de France, des fabriques de quincaillerie et de coutellerie; des ganteries et de fameuses forges où se font les plus grosses ancres de navire. Les curieux remarquent dans cet établissement une grue nouvellement construite pour enlever et embarquer ces énormes pièces de fer. On y fait aussi la clouterie et toutes les ferrures des vaisseaux : le géographe Guthrie n'en parle pas; il indique seulement, comme situées dans les environs de Cône, des mines et forges de fer, qui sont à trois lieues vers l'Est. Les plus proches sont celles de Donzi, et les plus considérables celles de l'Eminence.

Vers l'Ouest, les collines de l'ancien Berry présentent, sur l'autre rive de la Loire, une belle perspective, dont on jouit parfaitement de la promenade située entre les forges et le fleuve. Leur point le plus élevé, comme leur principal embellissement, est la colline et la ville de Sancerre, colline fameuse par ses vins, réputés les meilleurs de la province, ville plus fameuse, pour avoir été l'un des boulevards du calvinisme, et l'écueil des efforts de Charles IX, qui, après avoir été forcé de lever un premier siége, ne la prit enfin que par famine. L'histoire rapporte que dans les horreurs de cette famine, qui réduisit les habitans aux dernières extrémités, un vigneron et sa femme furent convaincus d'avoir mangé une portion de leur propre fille, et d'avoir mis le reste dans des pots. Le vigneron fut brûlé vif, et sa femme pendue.

Cette ville, chef-lieu de l'un des arrondissemens du Cher, est peuplée de deux mille habitans, et assez commerçante en vin, grains et autres productions du pays.

Son origine paraît ne remonter qu'à Charlemagne, et non à Jules-César, comme l'a fait croire son nom latin de *Sacrum Cæsaris*. On la trouve aussi quelquefois nommée *Sacrum Cereris*, et plus souvent *Saxia*. C'est ce dernier nom qui a fait attribuer sa fondation à Charlemagne, qu'on suppose l'avoir peuplée de Saxons, lorsqu'il dispersa cette nation vaincue en différentes parties de son empire.

L'air de Sancerre est aussi pur que sa situation, sur un mont conique, est pittoresque. Quoique ce mont domine de beaucoup toute la contrée, il est loin d'avoir la hauteur de sept cent cinquante-huit toises au-dessus du niveau de la mer, que lui donne le Dictionnaire géographique d'Ainez, élévation qui égalerait celle des plus hautes montagnes de l'intérieur, telles que le Puy-de-Dôme, auquel les diverses mesures donnent moins de huit cents toises. Ce mont est environ quatre fois plus haut que le monticule de Sancerre, couvert de vignes jusqu'à son sommet. Ce genre de culture ne réussit qu'à des hauteurs moyennes, sur-tout à cette latitude, et dans une position aussi peu abritée. — *Parcouru depuis Paris* . . . . 45 ½

§ 18. *De Cône à Pouilli.* . . . . 3 ½

    Plaine agréable et fertile. La vigne fait partie de la culture, et prédomine aux approches de Pouilli : elle entoure d'un riche amphithéâtre de verdure ce joli bourg, qui est assez grand pour pouvoir prétendre au titre de ville. Sa population est de deux mille cinq cents habitans. Il a un bureau de poste et une bonne auberge. Le peuple y est sujet à l'ivrognerie, ou plutôt à l'ivresse, car c'est moins par sa faute que par celle du vin capiteux de Pouilli, assimilé mal-à-propos au châblis, auquel il me paraît bien inférieur, ainsi qu'à sa propre réputation.

    Pouilli est la patrie de Pourchot, savant et célèbre recteur de l'université, sous le règne de Louis XIV. — *Parcouru depuis Paris* . . . 49

§ 19. *De Pouilli à la Charité.* 3

    Route légèrement montueuse, ainsi que la

contrée : sol calcaire. Au village de Mève, placé à mi-chemin, on peut voir une forge dont le minerai s'extrait à une lieue sur la gauche.

La Charité est une ville mal percée et mal bâtie, mais très-agréablement située, au pied d'un coteau de vignes, et au bord de la Loire. Un peu plus considérable que Cône, elle est aussi de quelque chose plus peuplée : on y compte cinq mille habitans. Le voyageur se demande pourquoi la route la traverse par des rues tortueuses et des pentes rapides, au lieu de la longer, en suivant le quai large, droit et parfaitement uni qui borde la Loire, et il n'en trouve la raison que dans l'intérêt des habitans de cette rue.

En face de ce quai, un petit faubourg est groupé dans une île où passe la route de Bourges, en franchissant le premier bras de la Loire sur un beau pont de pierre, le second sur un joli pont de bois. La pointe que forme, à l'extrémité de l'île, le confluent des deux bras, est embellie par une petite esplanade plantée d'arbres.

En sortant de la Charité, par la route que nous suivons, on longe à droite une autre promenade, qui, placée en terrasse sur la Loire, n'aurait besoin pour être belle que d'un peu plus d'étendue, et à gauche la grille, avec l'enclos d'un superbe édifice adossé au coteau de vignes qui règne sur la ville : on croit voir un château moderne : c'est une fabrique de boutons d'uniforme, qui n'était plus en activité depuis quelques années, lors de mon dernier passage.

Les vins, qu'on récolte en abondance dans les environs de cette ville, sont de qualité médiocre, et ne souffrent pas le transport. Son principal commerce est en fer et en bois. Elle tire le fer des mines, et le bois des forêts qui l'avoisinent à une lieue vers l'Est.

L'Itinéraire de l'Empire français place, d'après Guthrie et autres géographes, des forges dans cette ville, qui n'en a pas du tout, et ne parle pas des mines qu'elle a dans ses environs. Il lui donne aussi un grand nombre de fabriques qu'elle n'a jamais eues, ou qu'elle n'a plus depuis long-temps.

La Charité n'est pas une ville ancienne, quoique ce soit une vieille ville ; sa fondation ne remonte qu'au huitième siècle. Celle de Seyr existait alors dans le voisinage, et l'on en trouve encore quelques vestiges à cinq cents pas de la ville actuelle. Vers l'an 700, un monastère s'éleva au bord de la Loire. La piété hospitalière des religieux, et l'avantage de la position déterminèrent les habitans de Seyr à s'établir autour de ce couvent. La nouvelle ville, détruite plusieurs fois par les Vandales, fut rétablie au commencement du douzième siècle, ainsi que son couvent, qui fut donné à l'ordre de Clugny. C'est sans doute de cette époque que datent les vieilles maisons qu'on y voit. Son nom de la *Charité* paraît venir des grandes aumônes que faisait le couvent.

La route, qui forme la communication de cette ville avec Bourges, doit être continuée dans la direction opposée, jusqu'à Auxerre et Troyes, par Clamecy; elle est faite au-delà de cette dernière ville, dont nous parlerons plus bas. — *Parcouru depuis Paris*. 52

§ 20. *De la Charité à Pougues*. 3

La route, au sortir de la ville, règne en forme de quai sur le bord de la Loire, dont la rive opposée offre, entre autres beaux aspects, celui du château de la Charnaie. Au bout d'une demi-lieue, elle longe à droite le bourg muré de la Marche, qu'on dit avoir été jadis une ville, et s'engage, bientôt après, dans les collines qui règnent jusqu'à Pougues, joli village peuplé de cinq à six cents habitans : il est situé au milieu d'une charmante vallée couverte d'un long tapis de prairies, à travers lequel une promenade d'un quart de lieue conduit à la source des eaux assez fameuses de Pougues, qu'on assimile, dans le pays, à celles de Spa. Elles sont ferrugineuses, acidulées, et n'ont point de mauvais goût. Je leur ai trouvé celui de certains petits vins blancs, dont les habitans de quelques provinces méridionales de la France, de quelques cantons de la Suisse et de quelques parties de l'Italie font leur boisson ordinaire. Elles ne sont d'usage qu'intérieurement. C'est, dit-on, Henri III qui mit ces eaux à la mode, étant allé les prendre en 1586. Fréquentées pendant long-temps, elles ont cessé de l'être de nos jours, non qu'elles aient perdu leur vertu, mais parce qu'elles ont passé de mode. — *Parcouru depuis Paris.* . . . 55

§ 21. *De Pougues à Nevers*. 3

La route s'élève insensiblement à travers les vignes, jusqu'au sommet d'une colline d'où l'œil découvre un des plus riches points de vue qui soient en France. On a derrière soi les jolis coteaux et le joli bassin de Pougues, se perdant à l'est dans une échappée de vue prolongée, et venant joindre au couchant la vallée de la Loire: devant soi le superbe développement de cette immense vallée, qu'embellissent mille nuances de verdure, et qu'argentent au loin les eaux brillantes du fleuve. C'est là qu'elles reçoivent dans leur sein celles de l'Allier, dont la surface moins étendue ne s'aperçoit guères à cette distance que lorsque les pluies les ont gonflées. Si j'avais à choisir un emplacement pour une maison de plaisance, je la bâtirais sur le tournant du coteau qui offre cette double perspective.

Après avoir descendu le revers de la colline, on traverse un nouveau vallon, et l'on gravit une nouvelle côte, que l'œil trompé du voyageur confond souvent avec le vallon et la côte de Pougues, à cause de leur ressemblance. Celle-ci offre à peu près la même perspective, et de plus une agréable maison de campagne, dont la situation remplit presque le vœu que nous venons de manifester. Cette maison a perdu depuis peu d'années son propriétaire, l'abbé Delille, qui n'est pas le poète célèbre que toute la France connaît, mais un gastronome connu de tout Nevers, ancien chanoine qui avait son modèle dans ceux du Lutrin. Un château, qu'on voit ensuite à droite, en approchant de Nevers, appartient à M. de Chabannes, qui n'est ni celui que l'entreprise des vélocifères a rendu fameux de nos jours, ni même son parent.

On entre à Nevers par une porte en arc-de-triomphe, sur laquelle on lisait les deux vers suivans :

« Dans ce beau monument qu'éleva l'abondance,
» Reconnaissez Nevers, et jugez de la France ».

Ce chef-lieu de la Nièvre, autrefois du Nivernais, serait une ville très-ancienne, si c'était le *Noviodunum* des Commentaires de César, comme le veulent quelques auteurs, tandis que d'autres cherchent cette ville Celtique à Neuvi, (ainsi que nous l'avons dit), et d'autres ailleurs, ne sachant où la trouver; mais il paraît que son véritable nom était *Nivernum*, et qu'elle le doit à la rivière de Nièvre qui la baigne. Quoi qu'il en soit, cette ville n'est belle à voir que de loin. Sa position en amphithéâtre sur la rive droite de la Loire, offre un bel aspect, quand on l'examine des campagnes situées sur la rive opposée; mais cette agréable position donne une pente rapide à ses rues, qui sont d'ailleurs tortueuses et mal pavées.

A l'exception d'une belle caserne de cavalerie, on n'y trouve pas les beaux édifices dont parle Vosgien, qui décrivait les lieux, comme tant d'autres, sans les avoir vus. La ville est généralement mal bâtie, et n'a de belle maison que l'évêché, aujourd'hui la préfecture.

La cathédrale est peu remarquable et plus élevée par sa position au haut de la ville que par son édifice, qui paraît même écrasé. Le clocher, chargé de sculptures et de statues gothiques, est ce qu'elle a de mieux. C'est une belle tour carrée, dont lés quatre coins ressortent en demi-lunes. Le vieux château des Ducs de Nevers mérite un coup-d'œil; il est situé de même dans la partie haute de la ville, et forme l'un des côtés de la grande place, qui est remarquable par la singularité de ses façades à pignon. Les Ducs avaient abandonné depuis long-temps ce séjour pour celui de Paris, d'où ils percevaient leurs droits d'entrée, de maîtrise et autres.

La promenade du château est devenue, par acquisition, celle de la ville. Malgré son élévation, elle est peu aérée et sans perspective, mais en revanche très-ombragée et très-fraîche.

Cette ville avec une population de douze à treize mille habitans, n'offre aux voyageurs que de médiocres auberges, de mauvais bains publics, et une pauvre salle de spectacle, rarement occupée par des troupes ambulantes. Elle a des fabriques de verre et d'émail, des manufactures considérables de faïence grossière et une fonderie de canons de marine sur la Nièvre, qui se jette dans la Loire à Nevers.

Sur la même rivière sont établies, à diverses distances, un grand nombre d'autres forges, dont la principale est celle de Guérigni, consacrée aux ancres et aux boulets. Elle est située à trois lieues Nord de Nevers, sur la nouvelle route de Clamecy, et à deux lieues E. de Pougues, d'où l'on ne peut s'y transporter qu'en été et à cheval. Cet établissement, le plus grand de ce genre qui soit en France, est le chef-lieu des autres ateliers du département, qui occupent tous ensemble quinze cents ouvriers : il en emploie lui seul quatre cents. Outre les ancres et boulets, on y fabrique les chaînes d'amarrage et tout ce qui tient à la ferrure des vaisseaux.

Les mines ne sont pas éloignées de ces forges, qui sont la source du commerce et de la prospérité de Nevers. Aussi riches que nombreuses, elles rendent étant lavées, de 80 à 90 pour 100. La qualité du fer est bonne, quoique inférieure à celle du Berry.

On traverse la Loire à Nevers sur un beau pont, dont quelques arches renversées par la débacle de 1789, et provisoirement refaites en bois, vont, d'après un décret impérial, être rétablies (*). Plusieurs curieux, notamment le

---

(*) On y travaillait lors de mon dernier passage.

préfet de la Nièvre, conservent des morceaux pétrifiés du pilotis de l'ancien pont de bois qui a précédé ce pont de pierre. Cette pétrification complète de tout le pilotis d'un pont est digne de l'attention des naturalistes.

Nevers est la patrie du menuisier maître *Adam*, connu par ses chansons, ses chevilles, etc., et du *Perroquet Vert-Vert*, immortalisé par le poëme de Gresset (*). — *Parcouru depuis Paris*. . . . . , ... 53

§ 22. *De Nevers à Magni*. . . . . . . , ... 3

Nous allons remonter la rive droite de l'Allier aussi long-temps que nous avons remonté celle de la Loire, c'est-à-dire, pendant environ vingt lieues. Après avoir passé cette dernière rivière sur le pont de Nevers, on suit une belle avenue, construite en ligne droite et en chaussée, à travers des prairies arrosées et trop souvent inondées par le fleuve. C'est de là que l'œil embrasse tout le développement de l'amphithéâtre que forment la ville et la colline de

---

(*) On me pardonnera cette gaîté, en songeant qu'il ne passe pas à Nevers un voyageur instruit à qui cette ville ne rappelle le joli poëme de Vert-Vert et l'oiseau charmant qui en est le héros.

Nevers. La route s'élève insensiblement sur une petite montagne, d'où elle redescend avec rapidité dans la plaine de Magni. Cette cime domine vers l'ouest les belles campagnes que baigne l'Allier en allant se perdre dans la Loire.

Magni est un petit village, agréable par sa position au milieu d'un bassin de prairies. — *Parcouru depuis Paris*. 61

§ 23. *De Magni à Saint-Pierre-le-Moutier*. 3

Les mauvaises pierres calcaires qu'on prend dans les champs voisins, pour réparer la route, entre ces deux relais, se réduisant en boue tous les hivers, la rendaient aussi fatigante pour les voyageurs que dispendieuse pour le Gouvernement : on vient de la paver.

Dans presque toute cette distance on voit à droite les prés qui bordent l'Allier, sans pouvoir découvrir, à travers les arbres qui les ombragent, la rivière qui les arrose.

Saint-Pierre-le-Moutier, ou le *Monastère*, est une petite ville de deux mille habitans, fondée par l'ordre de Clugny, dont le couvent y a existé jusqu'à la révolution. Elle avait un présidial, qui était un des premiers de France, et le seul que possédât le Nivernais. Le prieur du couvent en était de droit le premier conseiller. Les Ducs de Nivernais y prêtaient le serment, et leur ville de Nevers en était justiciable en certains cas ; double sujétion dont ils cherchèrent vainement à affranchir leur personne et leur capitale : le crédit du Prieur l'emporta toujours sur celui du Duc.

L'étang assez considérable qu'on voit dans cette ville, et qui en est le seul embellissement, était une propriété du couvent. Il est très-poissonneux, et ne tarit jamais, quoique les eaux pluviales en soient le seul aliment. On l'accuse de rendre l'air mal-sain, et véritablement les habitans y sont sujets aux fièvres. Malgré cela ils le défendent eux-mêmes contre les médecins qui proposent de le dessécher, et ils soutiennent que la mortalité ne tient pas à cette cause.

Le relevé, qu'a fait faire le préfet (M. Adet) de l'état des naissances et des décès depuis 1787, a donné un tel excès de mortalité, qu'il est, m'a-t-il dit, dans la ferme résolution de faire exécuter ce dessèchement, nonobstant l'opposition de la ville, qu'il veut servir malgré elle. Ne pourrait-on pas, sans détruire ce beau bassin, dont le voyageur est porté comme l'habitant à désirer la conservation, neutraliser les exhalaisons qui en émanent, en l'entourant d'une double ou triple enceinte d'arbres? La ville, au lieu de perdre un embellissement, en gagnerait un autre, celui des belles promenades qui résulteraient de cette plantation.

L'insalubrité de ce séjour n'empêche pas qu'on n'y voie beaucoup de jolies femmes qui, favorisées par une coëffure gracieuse et par une tournure aisée, paraissent s'embellir encore de la gaîté de la jeunesse, et donner un démenti formel au climat; il est très-sain d'ailleurs hors de la ville, et aussi favorable à la santé de l'homme qu'à la végétation des plantes. Le sol est fertile, et produit des fourrages en abondance.

Une route de traverse praticable pour les voitures conduit de Saint-Pierre à Bourbon-l'Archambaut, petite ville, située à cinq lieues S.-O. et fameuse par ses eaux minérales. Les voyageurs, qui s'y rendent de Paris, abrégent leur chemin par cette direction d'environ cinq lieues. L'utilité de cette route fait désirer un pont sur l'Allier.

A l'est de Saint-Pierre la contrée est couverte d'étangs et de forêts, qui y ont attiré plusieurs établissemens de forges; les plus consi-

II.e ROUTE DE PARIS A LYON. 147 lieues.

dérables, sont : Parence et Tabourneau. Du même côté, à trois lieues de distance, s'élève, dans une île escarpée et pittoresque de la Loire, la petite ville de Décise, peuplée de deux mille habitans, et connue par ses charbons de terre. Je lis dans quelques auteurs que les feuillets de ces fossiles offrent des empreintes de diverses plantes et particulièrement de fougère ; il est peu de mines de charbon qui ne présentent le même sujet d'observation aux naturalistes. — *Parcouru depuis Paris* 64

---

§ 24. *De Saint-Pierre à Saint-Imbert.* . . . . 2 $\frac{1}{4}$
§ 25. *De Saint-Imbert à Villeneuve.* 3
§ 26. *De Villeneuve à Moulins.* 3

La route légèrement montueuse, et assez difficile par la nature sablonneuse du sol, entre St.-Pierre et St.-Imbert, est plate et très-bonne, depuis ce relais jusqu'à Moulins. Le pays s'embellit et s'améliore avec elle, à mesure qu'on approche de cette ville. Saint-Imbert est une maison isolée, et cette maison est une auberge. A un quart de lieue de là, sur la gauche, est une mine de fer dite *de la garde*. La Ville-Neuve est un joli village : avant d'y arriver, un poteau qu'on voit au bord de la route avertit le voyageur qu'il passe du département de la Nièvre dans celui de l'Allier (*).

(*) En quittant celui de la Nièvre nous lui devons un coup-d'œil général que nous ne pouvons renvoyer plus loin, vu qu'il n'a d'autre route de poste que celle que nous venons de parcourir; encore le longe-t-elle plutôt qu'elle ne le traverse, puisqu'elle en suit sans discontinuer la frontière occidentale.

La partie orientale de ce département, autrefois le *Morvan* ou *Haut-Nivernais*, est privée d'industrie comme de communication ; mais elle est couverte de pâturages où l'on élève des bœufs en quantité, de forêts qui fournissent une grande partie du chauffage de Paris, et d'étangs d'où sortent trois rivières extrêmement précieuses au commerce, savoir, l'Yonne qui transporte le bois du département à Paris, la Nièvre qui fait aller un grand nombre de forges, et le Loing qui alimente le canal de Briare. La source de cette dernière est dans la même contrée, quoique hors des limites du département.

Ce pays produit encore sa provision de grains en seigle, et une grande quantité d'avoine qui s'exporte dans les environs. Ainsi la partie orientale du département, quoique moins belle, moins commerçante et moins civilisée que la partie occidentale, n'est pas moins riche, et ne mérite pas, comme on voit, sa réputation de pauvreté. Clamecy, petite ville peuplée de cinq à six mille habitans, et située à l'extrémité septentrionale de cette partie du département, dont elle possède une des sous-préfectures, est

La ville de Moulins est moins ancienne, et plus jolie que celle de Nevers. On peut les placer au même rang, pour l'étendue, ainsi que pour la population, qui présente une légère dif-

---

le point où l'Yonne commence à être flottable; et c'est aussi là qu'est le principal entrepôt des bois destinés pour la capitale.

Le nom de Bethléem que porte un faubourg de Clamecy, a de quoi piquer la curiosité des voyageurs; ce nom lui vient de l'asile que donna dans ce faubourg, Guy, comte de Nevers, à l'évêque de Bethléem, lors de l'expulsion des Chrétiens de la Palestine. Cet évêché *in partibus* ne jouissait que de mille livres de revenu, il a subsisté jusqu'à la révolution.

A l'extrémité orientale du département, Château-Chinon, autre chef-lieu d'arrondissement, était, avec une population inférieure de moitié à celle de Clamecy, la capitale du Morvan : elle n'offre d'autre intérêt que sa position en amphithéâtre au haut d'une montagne très-élevée.

Ce département renferme, d'après la statistique, deux cent cinquante-un mille cent cinquante habitans, sur trois cent cinquante lieues carrées, ce qui fait sept cent treize par lieue. Ils m'ont paru bons et francs; j'avais pour garant de cette opinion, Expilly et autres auteurs; mais des personnes recommandables de Nevers, à qui j'ai fait part de cet article, se sont récriées contre l'erreur, et m'ont appris qu'il se commet beaucoup de crimes dans le Morvan.

férence à l'avantage de Moulins, où l'on compte de treize à quatorze mille habitans. Cette ville, autrefois capitale d'une petite province, aujourd'hui chef-lieu d'un département, comme Nevers, et située sur la rive droite de l'Allier, comme Nevers sur celle de la Nièvre, ressemble encore à cette dernière ville par ses principaux embellissemens, qui sont : un superbe pont de pierre, une longue et large avenue en face de ce pont, et une belle caserne de cavalerie ; mais elle en diffère en ce qu'elle est mieux bâtie, mieux percée et sur un sol plus uni. Presque toutes les maisons y sont en brique, et l'on compte dans le nombre beaucoup d'hôtels. La plupart des façades offrent des compartimens, les uns en losange, les autres en zig-zag, formés par la combinaison des briques noires et rouges, ornemens bizarres qui loin d'être un agrément pour la vue, l'attristent au contraire, soit par la monotonie de ce genre de dessin, soit par l'effet peu flatteur de la couleur noire. Ils firent sans doute cette impression sur l'anglais Arthur Young, qui, dans sa mauvaise humeur, déclare Moulins *une pauvre ville mal bâtie.*

Avant de l'examiner, il faut commencer par se débarrasser des marchandes de couteaux et de ciseaux dont le voyageur est obligé de percer la foule pour parvenir à son logement. Elles l'y poursuivent, y pénètrent avec lui, et l'on finit toujours par leur acheter quelque chose, en cédant à-la-fois aux importunités qu'elles redoublent, et aux bonnes compositions qu'elles offrent dans les prix.

Les coutelleries de Moulins sont très-renommées, sur-tout pour les ciseaux; c'est à peu près la seule branche d'industrie de cette ville, à qui ce genre de commerce, joint à celui qu'y font encore quelques maisons sur le sel, le fer, le charbon, le bois et le vin du département, ne donne cependant pas l'air d'activité qu'on remarque à Nevers.

Moulins offre aux voyageurs des bains propres, un joli café, une petite salle de spectacle, une riche bibliothèque publique, et de charmantes promenades.

Le pont dont nous avons parlé présente l'architecture et presque la beauté de celui de Neuilli. Il a été commencé en 1754 et fini en 1763 : c'est le cinquième depuis un siècle. La profondeur et la mobilité des sables, qui forment le fond de l'Allier ont occasionné des travaux et des frais immenses pour fixer les fondations. Il doit sa solidité actuelle à des moyens ingénieux dont les détails sortiraient du plan de cet ouvrage. La caserne située près de ce pont, est remarquable par sa façade qui n'est pas achevée, et sur-tout par son escalier.

On voit à Moulins de belles fontaines publiques et quelques beaux couvens. C'est dans l'église de celui de la Visitation, aujourd'hui le Lycée, qu'est placé le fameux mausolée que la princesse des Ursins fit ériger à Henri de Montmorency son époux, décapité à Toulouse sous le ministère de Richelieu. Ce monument, d'autant plus admirable qu'il a été exécuté dans un siècle où la sculpture commençait seulement à renaître en France, est l'ouvrage des sculpteurs Augier, Poissant et Renaudin.

Cette ville est la patrie du dernier de ces artistes, dont les ouvrages contribuent à la décoration de Versailles. Elle a vu naître encore les deux illustres maréchaux de France Villars et Berwick, qui, après avoir l'un et l'autre soutenu la monarchie à la fin du règne de Louis XIV, et au commencement de celui de Louis XV, lui ont été tous les deux enlevés dans la même année 1734.

Il n'est pas fait mention de Moulins avant le quatorzième siècle. Les barons du Bourbonnais faisaient leur résidence à Souvigni, petite ville située à trois lieues de Moulins sur la route de Limoges. Les bourgeois n'ayant pas voulu permettre à l'un de ces barons d'étendre l'enclos de son château jusqu'aux murs de la ville, pour y faire une porte, le Baron se fâcha, et alla bâtir son château à Moulins, bourg ainsi nommé à cause des moulins qui s'y trouvaient alors réunis. Il ne reste du château qu'une grande tour carrée qui sert de prison, et une caserne consacrée à la gendarmerie.

Les sources thermales répandues en grand nombre dans l'intérieur ou sur les frontières de ce département, procurent à son chef-lieu, dans la saison des eaux, un passage continuel d'étrangers, et une importation considérable de numéraire.

Le voyageur anglais déjà cité, après avoir vu la ville de Moulins d'un œil si peu favorable, vit tout autrement son territoire, au point qu'il voulait s'y fixer. Il prétend, dans son ouvrage, que c'est le plus beau pays de la France, et l'un des plus beaux de l'Europe; cette assertion n'approche de la vérité qu'en la circonscrivant à la banlieue de Moulins, qui présente réellement une plaine aussi agréable que riche; le sol en est pourtant sablonneux, mais c'est un sable fertile. Parmi le grand nombre d'arbres dont ce territoire est planté, l'on distinguait naguères le mûrier, cultivé pour l'éducation des vers à soie, qui y réussissaient parfaitement. On y a fait jusqu'à trente livres de graine. Lyon était le débouché de la soie. La révolution ayant tari ce canal d'écoulement, la culture des mûriers fut abandonnée, et l'on n'en voit presque plus. C'est le premier endroit de cette route, et peut-être le point le plus septentrional de la France, où l'éducation des vers à soie ait pu réussir.

Le peuple de cette ville et des environs se distingue par ses mœurs douces, et par sa franchise. Les paysannes se font remarquer par de grands chapeaux de paille en forme de bateau, sous lesquels ressort agréablement un joli minois de villageoise.

Les chevaux que nous avons vu exclusivement consacrés aux travaux de la terre depuis Paris jusqu'à Montargis, et les partager avec les bœufs depuis Montargis jusqu'à Nevers, cèdent entièrement la charrue à ces derniers dans les campagnes de Moulins. (*).— *Parcouru depuis Paris* . . . . 72 $\frac{1}{2}$

(*) Dans ce pays comme dans bien d'autres, j'ai souvent été surpris de voir atteler six et jusqu'à huit bœufs à la même charrue, tandis que les laboureurs

IIᵉ. ROUTE DE PARIS A LYON.

§ 27. *De Moulins à Bessai*. 4
§ 28. *De Bessai à Varennes*. 4

Route plate et très-belle, comme celle par laquelle nous sommes arrivés à Moulins. Campagne fertile et riante, comme tous les environs

---

des provinces méridionales, accoutumés à n'en atteler que deux, ne conçoivent pas qu'on en puisse employer davantage. Les réponses qui ont été faites à mes questions m'ont peu satisfait. Ce n'est pas la nature des terres qui exige cette grande quantité de bœufs, puisqu'elles sont sablonneuses et légères dans les plaines de Moulins; et j'en connais de très-fortes qu'on laboure avec une seule paire : ce n'est pas non plus la qualité des bœufs, car ils sont en général de forte espèce. Il parait que l'usage, cet éternel législateur des campagnes, est le véritable auteur de la méthode dont il s'agit. Le premier sentiment qui se présente est la crainte que les sillons ne rendent pas au cultivateur ce qu'ils lui coûtent ; mais il faut observer, 1°. qu'un attelage plus nombreux fait un plus grand nombre de sillons, par la raison qu'une plus grande réunion de forces met moins de temps à vaincre la résistance ; 2°. que dans les pays où l'on attèle ainsi plusieurs bœufs ou vaches, ces animaux s'entretiennent à peu de frais : la paille et le pâturage, telle est leur nourriture ordinaire ; ainsi cet usage même peut, jusqu'à un certain point, se justifier.

de cette ville. On aperçoit rarement l'Allier, quoiqu'on ne cesse d'en côtoyer, à peu de distance, la rive droite; mais on voit en revanche les charmans coteaux qui bordent la rive opposée. Ils offrent d'abord une pente douce, parsemée de vignes et de bosquets, de bourgs et de villages, de châteaux et de domaines; ensuite une colline rapide, entièrement tapissée de vignobles, au nombre desquels sont ceux de la Chaise, dont les vins blancs et rouges, estimés dans la contrée, par comparaison avec les autres vins du voisinage, ne figurent à Paris que par leur bon marché.

Ces coteaux, tout agréables qu'ils sont, paraissent égalés et même surpassés en beauté par ceux de l'autre rive, dont on jouit mieux, à cause de leur proximité. La route en longe le pied par intervalles, et ne s'en éloigne jamais beaucoup. Ils ne sont nulle part plus jolis qu'à Chaseuille, village qu'on traverse une demi-lieue avant Varennes. Au milieu de l'amphithéâtre de verdure qu'ils déploient aux regards enchantés du voyageur, s'élève parmi les pampres, les vergers et les bosquets, le château seigneurial du village : aussi simple par sa structure que délicieux par sa situation, il n'étale ni pavillons voluptueux, ni tours menaçantes; il commande moins le village qu'il ne l'embellit.

Cette aimable et modeste habitation est celle d'un vieillard philantrope, M. *de Chaseuille*, qui, persuadé que les seigneurs de la terre, comme celui du ciel, ne doivent manifester leur pouvoir aux hommes que par le bien qu'ils leur font, avait trouvé le secret de se faire adorer de ses vassaux. Il est douloureux de penser que ce vieux ami des hommes n'existe peut-être plus au moment de la publication de cet ouvrage (il était à la fin de sa carrière); nous aurons du moins la consolation d'avoir jeté quelques fleurs sur sa tombe.

Bessai est un village et Varennes un bourg, aussi dépourvus de ressources l'un que l'autre; l'on y trouve néanmoins une auberge en cas de nécessité. Le dernier, quoique à peine peuplé de cinq cents habitans, s'intitule toujours ville, parce qu'il a eu jadis des murs et des portes, ce qui lui a valu les honneurs d'un siége dans le temps des guerres de religion. Il a un bureau de poste. — *Parcouru depuis Paris.* 80 ½

§ 29. De Varennes à Saint-Gérand............ 3

Passé Varennes, la route s'éloigne de l'Allier, en se recourbant sur la gauche. Le Puy-de-Dôme que nous apercevions à peine en face, à plus de vingt lieues de distance, se montre actuellement à droite, et se laisse mieux distinguer au milieu de la chaîne dont il fait partie. Plus loin, le Mont-d'Or offre ses cimes neigeuses et borne l'horizon.

Le beau château moderne qu'on voit sur la gauche, à peu de distance de Varennes, est un présent fait aux pauvres par un seigneur mort sans enfans. Pour remplir l'intention du fondateur, on l'a converti en hôpital; c'est le château de Gaëte.

Au bout de deux lieues, l'on monte et l'on redescend une colline, du haut de laquelle la vue embrasse les montagnes de l'Auvergne à droite, celles du Forez en face, et une vaste plaine qui s'étend à gauche jusqu'à la Loire. Le sol, avant et après cette colline, est regardé comme le noyau du Bourbonnais: c'est une campagne richement cultivée, et en partie ombragée de superbes noyers: leur végétation vigoureuse et facile décèle la fécondité du sol.

Plus loin, on remarque le château de Poncenat, ensuite celui de Goudaille, et l'on détourne la vue en apprenant que le propriétaire du premier, M. de Gouzon, a péri dans les exécutions qui ont suivi le siége de Lyon.

IIe. ROUTE DE PARIS A LYON.

Saint-Gérand est un très-petit et très-joli bourg de sept à huit cents habitans. Il y a un bureau de poste, une assez bonne auberge, et un nombre si considérable de maisons bourgeoises, que ce petit bourg est une petite ville, quant à la société. Le seigneur a eu le même sort que celui dont on vient de parler. Le territoire de Saint-Gérand, couvert de toute espèce de récoltes, parmi lesquelles domine celle du froment, est encore une des bonnes veines du Bourbonnais. Il est en rapport tous les ans, et son produit en froment est de six à sept pour un. Varié de surface comme de culture, parsemé d'une grande quantité de noyers et d'arbres fruitiers, vu des terrasses du château, il offre un beau paysage et un charmant coup d'œil.

A quatre lieues S. de Saint-Gérand, sont les deux petites villes de Cusset et de Vichi. Un chemin vicinal y conduit à travers des collines, qui sont presque des montagnes, pour la hauteur et l'aspérité. La première de ces deux villes chef-lieu d'une sous-préfecture, renferme cinq mille habitans, de vilaines maisons et de vilaines rues. On la traverse un quart-d'heure avant d'arriver à la seconde. Celle-ci, agréablement située dans la plaine et sur la rive droite de l'Allier, ne mérite pas plus par sa physionomie que par sa population de six cents âmes, le titre de ville que lui prodiguent les géographes. Mais elle mérite sa célébrité par ses eaux thermales dont la boisson, les douches et les bains sont propres à la guérison des paralysies, des douleurs rhumatismales, et sur-tout des obstructions. Elles sourdent dans un faubourg de la ville, par six différentes fontaines très-chaudes et très-actives. On y a construit en 1792, pour les conserver et en faciliter l'usage, un joli bâtiment qui a été embelli d'une galerie spacieuse pour la promenade des buveurs. Des allées d'arbres plus récentes offriront dans la suite un autre genre de promenade, qui manque absolument dans l'état actuel. — *Parcouru depuis Paris*. . . . . 83 ½

§ 30. *De Saint-Gérand à la Palisse*. . . . . 2 ½

Route un peu montueuse ; elle se recourbe de plus en plus vers l'Est, à mesure qu'on avance. Le pays s'abâtardit, les belles campagnes de l'Allier ont fait place au sol avare des montagnes, qui se manifeste par la végétation des genêts et des fougères. La Palisse, dont le château se montre dès le commencement de cette distance, offre cependant une agréable enceinte de prairies, baignées comme la ville par la petite rivière de Bèbre. On laisse à droite un chemin qui mène à Vichi, avant d'arriver à la Palisse, ville peuplée de huit à neuf cents habitans, qui mériterait à peine le nom de bourg, si elle n'était le siége d'une sous-préfecture. Elle a des auberges nombreuses et des foires renommées pour le commerce des grains. Le château, si remarquable de loin par son élévation, ne l'est de près que par son délabrement. La famille de Chabannes à qui il appartient a fourni un grand homme, le maréchal de Chabannes qui se signala dans les guerres d'Italie sous Charles VIII, Louis XII et François Ier. — *Parcouru depuis Paris*. . . . 86

§ 31. *De la Palisse à Droiturier*. . . . . 2 ½

Les montagnes qu'on gravit, en sortant de la Palisse, sont une ramification de la chaîne qui borde l'horizon à droite, et qui participe également de l'ancien Forez et de l'ancienne Auvergne. Près de Droiturier, on passe le pont de la Vallée, remarquable par son élévation, qui laisse à peine voir le ruisseau sur lequel il est jeté ; il rappelle le magnifique pont construit en Espagne sur l'humble *Mançanarès*.

Le bois, au milieu duquel se trouve le pont de la vallée, était un passage redouté des voyageurs ; on a fait cesser le danger, en détruisant la bande qui l'infestait.

Droiturier est un hameau sans ressource pour les voyageurs, mais non sans intérêt pour ceux qui observent : ils peuvent y remarquer des habitans pauvres, secourus par un maître de poste millionnaire, un site très-agreste, un air pur et un horizon très-vaste, qui se prolonge à perte de vue sur les plaines de l'Allier et de la Nièvre. Je suis persuadé que si une montagne du premier ordre s'élevait aux environs de la Charité, ou même de Cône, je l'aurais distinguée, vu la sérénité du ciel et l'étendue illimitée de l'horizon. Celle de Sancerre s'efface à cette distance dans le niveau général.

La vue est bornée de tous les autres côtés par un vaste croissant de montagnes, entre lesquelles domine, vers le S. O., dans un éloignement de quinze lieues, le Puy-de-Dôme, qu'on a toujours en vue depuis Moulins.
— *Parcouru depuis Paris*. . . . . 88 $\frac{1}{2}$

IIᵉ. ROUTE DE PARIS À LYON.

§ 32. *De Droiturier à Saint-Martin d'Estraux* 2
§ 33. *De Saint-Martin à la Pacaudière.* 2

Même nature de route et de contrée, jusqu'à Saint-Martin, où le sol devient meilleur; il produit de six à sept pour un en seigle; le froment y réussit aussi. Le château, de construction moderne, qui se fait remarquer à gauche, et tout près de St.-Martin, est celui de l'ancien seigneur, M. de Lévis-Mirepoix, immolé sur l'échafaud de la révolution à Paris. C'est une famille très-ancienne, qu'une opinion populaire et fabuleuse fait descendre de la tribu de Lévi, mais dont l'illustration réelle date de la croisade contre les Albigeois. Le fils et la veuve du dernier mort voyagent modestement en patache. Tous les autres seigneurs du pays, qui ont survécu à la révolution, ont échangé leurs équipages contre cette voiture économique, très à la mode dans la contrée, comme on s'en aperçoit par toutes celles qu'on rencontre sur la route. Un poteau de bois qui s'élève à droite, peu avant Saint-Martin, avertit qu'on entre dans le département de la Loire.

En changeant de département, le voyageur n'a pas changé de pays; il est toujours sur les mêmes montagnes, et même dans la partie la plus haute. Les cimes qui environnent le village de Saint-Martin d'Estraux ont de six à sept cents mètres d'élévation perpendiculaire au-dessus de la mer.

On voit, en partant de ce village, et on retrouve, en arrivant à la Pacaudière, un commencement de nouvelle route entreprise par l'ancien gouvernement. Elle abrège d'un quart de lieue, évite deux coups de collier très-difficiles, et n'offre dans sa ligne presque droite qu'une pente insensible. On ne peut se refuser au désir de voir cette rectification continuée. Dans presque toute cette distance, on plonge, à perte de vue, sur les campagnes qu'arrose la Loire.

Ce rameau de montagnes, semi-schisteuses, semi-graniteuses, qu'on traverse depuis la Palisse, finit à la Pacaudière, où l'on descend presque continuellement depuis St.-Martin. Leur principal produit est celui de toutes les terres froides, le seigle et l'avoine. On se vante cependant d'avoir eu des vignes à Droiturier; mais on ajoute que le raisin n'y mûrissait au plus qu'une fois en dix ans. Les noyers y sont assez multipliés, ce qui annonce une froidure tempérée, car sans

IIᵉ. ROUTE DE PARIS A LYON. 165 lieues.

exiger un climat aussi chaud que la vigne, le noyer craint aussi le trop grand froid.

Les agricoles habitans de ces terres à seigle en retirent au-delà de leur consommation en grains. C'est assez, avec les pommes de terre et le laitage, que fournissent en plus ou moins grande quantité toutes les montagnes, pour faire face aux premiers besoins de la vie : c'est bien peu pour le bonheur ; mais ces bons montagnards ne cherchent pas leur bonheur au-delà de leurs premiers besoins. La vente de l'excédant de leurs grains, et le numéraire répandu sur la route, tant par les voyageurs que par les rouliers et les voituriers, servent à payer les impositions.

J'ai cru devoir à mes lecteurs cet aperçu général, parce que ce sont les premières montagnes proprement dites qu'on rencontre sur cette route depuis Paris, et que malgré leur médiocre élévation, la nouveauté du spectacle peut intéresser le voyageur, qui n'a d'autre objet de comparaison que la butte Montmartre et le mont Calvaire.

La Pacaudière est un assez joli bourg de six à sept cents habitans : il a un bureau de poste et une auberge passable. — *Parcouru depuis Paris* . . . . 92 $\frac{1}{2}$

§ 34. *De la Pacaudière à Saint-Germain l'Espinasse.* . 3
§ 35. *De Saint-Germain à Roanne.* 3

On a regagné les plaines ; mais leur inégalité semble participer encore des montagnes que l'on quitte, et qu'on voit se ramifier, à peu de distance sur la droite Ces plaines sont parsemées d'habitations, et généralement assez fertiles, plus en seigle qu'en froment. Ce dernier grain rend communément cinq pour un. La culture de la vigne, qui reparaît depuis la Pacaudière, ne se montre que de loin en loin.

La route pavée en partie, est sujette à se dégrader par la nature du terrain, et à devenir cahotante ou boueuse. Aux deux tiers de la première distance, on traverse le village assez considérable de Changi, où l'on a plus d'une fois proposé de réunir en un seul les deux relais de Saint-Germain et de la Pacaudière. Le joli château qu'on remarque à droite, et à quelques portées de fusil de ce village, appartient à une branche de la famille Le Pelletier de Saint-Fargeau. Saint-Germain-l'Espinasse est un petit village de cinq cents habitans, qui n'a point d'auberge. La plaine n'offre rien de remarquable depuis ce village jusqu'à Roanne.

Si la ville du Puy qui reçoit la Loire presque à

son berceau, est la première que baigne ce fleuve (*), Roanne est la première qu'il enrichit. Quelques auteurs disent que c'est là qu'elle commence à porter bateau; c'est une erreur: elle est navigable depuis Saint-Rambert, où s'embarquent les charbons de Saint-Etienne, quinze lieues plus haut; mais les bateaux ne peuvent que descendre à Roanne et non remonter, à cause du passage difficile du port Piné. (*Voy. route de Lyon à Clermont*).

Cette ville à qui on ne peut refuser ce titre, vu sa population de dix à douze mille habitans, mais que quelques anciens géographes ne qualifient que de bourg, parce qu'elle n'a jamais été murée, n'était véritablement pas autre chose au commencement du dix-huitième siècle. Elle a cependant été ville au temps des Romains, puisque Ptolémée en fait mention, sous le nom de *Rhodumna*, comme d'une des principales villes des Ségusiens, et qu'elle est portée aussi sur la table de Peutinger; mais elle était dégénérée au point d'avoir oublié ce qu'elle fut. Le commerce

---

(*) La Loire ne passe pas tout-à-fait au Puy, comme on le verra par la suite de cet ouvrage; mais elle en passe si près, que ce n'est pas la peine de donner un démenti à Lacroix et autres géographes qui le disent ainsi.

auquel se sont livrés ses habitans l'a fait ressortir, pour ainsi dire, de ses cendres, et sa véritable origine semble dater de sa renaissance. C'est sans doute par le souvenir non encore effacé de son humble condition que cette ville obtient avec peine le titre auquel lui donnent des droits incontestables le rang qu'elle occupe aujourd'hui dans le monde.

Elle ne doit pas au seul commerce son nouvel éclat : plusieurs riches propriétaires des environs ont contribué à embellir ce séjour en s'y fixant. Elle comptait avant la révolution plus de trente équipages, et en compte encore aujourd'hui plus de vingt. L'on y trouve le bon ton, de l'élégance et de belles femmes, remarquables surtout par leur extrême douceur. Il semble qu'elles l'ont communiquée aux hommes : l'aménité des mœurs a pénétré dans toutes les classes. La révolution n'a pu introduire ses excès dans Roanne.

Cette ville, vue de loin, présente réellement l'aspect d'un grand village. On n'y distingue aucune enceinte ; ses rues se prolongent et se perdent dans la campagne, où l'on voit les dernières maisons s'éparpiller au milieu des champs, comme celles des hameaux. Le faîte de ces maisons ne s'élève guères au-dessus de la

II.º ROUTE DE PARIS À LYON.

cimes des arbres. L'humble flèche du clocher paroissial, tristement revêtue, comme le comble de l'église, de tuile rougeâtre et cannelée, ajoute encore à cette physionomie villageoise. Pas un seul édifice apparent qui ose dépasser le niveau général, si l'on excepte le collége qu'on voit dominer à l'une des extrémités de la ville. Ce beau bâtiment est un bienfait du fameux père Cotton, confesseur de Henri IV, et oncle du père Lachaise, confesseur non moins fameux de Louis XIV. Cette famille, dont la destinée singulière a été de diriger la conscience de deux grands monarques, était des environs de Roanne.

Vue dans son intérieur, Roanne est pourtant une ville. Elle a des rues larges et assez droites, des maisons bien bâties, de belles auberges, une salle de spectacle, des bains publics, en un mot toutes les ressources et toute l'activité d'une ville commerçante, quoique le géographe Pinkerton n'en parle point dans ses six gros volumes; mais il en oublie bien d'autres (*).

(*) Cette géographie, livrée au public pour remplacer celle de Guthrie, dont l'opinion avait fait justice, semblait par son étendue nous promettre autant de détails que celle dont elle prenait la place. Je

On passe la Loire à Roanne, sur un pont de bois; il est si beau qu'on s'étonne d'apprendre qu'il n'est que provisoire.

Le principal commerce de cette ville consiste dans l'entrepôt de celui de Lyon et de Paris, dans l'expédition des charbons de Saint-Etienne, des vins du midi et de ceux de son propre territoire, enfin dans la construction des barques destinées à ces divers transports. Quelques manufactures de toiles de coton s'y sont établies depuis peu. Celles de boutons, de quincaillerie, etc. qu'indique l'Itinéraire de l'Empire Français n'existent plus depuis long-temps. Roanne est le siége d'une sous-préfecture et d'un tribunal civil.

Le terrain des environs, médiocrement fertile, mais bien cultivé, est consacré principalement à la culture du seigle, accessoirement à celle de la vigne. Les coteaux environnans pro-

---

pense que, trompés comme moi dans leur attente, tous les lecteurs ont partagé mon mécontentement, en ne trouvant pas dans cet ouvrage les simples détails des géographies les plus abrégées, et y découvrant au contraire l'omission d'un grand nombre de villes importantes. L'auteur ne dédommage pas de ces lacunes par ses dissertations politiques et scientifiques, qui constituent moins une géographie qu'un traité.

IIe. ROUTE DE PARIS A LYON.

duisent de bons vins, au nombre desquels on ne doit pas compter celui de Perreux, que nomment plusieurs géographes, et qui jouit à Roanne de la même réputation que celui de Surenne à Paris. Trompé par ces auteurs, je me suis informé d'un vin si fameux, on m'a répondu par des éclats de rire, croyant que je voulais rire moi-même. Les meilleurs vins de ce territoire sont ceux de Renaison et de Saint-André.

Les chapeaux de paille, en façon de bateau, que nous avons remarqués dans les environs de Moulins, prennent dans ceux de Roanne, au lieu de cette tournure guindée, la forme plus gracieuse des ailes flottantes (*). — *Parcouru depuis Paris*. . . . . 98 $\frac{1}{2}$

───────────

(*) On peut douter en retrouvant à Roanne la Loire, qu'on a quittée à Nevers, s'il n'eût pas été préférable pour l'utilité du commerce, comme pour l'agrément du public, de diriger la route le long de ce fleuve depuis Nevers jusqu'à Roanne, comme elle l'est depuis Briare jusqu'à Nevers. Il ne paraît pas qu'elle eût été plus longue. Elle n'eût frustré d'autre ville que Moulins, qui aurait toujours eu la route de Paris à Clermont et celle d'Autun à Limoges ; mais elle eût passé par les trois petites villes de Décize, Digoin et Marcigny, et près de celle de Bourbon-Lancy, lesquelles peu considérables à la vérité par elles-mêmes, sont cependant de quelque importance, la première, par

§ 36. *De Roanne à Saint-Simphorien de Lai*.   4

On parcourt les deux premières lieues dans une jolie plaine, en côtoyant sur la gauche une petite rivière qui coule très-modestement sous le nom très-orgueilleux du Rhin. Elle descend des montagnes dont on va traverser la chaîne. Un charmant côteau de vignes, parsemé de maisons de campagne, court parallèlement à cette rivière, à peu de distance au-delà, et l'accompagne jusqu'à son embouchure dans la Loire.

On rencontre deux beaux châteaux, l'un à droite, l'autre à gauche de la route. Le premier est un superbe édifice moderne, appartenant à M. Nomper de Champagny, diplomate distingué, que Roanne s'honore d'avoir vu naître. Le second, dont le propriétaire a péri dans les révolutions de Lyon, est un édifice gothique agréablement rajeuni, et relevé par un joli pa-

---

le charbon de son territoire; la seconde, par la réunion du canal du Centre avec la Loire; la troisième, par son grand commerce de blé; la quatrième, par ses eaux thermales. Ce n'est ni un regret ni un vœu que nous émettons, mais un véritable doute que nous soumettons au lecteur.

villon qui en occupe le devant. Ses quatre tourelles reblanchies, et sourmontées d'autant de petits dômes que recouvre une ardoise éclatante, produisent sur la vue un effet extraordinaire, qui la captive plus que l'uniforme beauté du château moderne qu'on voit en face.

A l'Hôpital, village situé à mi-chemin des deux relais, on commence à gravir la chaîne des montagnes de Tarare. Bientôt un autre château gothique, celui de la Bussière, et un autre château moderne, celui de Pradines, se montrent à peu de distance sur la gauche. Le premier est occupé par le propriétaire qui en porte le nom, le second, devenu bien national, n'est bon que pour un établissement public, toutes les dépendances ayant été vendues. Il s'y est formé, sous les auspices de S. Em. le Cardinal Fesch, Archevêque de Lyon, une pension de demoiselles.

Arrivé sur la hauteur, on traverse la petite ville murée de Sainte-Marguerite, une lieue avant celle de Saint-Simphorien de Lai, qui est également murée, et un peu plus considérable, quoiqu'elle ne renferme que huit à neuf cents habitans. Il y a un bureau de poste. C'est là que commencent les fabriques de coton, qui font la

richesse de ces maigres et populeuses montagnes.
— *Parcouru depuis Paris.* 102½

---

§ 37. *De Saint-Simphorien de Lai à Pain-Bouchain* . . 3
§ 38. *De Pain-Bouchain à Tarare.* 3

On voit, à quelques portées de fusil, sur la gauche, en sortant de Saint-Simphorien, la petite ville de Lai, dont le nom est devenu le surnom de sa voisine. Elle offre, avec la même population que cette dernière, le même genre d'industrie. C'est la patrie de M. Berchoux, auteur du joli poëme de la Gastronomie. Le château qu'on remarque dans l'intervalle qui sépare ces deux villes est celui de la Verpillière, dont l'ancien seigneur se trouve mentionné dans les œuvres de J. J. Rousseau.

Après beaucoup de montées, et quelques descentes, on trouve le village de la Fontaine, où était autrefois le relais, et une demi-lieue plus loin, la ferme isolée de Pain-Bouchain, où il est actuellement. Elle avoisine le sommet de la montagne de Tarare. On parvient à ce sommet, par une rampe courte et facile en été, mais très-difficile en hiver, à cause des neiges qui encombrent quelquefois la route, comme l'attestent les poteaux plantés de distance en distance, pour guider les voyageurs. C'est là qu'on passe du département de la Loire dans celui du Rhône.

Cette belle scène de la nature, qui se compose de la majesté des montagnes et de leur ordonnance irrégulière, scène dont nous avons eu déjà une espèce de prélude sur les hauteurs de Droiturier, se caractérise ici en traits plus vigoureux, sans offrir néanmoins encore ces âpres et formidables pics dont la hardiesse étonnera nos regards, et peut-être notre imagination, quand nous approcherons des montagnes du premier ordre. Celles de Tarare ne peuvent être classées que dans le troisième, d'après leur élévation de huit à neuf cents mètres au-dessus du niveau de la mer. Le col où la route les franchit n'en a que six à sept cents. J'ai voulu les embrasser d'un même coup d'œil, avant de descendre la côte, en gravissant la plus haute de leurs sommités, celle qui domine la route à droite. Vues de ce point, elles offrent une foule de dos d'âne et mamelons plus ou moins arrondis, dont la surface ondée ressemble aux ondulations d'une mer agitée. Les habitations qui s'y montrent comme des points blancs très-rapprochés, ajoutent à la ressemblance, en rappelant à ceux qui ont vu la mer, les points blancs que forme dans le lointain le brisement des vagues, et que, sur certaines côtes de France, on appelle des *moutons*.

L'horizon qu'on découvre de cette sommité ne remplit pas au surplus l'attente de l'observateur. Loin de lui offrir la vue des Alpes, que quelques voyageurs prétendent avoir distinguées du haut de la route, il ne s'étend pas au-delà des montagnes dont il fait partie, lesquelles sont comme celle de Droiturier, une ramification des montagnes du Forez. Froides par leur élévation et par la nature de leur sol, qui m'a paru une espèce de schiste granitoïde, elles sont exclusivement consacrées à la culture du seigle et de l'avoine ; mais n'en produisant pas assez pour la consommation des habitans, elles ne les nourrissent que pendant une moitié de l'année. Les meilleures terres n'y sont mises en culture que tous les trois ans, et ne rendent en seigle que trois ou quatre pour un, année commune. Le sommet qui m'a servi de point d'observation ne s'ensemence que tous les dix ans.

Ces montagnes sont aussi peu boisées que peu cultivées ; les prés en sont maigres ainsi que les pâturages, qui pourraient être utilement convertis en forêts, sur-tout dans les parties voisines de la Loire et de la Saône. Le prolongement de cette chaîne, vers le nord, forme les montagnes du Beaujolais et du Charolais, dont nous avons longé les unes et franchi les autres, dans la première route de Paris à Lyon.

Bien différentes des montagnes ordinaires, dont les forêts et les pâturages font la richesse, celles de Tarare ont cherché et trouvé, dans une industrie étrangère à leur sol, les ressources que la nature leur a refusées. Les fabriques et filatures de coton sont venues les peupler et les enrichir. L'aisance générale est attestée par la propreté des habitations et des habitans : on voit peu de chaumières et point de masures.

La petite ville de Tisy, peuplée de quinze cents individus, et située à quelques lieues N. O. de Pain-Bouchain, est le centre de ces montagnes et de leur commerce; il s'y tient, toutes les semaines, un marché où l'on a fait quelquefois pour plus de cinq cent mille francs d'affaires, principalement en toiles de fil et coton. Celles de coton pur, dites *guinées*, se vendent à Amplepuis, bourg considérable, à une lieue N. de Pain-Bouchain.

La fameuse montagne de Tarare ne doit sa célébrité qu'au Livre de Poste, qui lui consacre un réglement particulier fondé sur sa difficulté. Quoiqu'il y en ait beaucoup en France de plus difficiles, elle l'est cependant assez pour justifier les privilèges accordés au maître de poste qui la gravit (celui de Tarare); mais c'est moins par sa pente qui est peu rapide, que par sa longueur de près de deux lieues.

Quelques auteurs, qui ne l'ont point vue, en ont fait une description pompeuse; l'un d'eux a porté l'exagération jusqu'à regretter qu'on ne dresse pas des autels aux ingénieurs qui font de pareils prodiges. Que réserveraient-ils donc aux efforts qui aplanissent les Alpes? La localité de cette montagne n'a pas offert des difficultés majeures à vaincre, et n'a exigé que des travaux ordinaires. On indique, dans le pays, une autre direction qui eût été plus avantageuse, en ce que, franchissant la chaîne dans un endroit beaucoup moins élevé, elle eût évité une bonne partie de la montée, et par conséquent, de la descente (*).

Ce que cette chaîne a de plus remarquable est de séparer les eaux qui vont à la Méditerranée de celles qui vont à l'Océan. La rivière qu'on a côtoyée entre Roanne et Saint-Simphorien reçoit toutes celles qui descendent des pentes occidentales, et les verse dans la Loire;

(*) Cette direction a été adoptée depuis mon passage.

IIᵉ. ROUTE DE PARIS A LYON.

le ruisseau qu'on côtoie en descendant à Tarare reçoit celles des pentes opposées, et les porte dans la Saône. Les eaux d'une fontaine, qu'on remarque sur le col même, pourraient aisément être dirigées dans les deux mers.

Tarare est une petite ville manufacturière, située au bas de la montagne dont elle porte le nom. Elle a un bureau de poste, environ trois mille habitans, de bonnes auberges, et des fabriques de mousseline. J'ai voulu en voir les filatures, mais j'ai appris avec étonnement, et non sans honte, que les cotons filés pour cet usage viennent de l'étranger. La France cessera de payer ce tribut à ses voisins quand elle voudra (*).

Il y a aussi à Tarare une manufacture de

(*) J'ai lu avec plaisir dans le Journal de l'Empire, du 12 mai 1806, qu'il s'est formé à Houplines sur la Lys, près d'Armentières, une manufacture qui s'applique à filer le coton superfin, et dont les filatures commençant où les autres finissent, c'est-à-dire au nº. 60, vont jusqu'au nº. 150. Ce que cette fabrique offre de plus avantageux, c'est qu'elle est parvenue à établir ses prix au-dessous des mêmes cotons filés en Angleterre.

toiles peintes; mais elle ne travaille que sur les tissus grossiers fabriqués dans ces montagnes, qui lui fournissent en outre, sur le superflu de leur population, les ouvriers dont elle a besoin.

Tarare est un vilain séjour, la vallée une véritable gorge, la prairie qui tapisse son étroite surface une blanchisserie qui en détruit tout l'agrément. Le joli ruisseau de la Tordine, qui l'arrose, est pour la ville un voisin dangereux, quelquefois un ennemi terrible. Il y a un demi-siècle que, grossi tout-à-coup, dans une nuit affreuse, par un autre ruisseau qui s'y jette à Tarare même, il s'enfla au point d'entraîner une partie de la ville et des habitans. Plusieurs auteurs transportent par erreur cette catastrophe à l'Arbréle. — *Parcouru depuis Paris*................ 108½

§ 39. *De Tarare aux Arnas*............... 3
§ 40. *Des Arnas à la Tour-Salvagny*.......... 4

On a sans cesse le ruisseau à droite, et pendant environ une lieue, le pied de la montagne à gauche. La route, qui n'offre généralement qu'une pente insensible, se trouve si rapide dans une partie, et si resserrée entre le talus et le précipice, que c'est un passage vraiment dangereux pour les voitures. Il y a peu d'années qu'une diligence y fut précipitée, et tous les voyageurs tués, estropiés ou grièvement blessés. Un tournant assez brusque rend encore ce passage plus périlleux. On ne saurait trop se presser d'y faire les travaux nécessaires, pour adoucir tant la pente que le tournant.

Le village de Pont-Charrat partage la première distance en deux parties à peu près égales.

On ne tarde pas à retrouver la vigne : la vallée s'ouvre insensiblement jusqu'aux Arnas : les montagnes s'abaissent et se transforment en charmantes collines. Au-delà du ruisseau se montrent succesivement diverses maisons de campagne. Dans le nombre on distingue le château d'Albon, dont le seigneur possédait, en Normandie, cette singulière terre d'Yvetot, qu'une ancienne opinion, condamnée par l'histoire, a érigée en royaume. (*Voyez route de Paris au Hâvre.*)

La maison des Arnas, où est la poste, offre aux voyageurs une jolie vue des paysages dont on vient de parler, et une bonne auberge.

La montagne pyramidale qu'on voit en face est le mont Poppée, devenu fameux dans le pays, par le combat qui s'y livra entre l'armée républicaine et la colonne fugitive des Lyonnais, commandée par Précy. Le chef fut du petit nombre de ceux qui se sauvèrent. Il trouva des asiles parmi les habitans de ces montagnes, malgré les peines portées contre les receleurs, et les récompenses promises à ceux qui les livreraient.

Le pays s'embellit à mesure que nous avançons. La route traverse, au bout d'une lieue, le village de Bully, qui avait jadis un relais, et une lieue plus loin, la ville de l'Arbrêle, où l'on a souvent proposé d'en placer un; il y serait bien situé pour l'avantage des voyageurs qui y trouveraient des auberges à choisir. Cette petite ville, peu connue en géographie, renferme près de deux mille habitans, et un bureau de poste. Un gros donjon d'un aspect mélancolique nous a signalé de loin le village de Bully; un autre château gothique d'un aspect plus pittoresque, d'une masse plus imposante, mais tombant en ruines, fixe les regards et les souvenirs à l'Arbrêle.

Le roc, dont on longe le talus entre le village et la ville, nous paraît mériter, par sa nature singulière, l'attention des lythologistes. Les mines et fonderie de cuivre de Chaissi méritent celle de toutes les classes d'observateurs et de curieux ; elles sont à une lieue N. E. de l'Arbrêle : on peut s'y faire conduire par la poste. Le site en est très-beau, les ateliers considérables, les excavations immenses. Elles rendent dix à douze pour cent dans les meilleurs filons, quatre à cinq dans les plus mauvais. Outre le minerai obtenu par l'extraction, l'entrepreneur s'étant aperçu que les eaux en charriaient considérablement, les a forcées à le déposer sur des morceaux de vieux fer qui ont été placés à cet effet dans les rigoles.

Les mines de Saint-Bel, situées à la même distance, du côté opposé de l'Arbrêle, quoique plus anciennes, et par cette raison plus connues, sont bien moins considérables : la qualité du cuivre en est inférieure ; on y extrait le couperose, le verd de gris et le vitriol. Elles appartiennent à la même compagnie, qui, voyant qu'elles s'épuisent, se propose, et a déjà peut-être pris le parti de les abandonner, pour se borner à celles de Chaissi, beaucoup plus abondantes.

Ces mines sant d'autant plus précieuses, que le cuivre est une substance minérale très-rare en France, et que nous sommes tributaires de la Suède pour cet objet.

Elles absorbent des bras en assez grand nombre pour que les fabriques de coton dont nous avons parlé n'aient jamais pu s'étendre jusque-là : on a tenté plusieurs fois vainement de les y établir.

Au sortir de l'Arbrêle on gravit la montagne de ce nom par une rampe très-rapide, qu'il paraît indispensable d'adoucir en lui donnant plus de développement; et la localité n'a point d'aspérité qui s'y oppose. Après plusieurs autres rampes plus ou moins difficiles tant par leur roideur que par leur mauvais pavé, on arrive sans peine à la Tour-Salvagny, village peu considérable, où l'on trouve une assez bonne auberge, malgré le voisinage de Lyon, qui fait que les voyageurs ne s'y arrêtent guères.

Le pays n'a rien de remarquable qu'une belle vue et de charmantes maisons de campagne plus ou moins éloignées, au milieu desquelles on distingue le château de la Tourrette. Le savant naturaliste que ce nom rappelle, en avait transformé le parc en jardin de botanique. La vigne se montre de loin en loin, malgré l'élévation du sol. La culture du blé prédomine : le seigle rend cinq et le froment quatre pour un.

— *Parcouru depuis Paris* 115½

II.ᵉ ROUTE DE PARIS A LYON. 165 lieues.

§ 41. *De la Tour à Lyon*. . . . . 3 ½

Une pente douce et presque continuelle conduit à Lyon, sur un pavé dont l'extrême dégradation étonne aux approches d'une aussi grande ville (*).

On voit à peu de distance sur la droite, le château de Charbonnières, fameux à Lyon par les eaux minérales de son parc qui attirent beaucoup de buveurs dans la saison. On les dit désobstructives et purgatives. J'y ai vu avec surprise, entre autres malades, des hydropiques;

(*) Je le vois dans cet état depuis dix ans. Plus son délabrement est ancien plus sa réparation est urgente. Elle sera peut-être effectuée lors de la publication de cet ouvrage, et dans ce cas elle va lui donner un démenti, devenant tout-à-coup aussi bonne qu'elle est mauvaise dans l'état actuel ; mais je m'attends à recevoir de ces sortes de démentis pour tout ce qui peut être changé par la main des hommes. J'espère seulement offrir moins que personne les inexactitudes qu'il est impossible d'éviter, vu que je les rends très-rares en prenant sur les lieux connaissance, comme je le fais, de tous les travaux et changemens, non-seulement entrepris mais même projetés, pour me trouver au niveau de l'état des choses le plus long-temps possible.

j'y ai vu aussi nombre de promeneurs Lyonnais, attirés par la fraîcheur du site, des bosquets et des terrasses.

La beauté du pays va toujours croissant ; il offre bientôt une des plus délicieuses contrées de la France. La ville s'annonce de loin par la riche enceinte de maisons de campagne qui l'entourent, et ne se montre que par le dôme des Chartreux, situé entre la Saône et le Rhône, sur la colline et dans le quartier de la Croix-Rousse. Avant d'arriver on aperçoit dans un fond, à gauche du chemin, un reste d'aqueduc. Interrogez le postillon ou le premier venu : c'était un pont sur la Saône, qui passait autrefois par là. A droite et à pareille distance du chemin, on voit sur une éminence un autre débris du même aqueduc, dont la position est faite pour dérouter l'opinion vulgaire, qui prend pour un pont un aqueduc romain, bien constaté ; mais comme ce n'est pas l'évidence qui forme les préjugés du vulgaire, ce n'est pas elle non plus qui les détruit. Au surplus, la partie de cette opinion qui concerne l'ancien cours de la Saône ne manque pas de partisans éclairés. Nous aurons bientôt occasion d'en reparler ainsi que des aqueducs. Entre ces deux ruines, on laisse à droite l'embranchement de la route

II\ieme. ROUTE DE PARIS A LYON. 187 lieues.

de Lyon à Clermont et à peu de distance au-delà le château de Brieure.

Les amas de poudingue qui se montrent ensuite sous les terrasses du château de Grange-Blanche, ont de quoi étonner ceux qui n'ont jamais vu cette espèce de roche secondaire, produite par l'agglutination des cailloux avec les terres et les graviers.

Une allée de platanes reçoit le voyageur à une demi-lieue du faubourg de Vaise, dont l'entrée indiquée par la place de la Pyramide, est elle-même à une demi-lieue du centre de la ville.
—*Parcouru depuis Paris jusqu'à Lyon*. 119

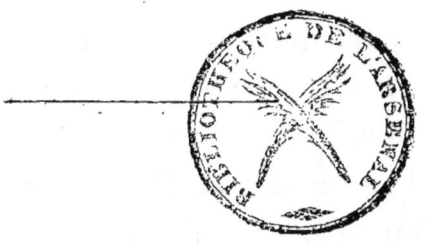

FIN DE LA 2\ieme. ROUTE DE PARIS A LYON.

DESCRIPTION

DE

LA VILLE DE LYON.

De la place de la Pyramide où se réunissent les deux routes de Paris, on aura sans doute un jour, pour gagner l'intérieur de Lyon, le choix des deux rives de la Saône, au moyen d'un pont qu'il est urgent de construire en cet endroit, pour remplacer celui qui existait un peu plus bas, et que les glaces de l'hiver de 1788 ont entraîné. Placé en face de l'avenue, il l'embellira en même temps qu'il dégagera la rue de Vaise d'un passage trop considérable qui l'encombre.

On est une demi-heure à parcourir cette longue rue, resserrée entre la Saône à gauche et le coteau de Fourvières à droite. Ce coteau, qu'on entrevoit de temps en temps au-dessus de la haie des maisons adossées à sa base, offre une variété de sites champêtres, qui m'ont fait éprouver une sorte de ravissement la première fois que je suis arrivé à Lyon. Des rideaux de vignes, des prairies ombragées d'arbres fruitiers, des bosquets entrecoupés de roches pittoresques et de gorges verdoyantes, enfin de jolies maisonnettes, disséminées dans les diverses sinuosités de ce paysage enchanteur ; tout cet ensemble est vraiment romantique, et d'un admirable effet aux portes et jusque dans l'enceinte d'une ville.

La Saône et la montagne semblent laisser à peine entr'elles la place d'un étroit chemin ; sur cet intervalle néanmoins on a trouvé le moyen de dérober la largeur des deux haies de maisons qui font de cet étroit chemin une plus étroite rue. Plusieurs des bâtimens qui bordent la montagne ont conquis une partie de leur emplacement sur la montagne même, et sa base de granit est devenue sous le marteau le mur de derrière de chacune de ces maisons. Elles jouissent la plupart d'un enclos qui s'élève au niveau ou au-dessus des toits, suivant que la montagne, qui forme l'inégale surface de ces enclos, est elle-même plus ou moins élevée. On y monte par des escaliers intérieurs, et l'on y entre par les greniers.

Ces positions bizarres, qui sembleraient devoir être le partage d'un hameau suspendu aux escarpemens de quelque montagne de la Suisse ou de la Savoie, sont cependant celles d'une partie des maisons de Lyon; et de semblables objets de curiosité, qui fixent nécessairement l'œil de tous les étrangers, n'ont presque point fixé le pinceau de ceux qui donnent au public les descriptions de leur voyage, non plus que la plume des géographes.

Pour completter le tableau, le rocher de Pierre-Scise (ou Pierre-Ancise) avance sa masse énorme jusqu'au milieu de la route. Le faible passage qu'il laisse entre lui et la Saône, lui a été enlevé par la force, d'où lui vient le nom de Pierre-Scise, *Petra Excisa*. Agrippa est soupçonné de lui avoir porté les premiers coups. La position de ce roc devait embarrasser l'issue de quelques-unes des grandes routes que ce général fit partir de Lyon, comme d'un point central, pour toutes les contrées de la Gaule.

La saillie verticale du roc de Pierre-Scise est une superbe horreur qui a toujours fait l'admiration des peintres, sur-tout lorsqu'il était couronné par le château gothique auquel il a donné son nom. Ce château, long-temps habité par les Archevêques souverains de Lyon, et transformé en prison d'état depuis les guerres de la ligue, fut démoli après le siége de la ville pendant la révolution. Le rocher va disparaître de même : c'est une carrière qu'on ne craint point d'exploiter. Elle sert, en partie, à rebâtir le mur d'enceinte, qui, partant de ce rocher, s'élève sur les hauteurs qui le dominent, et les enferme dans la ville. Sa destruction élargira la route ; mais ce sera une perte pour les amateurs des vues pittoresques. On travaille aussi à démolir les maisons qui bordent la Saône, pour les remplacer par un quai : il rendra cette entrée aussi belle qu'elle l'est peu dans le moment actuel. L'emplacement qu'occupait le château offre une vue délicieuse sur les riches coteaux que baigne la Saône aux approches de Lyon. L'Empereur Napoléon a voulu en jouir ; on l'a vu se promener à cheval sur la plate-forme.

Presque en face, sur la rive opposée, le roc Saint-Jean, faisant partie du coteau de la Croix-Rousse, semble être le pendant de Pierre-Scise; il servait également de base à un fort qui portait son nom. Le bâtiment assez remarquable, qu'on voit au pied de ce dernier rocher, au bord de la Saône, est l'ancien grenier d'abondance, aujourd'hui une des casernes de Lyon.

L'analogie de ces deux rochers, qui sont de la même nature graniteuse, a fait croire qu'ils avaient été séparés par la main des hommes. Cet ouvrage, mis aussi sur le compte d'Agrippa, aurait réuni le double objet de percer une route, et d'ouvrir un passage aux eaux de la Saône, qui, d'après le même système, formait un lac dans cette partie. Ce lac, auquel ont cru quelques historiens modernes, fait supposer le cours primitif de la Saône de l'autre côté de la colline que nous longeons, et l'un n'est pas plus prouvé que l'autre. En avançant on aperçoit, presque au-dessus de sa tête, sur une autre saillie de rochers, une figure en bois d'une proportion colossale et d'une forme gothique, connue sous le nom de *l'Homme de la Roche*. Quand le temps la détruit, on la renouvelle en grande solemnité; c'est une fête pour les habitans du faubourg. Cette statue est le modeste monument par lequel ils éternisent la mémoire d'un de leurs concitoyens, qui signalait sa bienfaisance en mariant des filles pauvres.

La vue de ces divers objets a détourné notre attention de la plus ancienne école vétérinaire de France, près de laquelle nous avons passé, avant d'arriver au roc de Pierre-Scise. On la doit au fameux Bourgelat, qui l'a fondée en 1761, sous les auspices du ministre Bertin. Elle renferme un cabinet d'anatomie comparée, peu considérable, mais très-bien tenu.

La maison où elle est établie, est l'ancien couvent des *Deux Amans*, dénomination assez étrange pour un couvent de religieuses. On fait sur l'étymologie de ce nom des récits vagues et contradictoires. Ce qu'il y a de sûr, c'est que le monastère ne porta ce nom singulier que parce qu'il fut construit près d'un monument appelé le *Tombeau des Deux Amans*; on n'en sait pas au-delà. Le tombeau a été démoli en 1707, sans répondre à l'espoir qu'on avait de découvrir des indices sur sa véritable destination. Le jardin du couvent est devenu le Jardin des Plantes de l'école. Le bosquet, qu'on voit au-dessus, ombrage une charmante promenade qui serpente à travers le penchant du coteau jusqu'à son sommet, où l'on jouit du même point de vue qu'à Pierre-Scise.

A mesure que nous avançons la ville se développe par degrés, et se déroule pour ainsi dire à nos regards; le coteau de la Croix-Rousse oppose sur la rive orientale de la Saône, ses pittoresques escarpemens, à ceux de la rive occidentale, dans l'intérieur de Lyon. Les uns et les autres, répétés dans les eaux de cette rivière, y produisent un effet vraiment magique, quand elle est éclairée par les rayons du soleil. Le grand arc de cercle qu'elle décrit autour de la montagne de Fourvières, ajoute encore à ce tableau, qu'achève d'embellir le riche amphithéâtre de verdure qu'offre cette montagne.

On rencontre successivement le pont de Saint-Vincent et le Pont-au-Change. Le premier, construit en bois, cache sa charpente sous une enveloppe de planches. Le second, construit en pierre, est à-la-fois le plus vilain et le plus fréquenté de Lyon. Il est très-étroit, et d'un passage dangereux, tant pour les voitures, que pour les piétons; un trotoir de douze à quinze pouces ne garantit pas ces derniers du danger d'être partagés en deux par l'essieu d'une charrette qu'un conducteur imprudent laisserait passer trop près; il est d'autant plus aisé de l'élargir, que le fondement des piles est un roc vif, presque par-tout à fleur d'eau. C'est sur ce pont que passaient les voitures, avant la construction récente du pont de l'Archevêché, que nous verrons plus bas; elles se partagent aujourd'hui entre les deux ponts.

Dès qu'on a passé la Saône, les yeux se tournent spontanément vers la jolie colline de Fourvières, dont la perspective, unique en son genre, a été si souvent peinte, et présente un plus beau tableau que tous ceux qu'on en pourra faire.

L'église de Notre-Dame de Fourvières, et la maison des Antiquailles en sont les points les plus éminens. Le premier de ces deux édifices occupe la place de l'ancien *Forum Trajani* ou *Forum Veneris* qui subsistait encore au dix-neuvième siècle, sous le nom de Fort vieil (*Forum vetus*). Le second, remarquable pour avoir été construit sur les ruines du palais des empereurs romains, où naquit l'imbécille Claude, et qu'habita l'insensé Caligula son prédécesseur, est devenu aujourd'hui, comme par une suite de la destinée de ce lieu, l'hôpital des fous. Il a été baptisé *Antiquailles*, à cause des nombreuses antiquités qu'on y a trouvées.

Après avoir joui de la perspective intéressante qu'il offre, vu du quai de la Saône, où aime à jouir de celle que semble promettre cette hauteur, ainsi que de la fraîcheur de ses ombrages. Cette dernière attente est déçue; les rues ou chemins par lesquels on gravit sont enfermés entre des murs de clôture, qui ne laissent aucune jouissance à la vue.

On est dédommagé, quand on arrive à la terrasse de l'église de Fourvières, par le beau point de vue qu'on y découvre. Plongez vos regards, Lyon est à vos pieds : ses maisons noires et pressées comme les cellules d'une fourmilière laissent à peine entr'elles l'intervalle des rues.

Qu'elle paraît petite cette grande ville ! Il est vrai qu'on n'en distingue bien que la partie principale resserrée entre la Saône et le Rhône, et bornée au Nord par la montagne de la Croix-Rousse, dont elle embrasse toute la pente ; au midi, par les marais qui occupent cette langue de terre jusqu'au confluent du Rhône et de la Saône ; mais l'étranger est porté à considérer comme un faubourg le quartier situé sur la rive droite de la Saône, quoiqu'il renferme un tiers de Lyon, pour ne voir la ville, proprement dite, qu'entre les deux rivières. Ce quartier principal offre une figure très-oblongue qui va s'allonger encore en s'emparant des marais dont on vient de parler, seule partie où la ville puisse s'agrandir. On travaille à les dessécher, tant pour assainir l'air fiévreux qui résulte de leurs exhalaisons, que pour pouvoir, au moyen des nouveaux quartiers qu'on doit y construire à la suite de celui de Belle-Cour, dégager l'intérieur de la ville. Un palais impérial, monument de la reconnaissance des Lyonnais envers le restaurateur de leur ville, fera de ce quartier la plus belle partie de Lyon.

La vue se fixe, à cette extrémité méridionale, sur une place immense environnée de décombres : c'est l'ancienne place Belle-Cour. Les débris qui l'obstruent aujourd'hui étaient naguères de superbes édifices qui l'embellissaient. Dans son centre s'élevait la majestueuse statue équestre de Louis XIV, par Desjardins, entre deux superbes fontaines, par Chabry, et en face de deux groupes en bronze, représentant le Rhône et la Saône, par Coustou. La statue et les fontaines ont été détruites après le siége : on voit encore les deux fleuves dans le vestibule de l'Hôtel-de-Ville. Cet ensemble formait la plus belle place de l'Europe.

Le siége de Lyon sera fameux dans l'histoire ; une ville sans fortifications et sans troupes arrêta, pendant plus de deux mois, une armée de cent mille hommes. Un peuple de marchands devint lui-même une armée, au cri généreux de *résistance à l'oppression* : tout était soldat, tout allait avec joie à la mort ; les femmes soutenaient, excitaient même le courage de leurs maris ; les enfans rivalisaient d'audace avec les hommes.

Enfin épuisée de forces, de sang et de munitions, la ville se livra à la clémence des vainqueurs..... Ils promirent la vie et donnèrent la mort. Pendant que les édifices croulaient sous le marteau destructeur de la révolution, les têtes tombaient sous sa hache permanente. Mais elle servait trop lentement la rage des bourreaux ; ils la remplacèrent par des batteries de canons chargés à mitraille : des milliers de victimes furent hachées par cet horrible moyen d'extermination. Ce qui a survécu à la boucherie générale doit son salut à quelque hasard extraordinaire : une partie semble n'exister que par miracle.

L'Empereur, à son retour d'Egypte, montra de l'intérêt à cette ville malheureuse. Général, il a versé des larmes sur son sort, Empereur, du baume sur ses plaies. Il a ordonné la reconstruction de la place Belle-Cour, et a permis aux Lyonnais d'y placer sa statue, mais seulement après que la place sera rebâtie, pour ne pas être, a-t-il dit, au milieu des décombres : les travaux avancent rapidement, et seront terminés peut-être avant la publication de cet ouvrage.

On sent le besoin de détourner la vue de ce quartier, plus fécond que les autres en douloureux souvenirs, et de distraire ses regards, en les promenant à droite et à gauche sur les méandres et les îles du Rhône, sur le cours plus constant et plus calme de la Saône, sur le point où leurs eaux se réunissent, et sur les nombreuses et belles maisons de plaisance qui décorent tout le paysage.

En face un horizon immense se développe et découvre, à partir du Rhône, les vastes campagnes du Dauphiné ; au-delà les montagnes de la Chartreuse et celles de Chambéry qui en font partie ; plus loin, les Alpes, sur lesquelles s'élève autant la masse imposante du Mont-Blanc, que cette chaîne s'élève elle-même au-dessus des plaines. On ne l'aperçoit que par un temps très-clair, et cette vue, dit-on, annonce toujours la pluie.

Le coteau de la Croix-Rousse qu'on voit commander la ville au Nord, comme celui de Fourvières la commande au couchant, paraît avoir la même étendue de perspective que celui-ci, mais moins de beauté locale. Il a trois faces différentes, savoir : sur la Saône, sur le Rhône et sur la ville. Les deux premières offrent, avec une partie des beaux aspects du coteau de Fourvières, quelques-unes de ses situations piquantes. La troisième, dont on ne jouit bien que de la terrasse des Chartreux, découvre la ville dans toute sa longueur. C'est sur le penchant de cette colline qu'on voit le Jardin des Plantes du Gouvernement. Les Lyonnais le trouvent beau ; pour le trouver tel, il faut n'avoir pas vu celui de Paris ; mais il est à son berceau, on travaille à l'embellir, et sa position se prête merveilleusement aux soins qu'on lui donne. Au milieu est un petit bassin qui occupe, dit-on, la place d'une ancienne naumachie ; l'œil exercé des antiquaires en aperçoit encore quelques vestiges qui échappent à la vue ordinaire. L'église des Chartreux, seul édifice qu'on remarque sur ce coteau, présente un assez joli dôme, dont l'intérieur mérite d'être visité ; on y voit un très-bel autel en marbre, surmonté d'un magnifique dais. C'est dans cette colline qu'ont été trouvées les deux tables de bronze, sur lesquelles est inscrite la harangue de l'empereur Claude au sénat, en faveur des Lyonnais.

Les beaux quais du Rhône ne sont point aperçus du point d'observation où nous sommes. Au-delà du pont de la Guillotière, le long faubourg de ce nom offre moins l'apparence d'un faubourg que d'un bourg à proximité de la ville : il est peuplé de sept à huit mille habitans.

Après avoir parcouru des yeux l'enceinte et les environs de Lyon, nous allons pénétrer dans son intérieur; mais on ne doit pas quitter la montagne qui nous a servi de point d'observation, sans y voir les antiquités qu'elle présente, dont les principales sont : de beaux restes d'aqueducs auprès de l'église de Saint-Irénée, une belle mosaïque dans la maison Cassère, rue du Gourguillon, quelques vestiges de théâtre dans l'enclos des Minimes, et des réservoirs souterrains dans celui des Ursulines, ainsi que dans la maison des Antiquailles.

Plusieurs auteurs modernes attribuent sans preuve les aqueducs à Marc-Antoine, et d'autres avec plus de fondement à Agrippa. On n'en voit plus que quelques piles auprès de Saint-Irénée. Ceux que nous avons remarqués, en arrivant à Lyon, sont encore moins conservés : le village de Chapponot, situé à une lieue S.-O. de la ville, en offre des restes plus considérables qui méritent d'être visités. On croit qu'ils conduisaient à Lyon les eaux du Furens, petite rivière qui passe à Saint-Etienne. Il nous paraît plus probable que c'était celle du Gier, qui coule à une distance beaucoup moindre, et dans la même direction. On ne voit pas pourquoi les anciens auraient été chercher loin ce qu'ils avaient près. Les restes d'un aqueduc qu'on voit du côté de Saint-Etienne prouvent bien qu'il y en avait là un, mais non que c'était celui de Lyon.

La mosaïque de la maison Cassère a été diversement expliquée, ce qui annonce que l'opinion des savans n'est pas fixée sur le sujet qu'elle représente. Cette mosaïque, dont peu d'auteurs font mention, est une des plus grandes et des mieux conservées qui soient en France, après toutefois celle qui vient d'être découverte dans le quartier d'Énay, et dont nous parlons plus bas.

L'église de Saint-Irénée, attenant au couvent du même nom, dont la superbe façade a été changée par le siége en une triste carcasse, renferme une autre mosaïque d'une grossière exécution, qui ne remonte qu'au moyen âge. Les souterrains de cette église, où sont renfermés les ossemens des dix-neuf mille chrétiens massacrés à Lyon avec saint Irénée, sous l'empereur Septime-Sévère, sont aussi des antiquités du moyen âge.

Les vestiges de l'amphithéâtre sont presque entièrement effacés, la végétation ensevelit et décompose le peu qui en reste. Au-dessous de la vigne qui les renferme, dans un jardin appartenant à l'acquéreur du couvent, une tombe antique sert d'auge pour l'arrosement. C'est une pierre plus dure que le marbre, on n'en connaît pas la carrière dans la contrée. Sur une des faces on distingue un couteau de sacrificateur et l'empreinte presque effacée d'un bâton augural. Que de vains efforts pour se survivre !.... Ne pouvant éviter l'inévitable faux, l'homme a donc cru qu'elle viendrait s'émousser contre le marbre qui recèle sa dépouille.

Les réservoirs souterrains, qu'on a mal à propos qualifié de bains, m'ont laissé des doutes sur leur origine romaine. Un antiquaire, profondément versé dans cette partie, M. Artaud, directeur de l'école spéciale de dessin de Lyon, m'a prouvé, par les raisons dont il appuie l'opinion contraire, que j'étais dans l'erreur.

Autour et au-dessous de ces divers monumens, on a trouvé une grande quantité de médailles, de monnaies et vases antiques, plusieurs figures de marbre et de bronze, des lampes sépulcrales, des lacrimatoires et un taurobole, dont l'inscription indique un sacrifice fait pour la santé de l'empereur Claude. L'on a trouvé aussi, et l'on trouve encore journellement, dans toute l'étendue de ce quartier, beaucoup de tombes et de pierres portant diverses inscriptions, ainsi que des débris de l'incendie arrivé sous le règne de Néron.

Tout annonce que cette ville a été l'une des principales colonies romaines, et qu'elle occupait alors le haut de la montagne, au pied de laquelle on la voit aujourd'hui. Elle est sans doute descendue insensiblement sur les bords de la Saône, à mesure que le besoin de respirer et de se défendre aura fait place à celui de s'enrichir. Cependant la situation du temple d'Auguste, dans le lieu occupé aujourd'hui par l'église d'Enay, et la mosaïque découverte en dernier lieu dans le même quartier, prouvent, ainsi que d'autres découvertes faites ailleurs, que la ville n'était pas toute sur la montagne, et qu'elle commençait, même au temps d'Auguste, à franchir la Saône.

En descendant de Fourvières, on passe près de l'archevêché sans s'en apercevoir, et devant la cathédrale sans en être frappé. L'archevêché, qui renferme dans son intérieur de jolis appartemens, où ont été reçus l'Empereur Napoléon et le Pape Pie VII, n'a rien de beau extérieurement. L'ancien primat des Gaules, successeur des souverains de Lyon, n'avait pas un palais analogue à son rang. Ce siége est occupé aujourd'hui par le cardinal Fesch, oncle de S. M. l'Empereur.

La cathédrale, que les Lyonnais montrent avec orgueil aux étrangers, n'est remarquable que pour les amateurs de l'architecture moresque. On peut y voir une fameuse horloge, ouvrage étonnant par sa complication. Elle indiquait le cours du soleil, les phâses de la lune, les ans, mois et jours, les heures, minutes et secondes, tous les saints du calendrier, etc. C'est un massif pyramidal qu'on voit dans une chapelle à gauche du grand autel. Cette horloge, exécutée au commencement du dix-septième siècle, et dérangée depuis bien des années, est de Nicolas Lippius de Bâle, qui a fait aussi celle de Strasbourg. On connaît la célébrité du chapitre de Lyon, dont les chanoines devaient prouver seize quartiers et portaient le titre de comtes de Lyon : le roi en était le premier comte.

Pour passer sur la rive gauche de la Saône, dans cette partie méridionale de la ville, on a le choix d'un joli pont de bois ou d'un superbe pont en pierre, nouvellement construit près de l'archevêché (le pont de Tilsitt.)

Quand on a repassé la Saône, le premier objet qui doit appeler la curiosité du voyageur, venant de voir sur-tout les antiquités de Fourvières, est la belle mosaïque découverte en 1806, dans le jardin de M. Macors, au quartier d'Enay, rue de Pusy. Elle est à cinq pieds au-dessous du sol, et représente une course de cirque ; plusieurs quadriges y disputent le prix : quelques-uns sont renversés, d'autres tournent la *Spina*. On voit les concurrens, armés de leur fouet, exciter leurs chevaux, et montrer, par l'ardeur de leurs mouvemens, l'impatience d'atteindre le but. Il est heureux, pour les arts, que ce précieux monument soit tombé entre les mains d'un homme éclairé, qui en a senti le prix, et n'a pas craint de faire les frais nécessaires à sa conservation. Il l'a recouvert d'une espèce de temple antique, supporté par un péristyle.

On ne doit pas moins au zèle de M. Artaud pour avoir fait connaître au public, par une description et une gravure également exactes, cette superbe mosaïque. Beaucoup plus conservée que celle de la maison Cassère, elle est aussi beaucoup plus grande, puisqu'elle a sept mètres de long, et bien plus précieuse, en ce qu'elle offre un sujet à-la-fois intéressant et facile à saisir, qui nous met sous les yeux un des spectacles les plus chers aux anciens, et nous place pour ainsi dire nous-mêmes au nombre des spectateurs. Plus que tout autre, ce genre de monument semble nous rendre contemporains du grand peuple, qui voulait que tous ses ouvrages fussent éternels, comme il croyait l'être lui-même. La toile ne lui offrant que des monumens peu durables, le marbre dans ses mains s'est emparé de la peinture, et le peintre a pu, comme le statuaire, travailler pour la postérité la plus reculée.

L'église d'Enay, située à l'extrémité de ce quartier, près de l'ancien confluent des deux rivières, et sur les débris du temple d'Auguste, n'offre d'autre vestige de cet édifice que les quatre grosses et courtes colonnes de granit qui soutiennent la coupole. Elles ont près de deux toises de circonférence et n'ont guères plus de hauteur. Il n'en a été trouvé que deux; elles étaient dans leurs proportions : la scie en a fait quatre, en les coupant transversalement par le milieu. On avait besoin de ce nombre, et peu importait au dixième siècle les proportions de l'architecture grecque. Les énormes pierres de taille qu'on voit entremêlées dans la maçonnerie de l'église doivent avoir été tirées des débris de l'ancien temple ; une de ces pierres placée au-dessus du portail représente, en bas-relief, trois déesses ou matrones, dans lesquelles le peuple révère sans doute trois saintes, ne s'attendant pas à trouver là des divinités payennes. Voilà tout ce qui reste de ce fameux temple érigé par soixante peuples de la Gaule, qui avaient fourni chacun une statue destinée à orner l'autel. Les statues, le temple et le Dieu ont également disparu.

C'est devant cet autel que se rassembla dans la suite la bizarre académie établie par Caligula, où les auteurs jugés indignes du concours, non-seulement devaient couronner le vainqueur, mais encore effacer leurs écrits avec la langue, et recevoir en outre des coups de verges, si mieux ils n'aimaient être plongés par trois fois dans le Rhône : ce qui a donné lieu à la comparaison renfermée dans ces deux vers de Juvenal,

« Palleat ut nudis, pressit qui calcibus anguem,
» Aut Lugdunensem rethor dicturus ad aram ».

Cette loi folle et cruelle à-la-fois, comme son auteur, avait au moins l'avantage de condamner au silence l'incapacité. Cette académie portait le nom d'*Aténée*, d'où est venu par corruption le mot d'*Enay* que portent l'église et le quartier où elle est située.

En général les églises de Lyon ne méritent pas l'attention des curieux, si l'on excepte celle des Chartreux, dont nous avons déjà parlé. On peut donner un coup d'œil, en passant, à celle de Saint-Nizier, soit pour la comparer à la métropole dont elle a été la rivale, soit pour y voir un portail de Philibert Delorme. Après un autre coup d'œil donné à celle du collége pour y remarquer une assez belle nef et un revêtement intérieur en marbre, on ne doit pas manquer de voir la bibliothèque de la même maison. C'est sans contredit la plus belle des départemens. Le vaisseau en est magnifique : elle renferme cent vingt mille volumes, au nombre desquels sont plus de huit cents manuscrits dans toutes les langues, entr'autres un superbe dictionnaire de Liking, livre sacré des Chinois, et un grand nombre d'éditions remarquables, parmi lesquelles on distingue les antiquités d'*Herculanum*, ouvrage donné par le roi de Naples, qui n'a son pareil que dans la bibliothèque impériale. On y voit aussi un petit cabinet d'antiquités et d'estampes.

Indépendamment de deux petites salles de comédie qui s'ouvrent au peuple tous les dimanches, Lyon en a deux principales, savoir : le grand théâtre et celui des Célestins ; ce dernier est consacré au genre des boulevards. La salle en est petite et le théâtre assez vaste pour les manœuvres de cavalerie. Le grand théâtre, qui est celui de la bonne société, s'est rapetissé en donnant dans le mélodrame ; mais on sait que la bonne société n'aime plus la bonne comédie. L'édifice est l'ouvrage et non le chef-d'œuvre de l'architecte Soufflot.

L'Hôtel-de-Ville qui est en face, par Simon Maupin et Mansard, est d'un mérite bien supérieur. On y remarque la magnificence de son escalier, de sa grande salle et de sa vaste cour : les peintures de l'escalier sont de Blanchet. La principale représente l'incendie de Lyon dont nous avons déjà parlé, sujet que ne laissent guères deviner les allégoriques et grotesques personnages de ce tableau. On voit dans le vestibule les deux groupes du Rhône et de la Saône ; et, derrière ces groupes, les deux tables renfermant la harangue de l'empereur Claude, dont nous avons également fait mention ailleurs. La façade forme l'un des petits côtés de la place des Terreaux, et toute petite qu'elle est, elle joint la noblesse à l'élégance. Du milieu de cette façade s'élance, avec hardiesse, la tour de l'horloge, d'une construction délicate, mais d'une hauteur excessive qui blesse les proportions.

L'ancien couvent de S^t.-Pierre, bâti d'après le dessin de M. de la Varcinière, forme sur l'un des grands côtés de la même place, une autre façade, que quelques personnes préfèrent à celle de l'Hôtel de Ville, mais qui ne l'emporte réellement qu'en ce qu'elle est plus longue. Elle n'est pas terminée, quant à la sculpture; de nombreux pilastres attendent encore leurs chapiteaux, et les attendront sans doute long-temps. L'abbesse du couvent était toujours une princesse; elle se logeait en conséquence.

L'intérieur de l'édifice offre, 1°. des galeries en arcades régnant autour d'une vaste cour, le long des quatre ailes du bâtiment, et renfermant une collection de monumens antiques, parmi lesquels se trouve le taurobole dont nous avons parlé; 2°. une magnifique terrasse supportée par les arcades et formant le plein-pied du premier étage; 3°. un bel escalier en marbre noir; 4°. une école spéciale de dessin; 5°. un muséum de peinture peu riche, où l'on remarque cependant quelques originaux ; on y voit deux jolies miniatures en velours plein, premier ouvrage de ce genre qui soit sorti des fabriques de Lyon. Ceux qui savent comment se fait le velours sentiront le mérite de ce genre de peinture. Les cabinets particuliers du directeur de ce musée, M. Artaud, et du professeur de dessin, M. Revoil, renferment aussi des objets intéressans.

La ville de Lyon n'offre pas d'autre édifice remarquable que ceux qu'on vient de citer. Les plus belles maisons sont reléguées aux deux extrémités de la ville, dans les quartiers de Belle-Cour et de Saint-Clair. Le premier, habité par les riches propriétaires, conserve encore, après la destruction de ses palais, quelques beaux hôtels, notamment celui de Malthe, au bout des allées de Belle-Cour; le second, habité par le haut commerce, offre plusieurs belles maisons, entre lesquelles on distingue celle de M. Tolosan, dont la magnifique façade a fixé l'admiration de l'Empereur d'Autriche Joseph II, arrivant à Lyon par ce quartier. On lui fait dire que, *les négocians de cette ville sont mieux logés que les princes d'Allemagne.*

Le quai Saint-Clair est un des plus beaux de France. Ce quartier de Lyon répond à celui de la Chaussée d'Antin de Paris, qui est habité de même par le haut commerce, et situé au pied de la montagne de Montmartre, comme celui de Saint-Clair au pied de la montagne de la Croix-Rousse. Le quai est la promenade du beau monde, le *Boulevard Italien* de Lyon, pour compléter le rapprochement.

La plus belle maison de cette ville est celle des pauvres; je veux parler du grand Hôpital: il n'a pas son pareil en France. Quoiqu'il n'ait encore qu'une aile, il n'en forme pas moins une immense façade sur le quai du Rhône. Elle est d'ordre Ionique, et fait plus d'honneur à Soufflot que celle du grand théâtre. Sur le pavillon du milieu s'élève un dôme quadrangulaire couronné des emblêmes de la médecine. Il est écrasé, parce que l'économie des administrateurs a supprimé un troisième étage de colonnes porté dans le plan de l'architecte. On a vu Soufflot en pleurer de douleur. On admire, dans l'intérieur de cet hospice, d'abord un bel escalier, à la voûte duquel est représenté le crocodile, qu'on dit avoir été pris dans le Rhône au commencement du dernier siècle; ensuite la grandeur et la distribution des salles qui font toutes face à un autel placé sous le dôme; enfin une excellente tenue, une propreté extrême, et une administration sage et paternelle faite pour servir de modèle.

Généralement les maisons de Lyon manquent de gaîté lors même qu'elles ont de belles façades. Des cours étroites et sombres où pénètrent rarement les rayons du soleil, des escaliers en pierre dont les rampes sont masquées par de fortes murailles, qui règnent du haut en bas, et une hauteur de cinq ou six étages, beaucoup plus élevés les uns sur les autres que ceux des maisons de Paris ; tout cela leur donne un air de deuil et de prison qui attriste la vue : cette fâcheuse impression n'est pas suffisamment rachetée aux yeux du voyageur, par la solidité, unique mérite qui les distingue, mérite qui ne satisfait que les yeux du propriétaire. Dans les quartiers habités par les ouvriers, elles sont presque toutes vitrées en chassis de papier, pour procurer un jour plus doux aux ateliers.

La tristesse des maisons est encore augmentée par celle des rues, la plupart très-étroites et rétrécies encore par un pied de trottoir, moins destiné à garantir les passans que les boutiques, du danger des voitures. Pavées en cailloux roulés, elles sont incommodes pour les gens de pied, dont la circulation est extrêmement active ; elle est peu gênée d'ailleurs par celle des carrosses qui ne s'engagent guères dans des rues, où la rencontre du moindre embarras ferme le passage et force de reculer. Les haquets et les charrettes sont presque les seules voitures qui roulent dans l'intérieur de Lyon. Peu de maisons ont équipage et peu de particuliers emploient les fiacres, distribués sur les deux places de Belle-Cour et des Terreaux, au nombre de cinquante. Le principal mouvement des voitures, soit de maître soit de louage, a lieu sur les quais, dans les faubourgs et dans les environs de Lyon. Le prix des courses de fiacre est le même qu'à Paris.

— Les ponts de bois sont nombreux dans cette ville, et frappent les étrangers par la hardiesse de leur construction. Le plus remarquable de tous est le pont Morand sur le Rhône; il conduit de la place St.-Clair à la promenade et au faubourg des Brotteaux. Il a bravé les glaces des hivers les plus rigoureux. Sa charpente effraie par son étonnante légèreté et n'en supporte pas moins le poids des plus lourdes voitures, quoiqu'on lise dans la plupart des géographies, qu'il ne sert qu'aux gens de pied. Ceux-ci y circulent librement sur des larges trottoirs en brique.

Quant aux ponts de pierre, le Rhône n'en a qu'un, celui de la Guillotière, qui est plus solide que beau. Il est dû au zèle du pape Innocent XIV, qui après en avoir entrepris de ses deniers, la construction, y fit contribuer les fidèles par des indulgences.

Nous avons rencontré sur nos pas les quatre ponts qui traversent la Saône, savoir : les deux plus beaux en descendant de Fourvières, les deux autres en arrivant à Lyon ; nous en verrons un autre au bout de l'une des promenades, par lesquelles nous allons terminer le tableau physique de cette ville.

Elle n'est pas sous ce rapport aussi riche qu'on pourrait s'y attendre. Après les allées de Belle-Cour, qui ont survécu à la destruction de la place, les promeneurs sont obligés, ou de passer le pont Morand, pour aller trouver les allées des Brotteaux, agréablement plantées, mais abandonnées depuis le siége, à cause des douloureux souvenirs qu'elles rappellent, ou de se retrancher sur les quais du Rhône, dont la partie septentrionale (le quai Saint-Clair) est, ainsi qu'on l'a dit, la promenade à la mode, et dont la prolongation méridionale forme la belle allée Perrache, portant, comme le pont Morand, le nom de son auteur. M. Perrache a détourné par cette longue levée, le cours du Rhône, et reculé ainsi d'une demi-lieue, sa jonction avec la Saône. On dit à Lyon que c'est

VILLE DE LYON.

à cet ancien confluent qu'Annibal a passé le Rhône (*).

(*) Il n'est pas possible de partager cette opinion moderne, si l'on consulte les auteurs anciens, sur lesquels elle s'appuie. D'abord Plutarque n'a pas dit ce qu'on lui fait dire à ce sujet dans la vie d'Annibal, puisque cette vie n'est point de lui, ayant été ajoutée à ses Hommes Illustres, avec celle de Scipion, par Donat Acciajoli, écrivain du quinzième siècle. C'est ce que paraît ignorer l'auteur d'une description de Lyon, qu'on m'a fait lire dans cette ville, lorsqu'il cite avec confiance, comme de Plutarque, ce passage de la vie d'Annibal : « Il parvint au lieu que les Gaulois appellent l'île, laquelle est faite de la Saône et du Rhône où est maintenant Lyon ».

Il faut donc chercher ses preuves ailleurs que dans ce passage prétendu de Plutarque : Polibe et Tite-Live, nos meilleures autorités à cet égard, ne parlent nullement de Lyon. Si le premier n'a pu en parler, ayant écrit deux siècles avant la fondation de cette ville, il n'en est pas de même du second, qui écrivait au temps même de cette fondation. Ils désignent à la vérité, l'un et l'autre, la jonction du Rhône avec l'Arar, et ce nom est bien celui que portait la Saône chez les anciens ; mais ces auteurs ne font remonter Annibal jusque là qu'après le passage du Rhône, effectué à quatre journées de la mer, et ils l'y conduisent dans un si court espace de temps, que cette marche est reconnue impossible, outre qu'elle eût retardé Annibal, qui n'avait pas de temps à

Bordée d'un double rang de beaux peupliers d'Italie, et longue de trois mille mètres, l'allée Perrache est moins une promenade qu'une superbe avenue. L'on ne s'y promène guères, si ce n'est dans les carioles de louage, stationnées aux deux extrémités. Elle aboutit au pont de la Mulatière qui, traversant la Saône à son embouchure, établit la communication de Lyon avec Saint-Étienne. Ce pont, remarqua-

---

perdre ; ce qui fait supposer, ou bien une erreur géographique de la part de ces auteurs, qui ont pu confondre l'Arar avec *l'Isara*, nom latin de l'Isère (et les anciens étaient fort sujets à ces méprises), ou bien une erreur typographique de la part des premiers éditeurs. Il est probable qu'après avoir remonté la rive gauche du Rhône jusqu'à la vallée de l'Isère, ce général aura pris définitivement son chemin vers les Alpes, par cette belle vallée, au lieu d'user un temps précieux à passer une nouvelle rivière, au risque d'être atteint par l'armée Romaine, qui le menaçait sur ses derrières et qu'il cherchait à éviter. Les historiens d'ailleurs nous eussent raconté ce passage, comme ils racontent ceux du Rhône et de la Durance. Si le vrai chemin qu'a tenu Annibal dans la Gaule méridionale est un problème historique, encore à résoudre, il paraît bien certain du moins qu'il n'a pu passer par Lyon. Mais toutes les villes riveraines du Rhône, comme toutes les vallées des Alpes se disputent ce passage, et Lyon, qui avait des titres pour entrer en lice, a dû les faire valoir.

ble par la légèreté de sa construction, comme tous les ponts de bois de cette ville, l'est aussi par son peu de solidité, qui l'a fait affaisser en plusieurs parties, au point qu'il en a pris une forme festonnée, peu différente de celle d'une guirlande, et peu rassurante pour ceux qui passent dessus.

Le château qu'on voit au delà, près des bords du Rhône, est celui d'Oulins, appartenant à M. Tolosan, auparavant aux Archevêques de Lyon. Il est moins beau de près que de loin. L'académicien Thomas y est mort : l'église du village renferme ses cendres avec son épitaphe.

En parcourant l'allée Perrache, on voit sans interruption le riant coteau qui borde, en amphithéâtre prolongé, la rive droite de la Saône, au dessous de Lyon. C'est le même que nous avons admiré dans l'intérieur de cette ville. Les nombreuses maisons de plaisance dont il est parsemé paraîtraient autant de palais enchantés, si elles ne ressemblaient pas plutôt, par leur modeste structure, à de simples asiles champêtres. Les diverses pentes de cette colline produisent une excellente qualité de vin d'ordinaire, connu sous le nom de *Sainte-Foi* : il est réservé pour les premières tables de Lyon.

Le chemin ou sentier qui règne entre la Saône et le coteau, depuis Lyon jusqu'au pont de la Mulatière, est une promenade qui tente plus les curieux qu'elle ne les satisfait: les hauts murs de terrasse qui la dominent en ôtent tout l'agrément. On est dédommagé de cette privation par la vue d'une grotte, formée dans les poudingues, du haut de laquelle s'échappe une fontaine, et par le souvenir de la nuit que J. J. Rousseau a passé dans ce chemin avec deux pièces de six blancs dans sa poche. « Je me couchai voluptueusement, » dit-il, sur la tablette d'une niche ou fausse » porte enfoncée dans un mur de terrasse. Le » ciel de mon lit était formé par les têtes des » arbres : un rossignol était précisément au » dessus de moi. Je m'endormis à son chant. » Mon sommeil fut doux, mon réveil le fut » davantage. Mes yeux en s'ouvrant virent le » soleil, l'eau, la verdure, un paysage ad- » mirable ». Ce chemin se nomme les Etroits.

Quel contraste entre le sombre intérieur de Lyon et ses rians environs! On peut dire, sans exagération, comme sans métaphore, que c'est la différence du jour à la nuit. Aussi les Lyonnais aiment-ils passionnément la campagne, et ils possèdent l'art de l'embellir, autant que les habitans de la capitale, on serait tenté de dire mieux, si l'on ne sentait que le premier charme des campagnes de Lyon est dû à la nature. Tous les dimanches et fêtes on les voit sortir en foule de leurs obscurs magasins ou de leurs tristes ateliers, comme les essaims de leurs ruches, après leurs travaux achevés. De nombreuses carioles à quatre roues transportent à la maison des champs les familles entières, qui cèdent au besoin de respirer l'air pur de l'atmosphère : elles ne pourraient s'en priver plus long-temps.

La soierie et la dorure forment la base du commerce de Lyon. Les étoffes de soie de toute espèce, les velours, les rubans, les bas de soie, les galons et les broderies sont les produits de cette nombreuse réunion de fabriques dont toute l'Europe est le débouché, particulièrement l'Allemagne et la Russie. Cette dernière contrée absorbe elle seule la moitié des étoffes de velours. La France n'en emploie pas plus d'un dixième : elle va en consommer davantage d'après les sages mesures récemment prises par le Gouvernement, pour faire accorder aux étoffes de Lyon, quant aux costumes d'étiquette, la juste préférence que le caprice des modes leur refusait.

Cette ville partageant les soies du Languedoc

avec Nîmes, et celles de la Provence avec Avignon, consomme en outre la totalité de celles des départemens du Rhône, de la Loire, de l'Ardèche, de la Drôme et de l'Isère. Elle vivifie dans ses temps de prospérité toute cette partie de la France, comme elle la fait participer aux malheurs et aux stagnations qu'éprouve son commerce ; enfin elle est le débouché des soies du Piémont, les plus belles qui entrent dans ses manufactures.

La chapellerie de Lyon est fort connue dans le commerce, et plusieurs fabricans ont des voyageurs pour cet objet. Les brasseries de bierre, les manufactures de papier peint, enfin la librairie et l'imprimerie sont des branches secondaires du commerce de cette ville, qui est en outre le principal entrepôt entre le Nord et le Midi de la France. Les draperies d'Elbeuf, Sédan, Louviers, etc., y sont emmagasinées pour l'approvisionnement des villes Méridionales, comme les huiles et savons de Marseille, les vins et eaux-de-vie du Languedoc pour les villes Septentrionales.

Croira-t-on que les marrons de Lyon sont aussi un objet de négoce pour cette ville ? On voit sur le quai de la Saône plusieurs maisons consacrées à ce genre, et des magasins entiers de cette denrée ; mais ce qui paraîtra plus difficile à croire, c'est que Lyon ne tire pas les marrons de son territoire, ni même du département du Rhône, mais de ceux de l'Isère, de l'Ardèche, de la Loire, du Mont-Blanc et du Var. C'est de ce dernier que vient l'espèce la plus belle et la plus recherchée à Paris, les marrons du Luc.

Cette ville renferme beaucoup de négocians riches, mais peu de millionnaires. On dirait qu'une loi somptuaire leur a fixé un *maximum* qu'ils n'osent dépasser. Ce maximum tient à leur genre de commerce, qui produit moins de grandes fortunes, et cause aussi moins de grandes catastrophes que le commerce maritime.

Plusieurs ateliers méritent d'être visités, notamment ceux de M. Pernon. Le tirage d'or est encore une chose à voir à Lyon. On y apprend, quand on l'ignore, que les galons d'or ne sont pas d'or, mais bien d'argent doré, et qu'un bâton de ce métal, de deux pieds de long sur treize lignes de diamètre, peut acquérir dans les filières, une longueur de cent lieues, sans rien perdre de sa dorure, malgré la grande extension et la force du frottement. Deux doreurs et un seul tirage suffisent amplement pour toutes les fabriques de Lyon, qui, dans leur plus grande activité, n'ont consommé que quatorze cents lingots. Les outils en acier fondu, employés à cette opération, exigent et ont obtenu un grand degré de perfection, dont un seul homme à Lyon, nommé *Jean Tripier,* possédait le secret. Le Gouvernement ne voulut pas lui acheter dans le temps ce secret, qui est sans doute mort avec lui. Cet homme existait encore il y a peu d'années, mais aveugle et cassé.

La richesse des pays qui environnent Lyon, notamment de la Bresse, y fait abonder la vie animale, ce dont ne s'aperçoivent guères les étrangers. Ils s'étonnent sur-tout, avec raison, de la cherté du vin dans une ville placée entre ceux de Mâcon et du Rhône, et entourée de vignobles elle-même. Le vin ordinaire de Sainte-Foi m'a été vendu, par un propriétaire, un franc la bouteille sans le verre : les autres vins se vendent dans la même proportion.

Les Lyonnais sont actifs, laborieux, bons calculateurs, sages dans leurs spéculations, exacts dans leurs engagemens. Le luxe pour lequel ils travaillent, le luxe dépravateur des sociétés, ne paraît pas avoir fait à Lyon les mêmes progrès que dans les villes correspondantes du même ordre. Aussi les crimes y sont-ils moins fréquens, les vices moins répandus, et les ménages moins troublés. Il semble que le commerce manufacturier absorbe les passions plus que tout autre.

Lyon est la ville commerçante qui cultive le plus les arts et les sciences. On en trouve la raison, quant aux arts, dans l'usage que font les fabricans de celui du dessin, pour une grande partie de leurs étoffes; on est réduit à la chercher, quant aux sciences, dans l'étroite parenté qui unit ensemble les neuf sœurs. L'académie de Lyon, connue sous le nom *d'Athénée,* et les ressources littéraires qu'offre la bibliothèque publique, ne contribuent pas peu sans doute à répandre les lumières. Cette culture générale donne aux Lyonnais un goût assez sûr et non moins confiant, qui se fait remarquer, sur-tout dans les jugemens des pièces de théâtre. Si quelque ouvrage de peu de mérite, ayant réussi à Paris, arrive dans les départemens avec ce diplôme, ce n'est pas un *laissez-passer* suffisant pour un public qui entend juger par lui-même, et non *in verba magistri.* Il n'est pas sans exemple qu'il ait cassé les jugemens de la capitale.

Lyon a été le berceau et le séjour de plusieurs grands hommes, particulièrement dans les arts, plus particulièrement encore dans celui de la sculpture. Philibert Delorme, Coysevox, Chabry, les deux Coustou, les célèbres graveurs Audran, et le peintre Stella y sont nés; plusieurs artistes vivans et distingués honorent encore cette ville : les peintres Revoil pour l'histoire, Dubois pour la miniature, et Richard pour la peinture de genre. La mort vient d'y terminer la carrière de M. Deboissieux, célèbre amateur, qui cultivait d'une manière également distinguée la peinture et les sciences. Avec ce savant, le dix-huitième siècle a vu fleurir encore à Lyon les naturalistes Jussieu et la Tourette, l'abbé Rosier et Bourgelat. Les deux derniers ont publié, l'un sur l'agriculture, l'autre sur l'hippiatrique, les meilleurs traités que nous ayons sur ces matières, quoique le géographe Guthrie ne les mette pas dans sa liste.

L'auteur latin du cinquième siècle, Sidonius Apollinaris, et la Ninon du seizième, Louise l'Abbé, connue sous le nom de la *Belle Cordière*, les antiquaires Spon, Ménétrier et Bose, les abbés Terrasson, le jurisconsulte Gui-Pape, l'arrêtiste Prost du Royer, sont tous natifs de cette ville.

De nos jours on peut citer le célèbre avocat Bergasse, M. de Fleurieu, ancien ministre,

M. Degerando, savant aussi distingué que modeste, nommé membre de l'institut à l'âge de vingt-sept ans, M. Delandine, antiquaire et littérateur également estimable, connu par une nouvelle édition du Dictionnaire Historique, M. Bérenger, auteur des Soirées Provençales, et une foule d'autres écrivains qu'il serait trop long d'énumérer ici.

Les Lyonnais cultivent avec succès la musique ; elle fait essentiellement partie de l'éducation des dames, qui arrivent à propos ici pour achever le portrait des habitans de cette ville : on ne peut mieux le terminer. Quand il est question de ce sexe le premier mot doit être relatif à la beauté. Il se distingue à Lyon par la fraîcheur et l'embonpoint ; mais soit que les femmes vraiment belles restent à la campagne pendant l'été, et dans leurs maisons pendant l'hiver, comme l'assurent les Lyonnais, soit qu'il n'y en ait pas un grand nombre, comme le pensent les voyageurs, ceux-ci n'ont pas lieu d'être frappés de la grâce ni de la beauté du sexe Lyonnais ; ils ne rencontrent ces deux divinités que rarement dans les spectacles et les promenades de cette ville (*).

(*) Les jolies femmes de Lyon, qui pourront, à la lecture de cet article, en vouloir à l'auteur, sont

Quoi qu'il en soit de la beauté des femmes de Lyon, personne ne leur contestera tous les autres genres de charmes : l'esprit, l'affabilité, une conversation agréable, des talens cultivés, et une éducation généralement soignée, dont plusieurs ont tiré un noble parti, en la transmettant à des élèves, dans l'émigration où elles ont suivi leurs maris, après avoir partagé leurs fatigues et leurs dangers pendant le siége.

J'ai dû décrire avec détail cette ville, intéressante sous tant de rapports, qui fut une des principales de l'Empire Romain, comme elle l'est aujourd'hui de l'Empire Français.

---

priées de se rappeler d'abord deux vérités importantes : la première, que la rareté ajoute au prix des choses, la seconde, que les exceptions confirment la règle ; ensuite de s'en rapporter à leur miroir, s'il leur dit qu'elles doivent être comptées au nombre des exceptions. Elles sont priées aussi de se rendre moins invisibles, si elles veulent détruire la prévention des voyageurs à cet égard contre leur ville, qui ne renferme peut-être pas moins de belles femmes qu'une autre, quoiqu'on n'y en voie pas autant. Pour moi j'en ai vu plusieurs hors de Lyon même. Une des beautés célèbres de France, madame Récamier, est de Lyon. L'épouse du propriétaire actuel du château de Roset, m'a paru offrir un véritable modèle du beau idéal.

On ne s'accorde pas sur l'époque de sa fondation : les uns l'attribuent à un nommé *Momorus*, chef d'une colonie de Grecs, chassés de Marseille par les Phocéens, six cents ans avant notre ère; d'autres, à *Munatius Plancus*, à la tête des Viennois, chassés de leur ville par les Allobroges, cinq cent soixante ans plus tard. Le père Ménétrier semble donner raison aux uns et aux autres, en admettant cette double origine.

Il paraît, d'après lui, que le fondateur Grec aurait formé d'abord une bourgade, dont le fondateur Romain aurait fait ensuite une ville. Au surplus, que Plancus soit le premier ou le second fondateur de cette ville, qu'elle soit Grecque ou Romaine, son origine n'en est pas moins belle. Jules César n'en parle point dans ses Commentaires, bien qu'elle dût se trouver plusieurs fois sur son passage. Malgré son silence, qui fait présumer qu'elle n'existait pas encore, elle fut considérée au temps d'Auguste, son successeur, comme la métropole des Gaules. Ce prince y fit un séjour, et la combla de bienfaits. Elle n'en jouit pas long-temps : l'incendie dont nous avons déjà parlé la réduisit en cendres. « Une seule nuit s'est écoulée, dit » Sénèque, entre une très-grande ville et une ville qui n'est plus » : traduction bien inférieure à l'énergique précision du texte latin : *Una nox interfuit inter maximam urbem et nullam.* Rebâtie par les soins et les libéralités de Néron, elle reprit bientôt son premier éclat.

Les persécutions contre le Christianisme, les ravages des Sarrasins, les guerres de la ligue et les malheurs de la révolution, l'ont tour à tour désolée sans la détruire; et jusqu'à cette dernière époque, elle n'a cessé d'être réputée la seconde ville de France. Ce serait rouvrir ses plaies que de la faire descendre de cet ancien rang, où l'avait placée sa population de cent quarante mille habitans, à celui que semble lui assigner sa population actuelle, réduite, d'après l'almanach du département, de l'an 14 (1806), à moins de quatre-vingt-dix mille (*).

S'il est une ville qu'on puisse comparer à Lyon, c'est celle de Rouen, qui lui est d'ailleurs inférieure de moitié, quant à la richesse du commerce, et de quelque chose aussi quant à la population. Elle est pour le coton

---

(*) La population de Lyon doit avoir augmenté depuis cette époque, par l'accroissement de son commerce.

ce que Lyon est pour les soies. Ces deux plus grandes villes manufacturières de l'Empire, se ressemblent encore par leur intérieur, leurs vieilles coustructions, leurs rues étroites et mal percées. Les maisons de Rouen sont presque toutes en bois, et celles de Lyon en pierre; mais les unes et les autres sont si enfumées qu'on ne distingue plus ni la couleur ni la nature des matériaux dont elles sont construites. L'une et l'autre ville n'ont de beau que leur enceinte ; mais le port de Rouen et ses boulevards sont loin de valoir les quais et les coteaux de Lyon. Les environs de Rouen n'ont point de maisons de plaisance, et sont tous consacrés aux fabriques, qui s'étendent à plusieurs lieues à la ronde, tandis que les fabriques de Lyon sont concentrées dans la ville et ses faubourgs : nous avons vu les environs entièrement consacrés aux maisons de campagne.

Le climat de cette ville est tempéré comme sa latitude. Il a l'inconvénient d'être sujet aux brouillards et aux pluies, sans être cependant malsain, nouveau rapport avec Rouen, qui d'ailleurs éprouve bien davantage les inconvéniens de l'humidité. Dans tous les points de ressemblance qu'offrent ces deux cités, Lyon conserve toujours une supériorité marquée : c'est une sœur aînée qui ne ressemble à sa cadette qu'en beau.

Les mesures qui ont été prises de l'élévation de cette ville l'ont déterminée à cent trente toises au dessus du niveau de la mer. Les campagnes et les environs de Lyon sont fertiles et bien cultivés, les paysans laborieux, généralement aisés, et d'un beau physique. Les jolies villageoises qui fréquentent les marchés de cette ville, relèvent on ne peut mieux la beauté de leur taille et de leurs traits, par la propreté de leurs vêtemens, et une sorte d'élégance champêtre, que favorisent encore ces grands chapeaux de paille, dont nous avons déjà remarqué la grâce avant d'arriver.

Il ne faut pas repartir de cette ville sans visiter l'île Barbe, où tous les habitans se rendent, aux fêtes de Pâques et de la Pentecôte : c'est le Long-Champ de Lyon. Pour y aller, on remonte d'abord, par les quais, l'une ou l'autre rive de la Saône, et l'on ne tarde pas à trouver de fraîches, et quelquefois très-jolies batelières, qui offrent, à l'envi, d'y conduire au plus modique prix. C'est une chose aussi particulière qu'elle est agréable pour les amateurs du beau sexe, que cet usage de confier à de jeunes filles la conduite des bateaux de la Saône. Leurs formes robustes, leur mise soignée et sur-tout leurs grands chapeaux de paille donnent un échantillon du tableau qu'on vient de faire des paysannes Lyonnaises.

Si ce genre de belle nature, que j'aime à trouver au nombre des objets observés par M. Millin, ne distrait pas trop les passagers, ils admireront celle que leur offrent les deux rives de la Saône. « Je ne connais rien de si
» beau dans l'univers, (dit l'auteur des Soirées
» Provençales,) que le paysage qui s'étend
» depuis Lyon jusqu'à Trévoux. Les environs
» de l'île Barbe, comme ceux d'Albunée et
» de Tivoli, ont été cent fois dessinés. Les
» divers aspects de Roche-Taillée, de Fontaine
» et de Saint-Cyr, sont aussi frais, aussi riches,
» aussi amoureux que les vallées de l'Arcadie
» et de Tempé ».

Nous n'ajouterons rien à ce tableau, ayant déjà fait connaître les principales maisons de plaisance qui contribuent à l'embellir. Arrivé à l'île, nouvelles jouissances. Elle partage son étendue entre un joli bosquet et un énorme rocher d'un aspect très-pittoresque. Les amateurs des monumens antiques y verront avec plaisir les restes du château de Charlemagne. Ce prince y fonda une bibliothèque célèbre et une abbaye. L'une et l'autre furent incendiées en 1562 par les Calvinistes. Il y avait trois églises, il y en reste encore deux.

La formation de cette île curieuse nous paraît mériter aussi l'attention et peut-être les recherches des observateurs. Des îles escarpées et montagneuses au milieu des mers sont dans l'ordre ordinaire de la nature; mais de pareilles îles au milieu des fleuves sont des accidens extraordinaires, qui semblent ne point lui appartenir, que du moins on est toujours tenté de lui disputer, pour les attribuer à quelques-uns de ces grands efforts de la patience humaine, qui sont venus à bout de déplacer les rivières, d'applanir les montagnes, et de changer ainsi la surface de certaines parties du globe. Pour peu qu'on y réfléchisse néanmoins, on sent que la simple érosion des eaux a pu miner à la longue la montagne, dont les parties les plus meubles ont dû céder par degrés à leur action, tandis que le rocher, fort de sa masse et de son impénétrabilité, est resté debout au milieu de la retraite des terres qui l'entouraient.

FIN DE LA DESCRIPTION DE LYON.

COMMUNICATION

DE FONTAINEBLEAU A FOSSARD.

6 lieues.

             lieues.

§ 1. *De Fontainebleau à Moret.* 3

Il n'y a de distance réelle que deux lieues et demie. Cette route part de la pyramide, où l'on laisse à droite celle d'Orléans, en face celle de Nemours, pour longer à gauche, pendant un peu de temps, le parc et le jardin du château. Il présente ici sa façade, ou pour mieux dire, ses façades de derrière, qui offrent encore moins de régularité que celle du devant, mais peut-être encore plus de noblesse. Bientôt après, du même côté, l'on voit à peu de distance le village d'Avon, ancienne paroisse de Fontainebleau. Il est entouré d'une plaine cultivée, quoique sablonneuse, qui est entourée elle-même de la forêt.

Après avoir traversé cette forêt, pendant deux lieues, jusqu'au village des Sablons, où elle finit, on parcourt la demi-lieue restante, dans un terrain cultivé en vignes et en arbres fruitiers, sablonneux comme celui de la forêt même, dont il est un défrichement, et incliné en pente douce jusqu'à Moret.

C'est une petite ville murée, où l'on entre et d'où l'on ressort par une porte gothique en forme de guichet. La courte rue qui la traverse est alignée d'une porte à l'autre, et cet alignement paraît aussi ancien que la ville.

Il y a des marchés considérables, de bonnes auberges, un bureau de poste, plusieurs moulins pour les farines destinées à l'approvisionnement de Paris, quelques moulins à tan, qui travaillent pour la même destination, et 1600 habitans.

Située sur la rive gauche du Loing, et près de celle du canal d'Orléans, que la route traverse tous les deux au départ sur deux ponts de pierre peu éloignés l'un de l'autre, elle semblait destinée, par cette heureuse position, à faire un grand commerce, sinon d'expédition, du moins d'entrepôt; elle en fait au contraire fort peu.

On y voit la rivière et le canal se réunir à deux ou trois cents pas au dessous, un quart de lieue avant de se rendre dans la Seine à Saint-Mamert. Le territoire de Moret est généralement infertile; les coteaux surtout sont d'une extrême aridité, qui ne paraît admettre d'autre végétation que celle des vignes. On les a détruites, parce qu'elles coûtaient plus qu'elles ne rendaient, pour livrer le sol à toute son infécondité.

§ 2. *De Moret à Fossard.* 3

Après avoir passé le Loing, le canal et la très petite rivière d'Orvanne, qui vient porter le faible tribut de ses eaux au même confluent, on gravit une maigre colline pour s'abaisser ensuite dans le bassin de la Seine. La colonne de marbre rouge veiné de blanc, qui s'élève sur la route à une lieue de Moret, est un monument élevé à la place même où Louis XV fut au devant de la fille de Stanislas, pour en faire une reine de France.

La route se prolonge en ligne droite jusqu'au relais de Fossard, et au delà; celle de Montereau n'est encore qu'un chemin vicinal qui s'embranche dans celle-ci, vers le milieu de la distance. Elle traverse le village de Varennes, au bout d'une demi-lieue. On voit Montereau au delà, à une petite lieue de l'embranchement. (Pour cette ville, et pour cet enbranchement, *voyez la 1re. route de Paris à Lyon.*)

FIN DU TOME PREMIER.

DESCRIPTION

ROUTIÈRE ET GÉOGRAPHIQUE

DE L'EMPIRE FRANÇAIS.

DE L'IMPRIMERIE DE LEFEBVRE, RUE DE LILLE, N°. 11.

DESCRIPTION

ROUTIÈRE ET GÉOGRAPHIQUE

DE L'EMPIRE FRANÇAIS

DIVISÉ EN QUATRE RÉGIONS.

Ière. PARTIE. = RÉGION DU SUD.

SECTION Ière. = SUD-EST.

Par R. V.***, INSPECTEUR des postes-relais,
Associé correspondant des académies de Dijon et de Turin,
Membre de celle des Arcades de Rome.

TOME SECOND.

A PARIS,

chez POTEY, libraire, rue du bac, n°. 46.

1813.

DÉPARTS
DES VOITURES PUBLIQUES ET DES COURRIERS

Sur les 2 routes de Lyon à Turin.

VOITURES PUBLIQUES	COURRIERS
SUR LA 1re. ROUTE, par Chambéry.	
La Messagerie de Bonafoux part de Lyon tous les deux jours, à 10 heures du soir.	Le Courrier de Lyon à Turin part tous les jours à 2 heures après midi.
Le service de cette voiture éprouve quelques irrégularités.	
SUR LA 2e. ROUTE, jusqu'à Grenoble.	
La Messagerie des M^{tres}. de poste part de Lyon tous les jours à 10 heures du matin.	Le Courrier de Lyon à Grenoble part tous les jours à 2 heures après midi.
Cette 2e. route n'est point desservie au delà de Grenoble, n'étant ni montée de relais, ni même totalement ouverte.	
Ces deux Messageries sont à 6 places intérieures.	Chaque malle contient deux places, l'une pour le courrier, l'autre pour un voyageur.

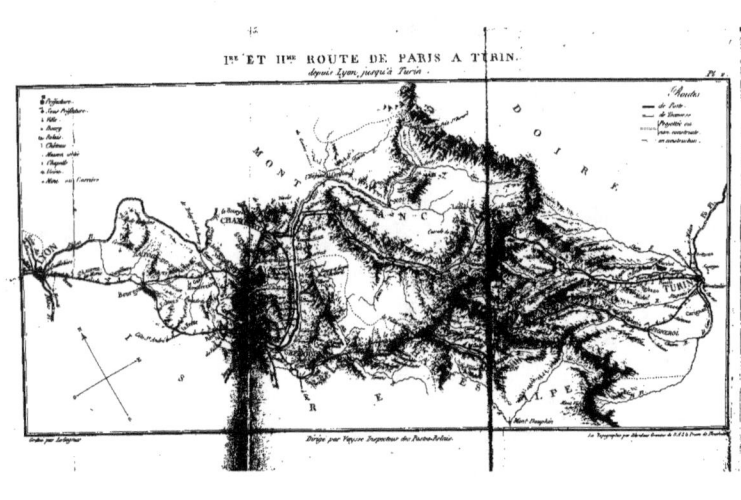

DESCRIPTION
ROUTIÈRE ET GÉOGRAPHIQUE
DE L'EMPIRE FRANÇAIS.

Ire. ROUTE DE PARIS A TURIN,

Par Lyon, Chambéry et le Mont-Cenis.

213 lieues.

Depuis Paris jusqu'à Lyon (*v.* 1re. route par *Auxerre*). lieues.
37 paragraphes. . . . .
            (2e. route par *Moulins*. . . 119 *l.*)   117 $\frac{1}{2}$
§ 38. *De Lyon à Bron*. . . . .
§ 39. *De Bron à Saint-Laurent-de-Mures*. . . . . 2 $\frac{1}{2}$
§ 40. *De Saint-Laurent à la Verpilière*. 2
§ 41. *De la Verpilière à Bourgoin*. 3
                                                       3

O<small>N</small> sort de Lyon par le faubourg de la Guillotière qui dépendait autrefois du Dauphiné. Les nouvelles divisions politiques ont réuni ce faubourg à la ville, dont le territoire a été

Tome II.

étendu de ce côté à une lieue au delà du Rhône, ancienne limite des deux provinces du Lyonnais et du Dauphiné; de manière qu'on n'entre dans le département de l'Isère que vers le milieu de la première distance. Elle est, ainsi que les trois suivantes, agréable à parcourir par la beauté du chemin, qui offre, avec l'ombrage fréquent des mûriers et des noyers, un niveau presque continuel jusqu'à Bourgoin et un bon état d'entretien; mais il est sujet, pour peu qu'on le néglige, à devenir caillouteux, comme le terrain de cette contrée.

La plupart des maisons qu'on rencontre sont bâties en terre, ou *pisé*, suivant l'expression usitée dans le pays. Il ne faut pas croire que cette construction offre ici l'aspect misérable qui la caractérise partout ailleurs : elle est faite d'une manière plus perfectionnée, dans les environs de Lyon, que dans aucune partie de la France. Le pisé, lorsqu'il est revêtu de chaux ou de mortier, n'est inférieur à la maçonnerie que pour la durée. Cette manière de bâtir est généralement préférée, comme étant à la fois la plus économique et la plus prompte, quoique la pierre soit commune dans le pays et de bonne qualité.

Bron est une ferme isolée, Saint-Laurent

un hameau, et la Verpilière un village où l'on trouve une auberge passable et une boîte aux lettres. Il est situé entre un joli coteau qui borde la route à droite, et une vaste prairie qui règne à gauche jusqu'à Bourgoin. Les herbages de ces prairies étaient aussi mauvais que les exhalaisons en étaient malsaines. Comme il fallait pourtant les utiliser, on y élevait une chétive espèce de chevaux. Ces terres, connues sous le nom de *Marais de Bourgoin*, viennent d'être rendues à l'agriculture par le dessèchement qui en a été ordonné. J'en ai vu l'entreprise adjugée en 1807, les travaux avancés en 1809, et achevés en 1811.

Au delà des marais s'élève une chaîne de montagnes calcaires, qui les accompagne jusqu'auprès du Rhône. Au pied de ces montagnes est la petite ville de Crémieux, peuplée de deux mille habitans, et renommée parmi les amateurs de la bonne chère, pour les dindes que nourrit son territoire. Ce n'est pas son unique titre à la célébrité. Cette ville est connue dans l'histoire : il s'y tint en 835 un concile pour terminer les différends des églises de Lyon et de Vienne ; et François Ier. y rendit, en 1536, son ordonnance sur les justices inférieures. Trois lieues plus loin, est le village de la Balme qui a pris son nom de la grotte ou *Balme* (en langage du pays) près de laquelle il est situé. C'est la fameuse grotte de Notre-Dame de la Balme. Elle est plus près de la route de Lyon à Genève que de celle que nous parcourons ; mais comme pour s'y rendre par cette route on aurait un chemin plus difficile, et le Rhône à passer en bateau, comme d'ailleurs cette grotte se trouve dans le département de l'Isère où nous sommes actuellement, et dans l'ancien Dauphiné dont elle était une des sept merveilles, nous avons cru devoir en placer ici la description. On y arrive en remontant, pendant quelques minutes, le lit pierreux d'un torrent qui s'en dégorge en hiver. Je l'ai trouvé entièrement à sec en automne.

La grotte de Notre-Dame de la Balme diffère essentiellement de celles que nous avons déjà vues. Au lieu de ces ouvertures basses qui rendent si incommode l'abord des grottes d'Arcy et d'Auxelles, où l'on ne s'introduit qu'en rempant, l'entrée de celle-ci présente une immense voussure, sous laquelle on se sent pour ainsi dire élever l'âme. Une chapelle de la Vierge, bizarrement construite sur la droite de cette entrée, en diminue la largeur de moitié. Le coup d'œil serait, dit-on, plus pittoresque sans cette chapelle : je doute s'il le serait autant. La vue de ce petit temple solitaire dans un pareil site, et les sentimens religieux qu'il fait naître, adoucissent l'horreur qu'inspire le premier aspect de cette vaste excavation, dont on va sonder, à la pâle lueur des flambeaux, les sombres et sinueuses profondeurs. On croit s'abandonner à la protection de la mère du sauveur des hommes; on avance avec sécurité sous ses auspices. Aux idées religieuses se mêlent encore les souvenirs des gracieuses fictions de la mythologie : c'est ainsi que les anciens, peuplant leurs grottes de divinités mystérieuses, en faisaient le séjour de la nymphe Egérie, l'antre de la Sibylle, le temple de Mithra. La Vierge est de même la divinité de la grotte, la protectrice et l'oracle de la contrée : Notre-Dame de la Balme est l'objet de la vénération des fidèles à plusieurs lieues à la ronde.

Dès l'entrée de cette grotte on se trouve dans une salle spacieuse, répondant, par l'élévation de sa voûte, à celle de la grande arcade qui en forme l'ouverture. Cette salle présente une espèce de vestibule où aboutissent deux grandes galeries, l'une en face, l'autre à droite. On commence ordinairement ce voyage souterrain par la première, nommée *la salle du Lac*, à cause du réservoir qu'on trouve dans le fond. C'est la plus grande et la plus curieuse des deux. Les premiers pas s'y font à travers des masses de roc détachées de la voûte et confusément amoncelées. On admire, chemin faisant, comment ces blocs se stalactisent à la longue par l'effet du gluten calcaire, que charrient et déposent les eaux en se précipitant de l'intérieur vers l'ouverture de la grotte. Mais l'attention continuelle qu'on met à surmonter ces obstacles nuit à celle qu'exigeraient les objets qu'on a sous les yeux; il faut fréquemment monter, descendre, tourner, se cramponner, invoquer le secours du conducteur, se relever d'une chute, en éviter une autre. Si quelquefois la voûte s'élève en coupole, souvent elle s'abaisse en forme de guichet, et ne laisse qu'un étroit passage sous lequel on se glisse avec peine, quelquefois à plat ventre. Deux reposoirs, que le guide appelle le grand et le petit bassin, suspendent la marche et fixent l'attention. Ils sont composés eux-mêmes d'une infinité de petits bassins demi-circulaires en forme de conques, et en étage les uns sur les autres. On ne peut mieux s'en faire une idée qu'en se représentant certaines cascades qu'on admire dans les parcs de quelques-unes de nos maisons Impériales, dont les conques, placées de même en amphithéâtre les unes sur les autres, semblent avoir été modelées sur celles-ci.

Ces conques naturelles offrent aux curieux des gradins assez incommodes, qu'il faut monter dans le premier bassin, et descendre dans le second, pour arriver au lac, qui occupe tout le fond de la galerie. On y a placé un petit bateau pour pouvoir aller d'un bout à l'autre. J'ai subi dans toute sa longueur, toujours à la clarté des flambeaux, cette incommode navigation, qui a duré environ une heure, compris le retour. Ce lac n'est autre chose qu'un canal étroit et tortueux, très-inégal, et de plus embarrassé par des saillies de roc, dont les diverses directions gênent souvent la navigation du batelet, plus souvent le passage des navigateurs, qui sont à tout instant obligés de se courber ou même de se coucher dans la pirogue. L'eau de ce canal est de la plus belle limpidité ; sa largeur varie entre un mètre et demi et deux mètres, et sa profondeur entre trois et quatre décimètres.

Il faut revenir sur ses pas jusqu'à la salle d'entrée pour visiter la seconde galerie que nous avons laissée à droite. On la nomme *la grotte du Capucin*, à cause de quelques congélations auxquelles on veut trouver de la ressemblance avec la robe, le capuchon et la barbe d'un capucin. Pour y arriver il faut gravir une espèce de montagne intérieure, d'un tel escarpement qu'au premier coup d'œil, on désespère de parvenir à la cime. Néanmoins, en suivant le conducteur, on entreprend et l'on vient à bout d'exécuter cette pénible escalade; après quoi il faut redescendre jusqu'à une vaste salle, au fond de laquelle est un bassin de forme ronde, dominant le sol de quelques pieds, et orné, dans son milieu, d'une colonne naturelle qui s'élève jusqu'à la voûte comme pour la soutenir. On nomme ce bassin *la Fontaine*, parce que les eaux de la voûte s'y épanchent le long de la colonne qu'elles ont formée, et qu'elles grossissent continuellement par la continuité de leurs dépôts calcaires. Ce qu'on appelle dans cette salle *la Boutique du Charcutier*, est un assemblage de concrétions, qui représentent, de la manière la plus frappante, des pièces de lard, des cervelats, des jambons, suspendus à la voûte de la grotte, comme au plafond d'une boutique de charcutier. On montre même la charcutière à son comptoir; mais cette ressemblance frappe moins que les autres. La figure du capucin m'a paru moins frappante encore. Elle l'était peut-être autrefois, mais la succession des sédimens change sans cesse la forme des pétrifications.

C'est dans cette partie que les chauve-souris font leur séjour habituel. Elles s'y tiennent groupées et accrochées à la voûte. Quand on les dérange, elles se répandent comme une nuée, en volant à droite et à gauche, et deviennent très-incommodes, pour les curieux indiscrets qui ont violé leur asile. Ces amas de chauve-souris produisent, au dessous, des amas de fiente qui exhalent une odeur fétide. C'est un engrais précieux pour le fermier de la grotte, attentif à le recueillir avec soin pour son jardin.

Ce fermier paie cent francs par an à sa commune le droit exclusif d'être le guide, le *Cicerone* des curieux, et d'en percevoir sans concurrence la rétribution. C'est par cette raison qu'on voit l'entrée de la grotte fermée d'une barrière.

Le torrent dont cette ouverture est, pendant six à sept mois, la source ou le dégorgement, inonde pendant le même temps le chemin qui nous a conduits au lac. Alors tous les bassins se remplissent; l'eau distille de toutes les parties, tant de la voûte que des parois, et se précipite de tous les côtés. Il ne reste en été que celle du lac, qui, pénétrant dans la terre par infiltration, reparaît hors de la grotte, à peu de distance de l'entrée.

Cette grotte, la plus curieuse de l'ancien Dauphiné, et l'une des plus curieuses de France, occupa jadis les amateurs du merveilleux beaucoup plus qu'elle n'occupe aujourd'hui les observateurs de la nature. Frappé de tout ce qu'on en disait, François Ier. fit entreprendre un voyage sur le lac : on n'en connaissait pas encore l'étendue. L'entreprise fut confiée à des argonautes qui s'en acquittèrent mal, et racontèrent des choses incroyables. Un curé du lieu voulut tenter la même navigation, et raconta des choses tout aussi extraordinaires, qui sont néanmoins répétées de bonne foi par la plupart des auteurs. « Après avoir, dit-il, suivi » le lac pendant l'espace de plus d'une lieue, » il arriva à une ouverture ronde et spacieuse, » d'où l'eau sort à gros bouillons, et forme, en » tombant dans le bassin, un très-grand bruit ». M. le curé ne peut pas avoir suivi pendant plus d'une lieue ce lac souterrain, qui, bien connu aujourd'hui, au moyen du bateau qu'on y a établi, a tout au plus un quart de lieue de long. On ne voit pas non plus l'ouverture ronde et spacieuse dont il parle.

M. Bourrit de Genève, fils de l'auteur de ce nom, ne craignit point de se jeter à la nage dans cette eau glacée, à l'endroit où cesse la navigation du batelet, pour essayer de pénétrer plus avant : il fut obligé d'en sortir sans avoir fait aucune découverte. Cette infructueuse et téméraire tentative a été transmise par l'auteur à tous les curieux, présens et futurs, au moyen d'une inscription qu'on lit sur la paroi gauche de la salle d'entrée. Il a vu, comme nous, et comme tout le monde, que ce lac finit très-paisiblement sous la voûte. Les guides du pays assurent qu'il n'y a plus rien au delà. Ils racontent, chemin faisant, que de faux monnoyeurs avaient choisi une des cavités de cette grotte pour leur atelier, et qu'on y a trouvé des outils servant à cet usage. Ils racontent encore qu'un hermite s'y était retiré, et y attirait les jeunes filles pour les séduire. Ce dernier récit n'est ni plus prouvé, ni plus vraisemblable que le premier ; mais on n'est obligé de croire ni l'un ni l'autre.

Au retour de cette excursion, que nous ne craignons pas de recommander à tous les amateurs, on revient sur ses pas jusqu'à Crémieux, où l'on peut visiter en passant les restes de l'ancien château des Dauphins Viennois, et regagner ensuite sa route, en suivant le pied des collines qui bordent les marais, jusqu'à Bourgoin.

Cette petite ville, peuplée de 3500 habitans, est agréable, tant par la largeur de ses rues que par sa situation sur deux ou trois petites rivières limpides qui s'y rencontrent, et au milieu de deux ou trois coteaux qui présentent autant de rideaux de verdure nuancés par tous les genres de végétation. C'est au pied de ces coteaux que viennent se terminer les marais récemment desséchés dont nous avons parlé plus haut. La ville de Bourgoin renferme des manufactures de toile d'emballage, une fabrique d'indiennes, deux papeteries, et des moulins considérables d'une mécanique particulière qui produisent une qualité supérieure de farine. Ces divers établissemens donnent une certaine extension à son commerce, qui embrasse en outre les grains et les chanvres peignés. Elle ne possède que le tribunal civil de l'arrondissement, la sous-préfecture ayant été placée à la Tour-du-Pin, ville bien moins importante, mais plus centrale, dont nous allons parler au paragraphe suivant.

Iʳᵉ. ROUTE DE PARIS A TURIN. 13 lieues.

Le pays est très productif en grains, en vins et en chanvre. Les labours se font, partie avec des chevaux, partie avec des bœufs. Les paysannes n'offrent plus ici ni cette fraîcheur ni cette beauté de traits qui distinguent celles des environs de Lyon : les chapeaux de paille, qui nous ont charmés, règnent encore, mais ils ont perdu leurs ailes flottantes, et par conséquent leur grâce. — *Parcouru depuis Paris* 128

---

§ 42. *De Bourgoin à la Tour-du-Pin.* 4
§ 43. *De la Tour-du-Pin au Gaz.* 2
§ 44. *Du Gaz au Pont-de-Beauvoisin.* . . . . 2 $\frac{1}{2}$

De la variété, de la fertilité, quelques coteaux agréables, quelques bas-fonds marécageux, beaucoup de châteaux, beaucoup d'arbres, peu de vignes, point de jachères; telle est la contrée qui sépare le bassin de Bourgoin de celui du Pont-de-Beauvoisin. La route, légèrement montueuse, comme le pays, est ordinairement en bon état.

La Tour-du-Pin, très petite ville, peuplée à peine de quinze cents habitans, n'a de remarquable que d'être un chef-lieu de sous-préfecture, et d'avoir donné son nom à une famille illustre. Elle ne renferme aucune des nombreuses fabriques dont la gratifie l'Itinéraire Français. Le Gaz est un très petit village dépourvu de toute ressource.

On traverse celui de Sessieux avant la Tour-du-Pin, et celui des Abrets après le Gaz. Dans ce dernier, un carrefour, en forme d'étoile, présente trois routes, l'une à droite conduisant à Grenoble, les deux autres à gauche conduisant à Bourg et à Belley, villes décrites ailleurs (*v. 2ᵉ. route de Paris à Turin, et 2ᵉ. de Paris à Genève*).

Près de Belley est la Chartreuse de Pierre-Chatel, transformée en maison de détention.

Une assez forte descente, du haut de laquelle on découvre à la fois le Rhône, les montagnes du Bugey, celles de la Chartreuse et de la Savoie, conduit au Pont-de-Beauvoisin, petite ville qui offre une situation pittoresque sur les deux rives du Guyer. Ce torrent qui la partageait autrefois entre les deux états de la France et de la Savoie, la partage aujourd'hui entre les deux départemens de l'Isère et du Mont-Blanc. La partie de l'Isère est peuplée de mille sept cents habitans, celle du Mont-Blanc de mille trois cents. Il y a peu de commerce à Pont-de-

Beauvoisin, mais beaucoup de filatures de chanvre : on s'y livre aussi à l'éducation des vers-à-soie.

Cette ville est la patrie du feu ministre de l'intérieur Cretet. Le pont sur lequel on franchit le Guyer n'a qu'une seule arche, dont on ne soupçonne point la beauté, quand on se borne à passer dessus. Je n'ai pu la voir que d'une des maisons qui bordent la rivière. Le milieu de ce pont portait encore, lors de mon dernier passage, les armoiries de France, sur les deux faces de la pierre qui indique le point de séparation des deux états ; ce qui paraît à divers auteurs une preuve que la ville a été bâtie par les Français : on croit que c'est sous François Ier. Le territoire du Pont-de-Beauvoisin est plus fertile dans la partie de l'Isère que dans celle du Mont-Blanc. Parmi les nombreux arbres dont il est parsemé dominent le noyer, le mûrier et le châtaigner. — *Parcouru depuis Paris.* . . . $136\frac{1}{2}$

§ 45. *Du Pont-de-Beauvoisin aux Echelles de Savoie.* . . 4
§ 46. *Des Echelles à Saint-Thibaud-de-Coux.* 3
§ 47. *De Saint-Thibaud à Chambéry.* 3

Après avoir passé le Guyer, et la partie de la ville située sur la rive droite de ce torrent, on parvient, en remontant la même rive pendant l'espace d'une demi-heure à travers les vergers, les treillages et les arbres de toute espèce, au passage de la Chaille, qui occupe à peu près le milieu de la première distance.

C'est une gorge affreuse, au fond de laquelle le Guyer roule ses eaux entre deux montagnes d'une pente extrêmement rapide, et d'une élévation prodigieuse. Cet escarpement semblait destiné par la nature à servir de rempart éternel entre deux peuples voisins. Le trajet en a été rendu facile par la grande et belle route que le gouvernement Sarde a fait ouvrir à travers le flanc de la montagne qui domine la rive droite du torrent. Ce passage dont tous les voyageurs sont frappés, quelquefois effrayés, n'a pu échapper à l'attention de J. J. Rousseau. Les sites extraordinaires avaient toujours pour lui un charme particulier. Celui-ci suspendit sa marche pendant plusieurs heures, écoutons-le lui-même:

« Au dessus du grand chemin taillé dans le
» roc, à l'endroit appelé Chaille, court et bouil-
» lonne dans des gouffres affreux une petite ri-
» vière qui paraît avoir mis à les creuser des
» milliers de siècles. On a bordé le chemin d'un
» parapet pour prévenir les malheurs. Cela fai-
» sait que je pouvais contempler le fond et

» gagner des vertiges tout à mon aise. Bien ap-
» puyé sur le parapet, j'avançais le nez, et restais
» là des heures entières, entrevoyant de temps
» en temps cette écume et cette eau bleue dont
» j'entendais le mugissement à travers les cris
» des corbeaux et des oiseaux de proie, qui vo-
» laient de roche en roche et de broussaille en
» broussaille à cent toises au dessous de moi.
» Dans les endroits où la pente était assez unie
» et la broussaille assez claire pour laisser passer
» des cailloux, j'en allais chercher au loin
» d'aussi gros que je les pouvais porter. Je les
» rassemblais sur le parapet en pile, puis les
» lançant l'un après l'autre, je me délectais
» à les voir rouler, bondir et voler en mille
» éclats, avant que d'atteindre le fond du pré-
» cipice ».

En décrivant l'abîme qu'il voyait sous ses pieds, Rousseau ne parle pas des rochers qui étaient suspendus sur sa tête : ce péril n'est pas moindre que l'autre. Avec de la précaution l'on évite de rouler dans le précipice, quelque effrayant qu'il soit, et quoique les parapets qui bordent le chemin ne soient jamais tout à fait exempts de brèches, plus ou moins considérables et plus ou moins fréquentes, qui en rompent la conti-nuité; mais nulle prudence humaine ne peut garantir du danger d'être écrasé par les éboulemens, si l'on a le malheur de passer dessous à l'instant même où ils ont lieu, et de ne pouvoir se sauver par une prompte fuite. Ces terribles rencontres sont heureusement très rares quoique les événemens de cette nature ne le soient pas. De temps à autre, surtout à l'époque des dégels, d'énormes quartiers de roc, quelquefois des quartiers de montagne se précipitent sur la route, dont ils encombrent et souvent même entraînent une partie. Dans ces cas on rétablit promptement le passage des voyageurs par des travaux provisoires, qui donnent le temps d'exécuter les travaux définitifs et ordinairement très dispendieux qu'exigent de pareilles dégradations.

La route ne s'élevant sur le flanc de la montagne, dans un développement de près d'une lieue, qu'à une hauteur moyenne (qui n'est guères que de cent soixante à cent quatre-vingt mètres au dessus du torrent), offre une montée peu rapide du haut de laquelle on descend par une autre rampe tout aussi douce, et presque aussi longue, au fond d'un bassin entouré de montagnes de toute part. S'il est fermé derrière par celle de la Chaille, il l'est devant par celle de la Grotte ou des Echelles, à droite par les hautes cimes de la grande Chartreuse, à gauche par le mont du Chat. Ces montagnes, toutes de nature calcaire, ne tiennent point aux Alpes, comme on pourrait le croire, elles semblent seulement en signaler l'approche, par leur élévation, leurs flancs escarpés, leurs crêtes aiguës, les rochers dont elles sont hérissées, et les forêts de sapins qui les rembrunissent. Celles de la Chartreuse, les plus hautes de toutes, atteignent ou approchent de bien près la hauteur de deux mille mètres au dessus du niveau de la mer.

C'est dans une de leurs gorges les plus profondes et les plus sauvages qu'est situé le célèbre couvent dont elles portent le nom. La description en a été placée à l'article de Grenoble. (*Voy. 2e. route de Paris à Turin*), parce que c'est de cette ville qu'on s'y rend communément, quoique le bourg des Echelles en soit de moitié plus près, n'en étant éloigné que de deux lieues et demie.

Ce bourg, peuplé de douze cents individus, est situé au milieu du bassin dont je viens de parler, et sur la rive droite du Guyer, qu'on voit sortir avec impétuosité des montagnes de la Chartreuse, et s'étendre sur un large lit de sable, comme pour se reposer un moment des combats qu'il vient de livrer aux rochers de ces montagnes, et pour se préparer aux nouvelles luttes qui l'attendent encore dans le détroit de la Chaille.

Quand on vient de contempler les magniques horreurs de ce passage, on est moins disposé à s'étonner de celui des Echelles, qu'on trouve à peu de distance au delà du bourg de ce nom, soit parce que les premières impressions sont toujours les plus vives, soit parce qu'il est en effet moins frappant, quoique bien plus célèbre : il offre un spectacle plus extraordinaire sans doute, mais non pas aussi pittoresque. Au lieu d'une montagne taillée longitudinalement à pic, au lieu d'une route suspendue en corniche sur un abîme, c'est une montagne coupée transversalement du haut en bas, pour le passage de la route, qui parcourt cette gorge artificielle entre deux murs de roc taillés l'un et l'autre à une hauteur prodigieuse dans une direction parfaitement verticale. On ne mesure des yeux cette hauteur qu'en regardant au dessus de sa tête, mais on la devine aisément à l'obscurité qui règne dans la route.

Tel est le passage de la Grotte, plus vulgairement connu sous le nom de *passage des Echelles* : tels sont les chemins par lesquels les Ducs de Savoie communiquaient avec leurs voisins. Ils ont eu partout à vaincre la nature, et partout ils l'ont vaincue ; plusieurs de leurs routes semblent être plutôt l'ouvrage des Romains que celui d'un des plus pauvres gouvernemens des temps modernes.

Celle-ci a été créée par le Duc Emmanuel II, en 1673, ainsi que l'atteste l'inscription jointe au monument en marbre qu'on voit au bord et à gauche du chemin, dans une petite retraite pratiquée vers le milieu de la montée. Cette inscription latine est de l'abbé de Saint-Réal. Le monument a été détruit dans la révolution, et rétabli par le préfet du département. Une autre inscription, placée au dessous de la première, porte la date de sa restauration.

Avant Emmanuel II, la route traversait le sommet de la montagne, par une galerie souterraine dont on voit à gauche les deux ouvertures. La première des deux, percée à une certaine hauteur dans le roc presque perpendiculaire qui forme le flanc de cette montagne, présente l'aspect d'une véritable grotte. Pour y monter comme pour y descendre, on employait des échelles qui servaient à passer les voyageurs et les effets ; au sortir de la galerie on changeait de chevaux. Voilà l'origine du double nom de la Grotte et des Echelles donné à ce passage.

Quelque grande, quelque dispendieuse qu'ait été cette entreprise, elle n'est parvenue qu'à produire une rampe rigoureusement praticable, mais tellement rapide qu'on est obligé d'enrayer pour la descendre, et d'employer des bœufs ou de doubler les relais pour la monter. L'on a même besoin quelquefois des habitans d'un hameau situé au pied de la montagne; ils n'attendent pas au surplus qu'on les appelle, ils accourent au seul bruit d'une voiture pour la pousser à la montée, et la retenir à la descente, moyennant la modique rétribution qu'il plaît aux voyageurs de leur donner. Leur affluence étonne quelquefois, et pourrait inquiéter au moins la nuit dans tout autre pays que la Savoie; mais les routes de cette partie des états du roi de Sardaigne ont toujours été aussi sûres que celles du Piémont étaient dangereuses.

Il est réservé au règne de Napoléon de perfectionner et surpasser l'ouvrage d'Emmanuel. Le plan qui a été présenté et adopté consiste à creuser de nouveau, mais dans une autre direction, l'intérieur de la montagne en forme de galerie; on voit au bord de la route le commencement de cette entreprise qui, si elle est une fois terminée, fera rouler le voyageur sur un plan légèrement incliné depuis le bourg des Echelles jusques au haut de la montagne. La galerie doit avoit huit mètres de hauteur, autant de large, et deux cent soixante-dix de long.

Parvenu au point le plus élevé du passage, on se trouve à six ou sept cents mètres, environ, au dessus du niveau de la mer. A mesure qu'on avance ensuite, l'élévation des rochers diminue, leur forme varie, leur surface laisse apercevoir quelques touffes de gramen, et de leurs veines s'échappent quelques arbrisseaux. Peu à peu la scène change : la route s'abaisse doucement dans un petit vallon sauvage, mais assez frais, où l'on rencontre quelques hameaux ou plutôt quelques maisons éparses, avant celle de Saint-Thibaud-de-Coux où est situé le relais.

A peu de distance au delà se précipite la belle cascade de Coux, décrite par J. J. Rousseau, dans le même voyage où il fait le tableau que nous avons cité, du passage de la Chaille. Toutes les fois que nous trouvons nos descriptions déjà faites par un pareil maître, nous ne pouvons mieux servir nos lecteurs qu'en lui cédant la plume.

« Le chemin, dit-il, passe près de la plus belle
» cascade que je vis de mes jours. La montagne
» est tellement escarpée que l'eau se détache
» net, et tombe en arcade assez loin pour qu'on
» puisse passer entre la cascade et la roche,
» quelquefois sans être mouillé; mais si l'on
» ne prend pas bien ses mesures, on y est ai-
» sément trompé, comme je le fus; car à cause
» de l'extrême hauteur, l'eau se divise et
» tombe en poussière, et lorsqu'on approche
» un peu trop de ce nuage, sans s'apercevoir
» d'abord qu'on se mouille, à l'instant on est
» tout trempé ». Sans doute les accidens de cette chute ont éprouvé quelques variations depuis le passage de Rousseau, car il n'est plus possible de passer entre la cascade et le rocher. Cet aspect est le dernier qui frappe les voyageurs jusqu'à Chambéry. Ils foulent immédiatement après, pendant l'espace d'un quart de lieue, souvent sans s'en apercevoir, s'ils ne le savent point, les débris d'un quartier de montagne, écroulée depuis trente-six à quarante ans.

Les abords de Chambéry sont frais, la route agréable et fréquemment ombragée de beaux noyers, les aspects bornés, mais variés et pittoresques.

Si j'étais réduit comme la plupart des géographes à n'écrire que d'après les auteurs qui m'ont précédé, je serais bien embarrassé pour parler de la ville de Chambéry, que les uns peuplent de dix mille âmes, les autres de vingt mille; que les uns disent bien percée et bien bâtie, tandis que d'autres disent précisément tout le contraire.

Heureusement que le triple témoignage du préfet, dont elle est la résidence, des habitans instruits, et de mes propres yeux, m'ont éclairci ces contradictions. Chambéry, qui ne renferme ni plus ni moins de neuf à dix mille habitans, est loin d'être une belle ville; mais elle n'est pas à citer non plus sous le rapport contraire. Elle n'est ni bien percée ni bien bâtie; on y remarque cependant une assez belle rue, et dans cette rue deux grandes et belles maisons.

Je ne puis vanter avec quelques auteurs deux places publiques, ornées chacune d'une fontaine, parce qu'il faut véritablement n'avoir rien vu pour arrêter là son attention. La plus grande des deux est trop irrégulière, la seconde trop petite pour justifier la mention honorable qu'ils en font. Les deux fontaines ne la méritent pas davantage. On en peut dire autant de la cathédrale et même de la sainte chapelle, dont la beauté n'est nullement au niveau de l'idée qu'ils en donnent aux voyageurs, quoique cette dernière, placée dans l'enceinte du château, ne soit pas sans quelque mérite : ce qu'elle a de plus remarquable est son frontispice.

La rue *couverte* qu'on nomme ainsi, quoiqu'elle ne le soit qu'à moitié par une espèce d'auvent qui règne dans toute sa longueur, d'un côté seulement, est plus singulière que belle. Le couvert est formé de grands ais élevés sur des poteaux au niveau du faîte des maisons. Cette méchante galerie est le rendez-vous des oisifs qui abondent dans une ville dépourvue de commerce et d'industrie.

« La paresse (m'a dit un des préfets qui se » sont succédés dans ce département) est une » maladie endémique à Chambéry, au point » qu'une manufacture de coton n'a jamais pu s'y » établir par la difficulté d'y trouver des ou- » vriers ». C'est cette oisiveté générale qui rend la ville si triste et son séjour si ennuyeux. Nul mouvement ne règne dans ses rues ; si l'on y rencontre quelques allans et venans, ce sont le plus souvent des désœuvrés, spectacle toujours pénible pour les personnes qui ne le sont pas. Ils comptent parmi eux beaucoup d'anciens nobles, dont le nombre s'augmente en hiver de presque tous ceux des campagnes, lesquels sont au surplus très clair-semés en Savoie. « Quand un gentilhomme de campagne, dit » Arthur Young, a cent cinquante louis de » rente, il passe ordinairement trois mois en » ville, ce qui fait qu'il en passe neuf fort » mal à son aise à la campagne, afin de faire » une pauvre figure pendant les trois autres à » la ville ».

La société de Chambéry a obtenu le difficile suffrage du misantrope Jean Jacques. « L'accueil aisé (dit-il), l'esprit liant, l'hu- » meur facile des habitans du pays me ren- » dirent le commerce du monde aimable, et » le goût que j'y pris alors m'a bien prouvé » que si je n'aime pas à vivre parmi les hommes, » c'est moins ma faute que la leur..... C'est » dommage que les Savoyards ne soient pas » riches, ou peut-être serait-il dommage qu'ils » le fussent, car tels qu'ils sont c'est le meil- » leur et le plus social peuple que je connaisse. » S'il est une petite ville au monde où l'on » goûte les douceurs de la vie, dans un com- » merce agréable et sûr, c'est Chambéry ».

Ce portrait peut paraître flatté : Rousseau, né dans le voisinage de cette ville, où il a passé, suivant ses propres expressions, *les plus belles années de sa vie,* a dû la voir en beau. On pourrait s'étonner de ne pas trouver dans ce passage de ses Confessions un seul mot des femmes, quand on sait surtout que la beauté de celles de Chambéry est vantée par tous les géographes, admirée par tous les voyageurs, si l'on ne savait en même temps que Rousseau n'avait des yeux que pour une seule.

Quels que soient les titres de cette ville à l'intérêt des étrangers, les Français qui n'ont pas été entraînés par l'opinion de Jean Jacques, ne sont pas portés à la voir du même œil que ce philosophe. Avant les circonstances actuelles, qui la leur ont mieux fait connaître au moyen de la réunion qu'elle a demandée et obtenue, ils y apportaient tous des préventions peu favorables : elles prenaient leur source dans ce grand nombre de Savoyards qui parcourent et habitent presque les rues de toutes les grandes villes de France, pour se livrer aux métiers les plus pénibles, les plus dégoûtans, les plus misérables. Jugée sur de pareils échantillons, la Savoie ne pouvait être qu'un pauvre pays, sa capitale qu'une pauvre ville. La vue de l'une et de l'autre détruit une grande partie de cette opinion; mais ce qui en reste suffit pour faire encore porter un jugement peu avantageux. Je n'ai pas été plus exempt qu'un autre de cette prévention, qui, appuyée de quelques réalités, m'a fait trouver Chambéry l'une des plus tristes villes de France. Je ne lui connais d'agréable que sa situation, dont nous parlerons plus bas, et ses deux promenades, situées, l'une dans la riante plaine du Vernay, l'autre sur une jolie terrasse qui fait partie des dépendances du château. Les restes de ce château ravagé deux fois par le feu, ont été consacrés à la préfecture, qui s'y trouve bien logée, au moyen des constructions modernes ajoutées au bâtiment gothique. On y voit un beau relief enlevé du tombeau d'un ancien Duc de Maurienne. L'édifice le plus remarquable de Chambéry est la caserne qu'on vient d'y construire pour trois mille hommes d'infanterie et de cavalerie.

La plupart des maisons sont élevées ordinairement de trois étages, et couvertes d'une ardoise commune, semblable à celle qui couvre toutes les maisons de la Bretagne. Un autre rapport entre cette ville et celles de la Bretagne, est que chaque étage a ordinairement son propriétaire, et quelquefois plus d'un, par l'effet des divisions de famille.

Avant la révolution elle était entourée d'une muraille et d'un fossé. En les détruisant on ne les a pas remplacés, comme c'était naturel, et comme c'est l'usage ailleurs, par des promenades.

Cette ancienne capitale de la Savoie, aujourd'hui chef-lieu du département du Mont-Blanc, renferme, avec la préfecture et les établissemens qui l'accompagnent, un évêché, une école secondaire, une très-petite bibliothèque publique, un commencement de cabinet d'histoire naturelle, un moulinage de soie et des bains publics. Elle ne peut se vanter d'avoir produit d'autre homme véritablement célèbre, que l'abbé de Saint-Réal; elle est peu célèbre elle-même dans l'histoire.

Il nous reste à parler de sa situation, qui ne plaît pas moins par la variété des aspects que par celle des cultures. Elle offre de tout côté des points de vue agréables, des buts de promenade champêtre, des tableaux pittoresques : enfin elle est telle que je ne passe jamais dans cette ville sans m'étonner de mon indifférence pour un site aussi heureux, moi qui ne puis voir ailleurs ce genre de beauté sans émotion. Ce n'est ni la faute du pays ni la mienne, mais celle de l'esprit humain, dont les idées même les plus fausses, lorsqu'elles y ont pris racine, surtout lorsqu'elles ont pénétré dans le cœur, ne s'extirpent jamais parfaitement.

Deux très petites rivières, l'Albane et la Leisse, après avoir traversé, par plusieurs aqueducs, et balayé par plusieurs ruisseaux cette ville, se réunissent au dessous dans la plaine du Vernay, où elles sont jointes par celle de l'Yère, que nous avons longée dans le vallon de Saint-Thibaut-de-Coux. Cette triple réunion forme une petite rivière, qui va se jeter, à deux lieues de Chambéry, dans le lac du Bourget.

La ville ne tire aucun parti du voisinage de ce lac, dont le dégorgement dans le Rhône forme un canal naturel et navigable, ainsi que nous le dirons ailleurs (*voyez route de Chambéry à Genève*). La plaine du Vernay, qui s'étend jusqu'au lac et doit en avoir fait partie, présente, vue des hauteurs qui l'entourent, un coup d'œil ravissant.

Ces hauteurs, composées de coteaux, de collines et de montagnes, couvertes de vignobles, de vergers et de châtaigners, vers les bases, de pâturages, de forêts de sapins, et de rochers, vers les cimes, offrent des formes et des aspects aussi variés qu'extraordinaires. La plus remarquable de toutes, quoiqu'elle ne soit pas la plus élevée, est celle qu'on nomme *la Dent de Nivolet*. Elle fait partie de la chaîne des Beauges, qui sépare le bassin de Chambéry de celui d'Annecy. Le nom de *Dent* lui vient de sa forme saillante. Nous verrons dans la suite ce nom servir à désigner les diverses proéminences des Alpes.

La Dent de Nivolet est un objet de curiosité pour tous les voyageurs, et d'excursion pour ceux qui joignent, à l'envie de tout voir, la vigueur, le courage et le temps nécessaires pour entreprendre une montée de quatre heures, qui, augmentant de rapidité, à mesure qu'on s'élève, devient à la fin si escarpée qu'il faut s'aider en même temps des pieds et des mains pour parvenir au sommet. L'on s'y trouve, sur un plateau uniforme, élevé de quatorze cents mètres au dessus de la Méditerranée, hérissé de broussailles et de quelques sapins rabougris : s'il est triste par lui même, on y jouit d'une vue admirable sur la ville et le bassin de Chambéry, sur les ondes azurées du lac du Bourget, sur la longue croupe du mont du Chat qui le borde, en s'élevant à deux cents mètres plus haut que la Dent de Nivolet, sur les montagnes de Grenier, qui offrent aussi une proéminence remarquable (*la Dent de Grenier*), la plus haute de toutes, puisqu'elle a 550 mètres au dessus de la Dent de Nivolet; enfin sur les Alpes, dont on découvre de là les principaux sommets.

A une demi-lieue au dessous de Chambéry, la fontaine minérale de Boisse offre aux estomacs débiles une eau légèrement ferrugineuse, propre à les fortifier, une course agréable aux promeneurs, et dans la saison, des danses champêtres aux amateurs.

Dans une direction différente, et à une distance plus considérable, le site appelé *Bout du monde* plaît au voyageur mélancolique, ami de la nature sauvage : c'est une gorge resserrée entre deux montagnes coupées à pic, et fermée à son extrémité supérieure par une masse énorme de rochers. De leurs cîmes se précipitent en cascade plusieurs ruisseaux, dont les eaux réunies en un seul courant forment la petite rivière de Leysse, qui fait mouvoir un peu plus bas la mécanique d'un moulin à papier.

A une lieue vers le S., les abîmes de Myans, au pied de la montagne de Grenier, ne sont autre chose qu'un groupe de monticules, produits par des éboulemens, dont on voit encore l'empreinte dans le flanc déchiré de la montagne. Ils ont enseveli une ville, s'il faut en croire la tradition du pays.

Mais de tous les sites voisins de Chambéry le plus intéressant, tant par lui-même que par les souvenirs qu'il rappelle, est celui des Charmettes, maison isolée à un quart de lieue S. de la ville. Elle fut l'habitation de madame de Varens et de Rousseau : c'en est assez pour y affectionner les lecteurs. Nous emprunterons, pour la décrire, le tableau qu'en fait Rousseau lui-même.

« Entre deux coteaux assez élevés, dit-il, est
» un petit vallon Nord et Sud, au fond du-
» quel coule une rigole entre des cailloux et
» des arbres. Le long de ce vallon, à mi-côte,
» sont quelques maisons éparses, fort agréables
» pour quiconque aime un asile un peu sau-
» vage et retiré. Après avoir essayé deux ou
» trois de ces maisons, nous choisîmes enfin
» la plus jolie, appartenant à un gentilhomme
» qui était au service, appelé M. Noiret. La
» maison était très logeable. Au devant un jar-
» din en terrasse, une vigne au dessus, un ver-
» ger au dessous, vis-à-vis un petit bois de
» châtaigniers, une fontaine à portée; plus
» haut, dans la montagne, des prés pour l'en-
» tretien du bétail; enfin tout ce qu'il fallait
» pour le petit ménage champêtre que nous y
» voulions établir. Autant que je puis me rap-

» peler le temps et les dates, nous en prîmes
» possession vers la fin de l'été 1736. J'étais
» transporté le premier jour que nous y cou-
» châmes. O maman! dis-je à cette chère amie,
» en l'embrassant et l'inondant de larmes d'at-
» tendrissement et de joie, ce séjour est celui
» du bonheur et de l'innocence. Si nous ne
» les trouvons pas ici l'un et l'autre, il ne les
» faut chercher nulle part ».

Comme si l'âme de Rousseau errait encore autour de cet asile, on se sent pénétré de cette vive sensibilité à laquelle il dut le court bonheur et le long tourment de sa vie; on se sent prêt à verser avec lui les larmes de l'attendrissement. Tout encore dans ces lieux est plein de Rousseau et de madame de Varens; leur mémoire s'y est conservée, leur image y semble partout réfléchie. La maison, après tant d'années, est telle qu'ils l'ont laissée; le jardin en terrasse, la vigne, le verger; le petit bois de châtaigniers, la fontaine, rien n'a changé. A la vue de ces divers objets, privés des deux êtres intéressans qui les animèrent, et dont ils semblent encore porter le deuil, on ne peut se défendre d'un sentiment de mélancolie.

Lors de l'entrée des Français en Savoie, on plaça sur la porte l'inscription suivante, qu'on

croit de Hérault de Séchelles, et que le propriétaire actuel a depuis fait disparaître :

> Réduit par Jean-Jacques habité,
> Tu nous rappelles son génie,
> Sa solitude et sa fierté ;
> Aux arts comme à la vérité
> Il osa consacrer sa vie ;
> Il fut toujours persécuté,
> Ou par lui-même ou par l'envie.

— *Parcouru depuis Paris*. . . . . 146 ½

§ 48. *De Chambéry à Montmélian*. 4

Au sortir du faubourg, on longe à droite la jolie maison de campagne du Général Deboigne, originaire de cette ville. Il vient de se retirer dans sa patrie, après avoir passé sa vie et fait sa fortune dans l'Inde, où il a commandé les troupes de Tippoo-Saïb. L'élégance de ce séjour frappe d'autant plus qu'on s'attend à toute autre chose dans l'ancienne Savoie, qui offre bien quelques jolis asiles champêtres autour de Chambéry, mais peu de maisons de plaisance proprement dites. Celle-ci se distingue par la fraîcheur de ses bosquets que la nature a pris soin d'embellir ; ils méritent d'être visités. L'histoire qu'on se fait raconter, chemin faisant, de ce général semi-Indien, n'est pas ce que cette promenade a de moins intéressant.

Le bassin, qu'on parcourt dans sa longueur depuis Chambéry jusqu'à Montmélian, est frais, assez fertile et bien cultivé. C'est une plaine qui ressemble à une vallée, par sa position entre les montagnes de Grenier, qu'on voit à droite à une demi-lieue environ de distance, et celle des Beauges (ou de Montmélian), dont on longe à gauche le pied couvert de vignes. Cette plaine forme un léger dos-d'âne qui sépare le bassin de Chambéry de celui de l'Isère. Elle présente la facilité d'un canal de communication entre l'Isère et le lac du Bourget. Il serait même rigoureusement possible de diriger la rivière vers Chambéry, sans d'aussi grands frais qu'on pourrait le croire, et de là, par le lac du Bourget, dans le Rhône, dont elle doublerait presque le volume à vingt lieues au dessus de Lyon. Ces résultats n'offrant que des inconvéniens graves, et l'ordre établi par la nature n'offrant que des avantages, il n'y a pas de raison pour l'intervertir, et je prie le lecteur, ainsi que tous les habitans des rives actuelles de l'Isère, de ne pas m'en soupçonner l'envie ; je n'ai mis en question cette possibilité que pour la faire connaître comme une circonstance aussi remarquable que rare en géologie.

Les deux chaînes des Beauges et de Grenier,

dont nous venons de parler, sont de nature calcaire, ainsi que toutes celles que nous avons déjà vues. Elles présentent dans leur conformation, ou pour mieux dire dans leur difformité, des aspects parfaitement identiques entre eux, mais bien différens de ceux des Alpes, dont on voit se déployer en face, au delà de l'Isère, une première chaîne, comme pour servir d'objet de comparaison. Au lieu des crêtes aiguës qui caractérisent partout ces dernières, au lieu de ces carcasses entièrement décharnées, de ces pics qui élancent dans les nues leurs sommets blanchis de neiges éternelles, ce sont des terrasses bordées de corniches, qui, séparées les unes des autres par de profondes anfractuosités, sont tantôt horizontales, et tantôt plus ou moins inclinées, comme par des affaissemens inégaux ou partiels. Nous avons observé du haut de la Dent de Nivolet que dans leur plus grande hauteur elles n'atteignent pas tout-à-fait deux mille mètres au dessus du niveau de la mer, ce qui les place bien au dessous des Alpes.

Celles de Grenier, entièrement séparées par la plaine du Grésivaudan de cette chaîne primitive, paraissent en être un corps avancé.

Celles des Beauges n'en font point partie non plus, à moins qu'on n'en cherche la ramification dans les collines extrêmement abaissées, qui séparent près de Conflans le bassin de l'Isère de celui d'Annecy, ce qui pourrait également être admis ou contesté, comme nous le verrons ailleurs.

En nous livrant à ces observations, naturellement amenées par le spectacle imposant, magnifique et varié qui nous environne de tous les côtés, nous arrivons à Montmélian par un chemin bordé et quelquefois ombragé d'arbres de toute espèce, parmi lesquels dominent le saule, le mûrier et le noyer. Il aboutit directement en face du roc escarpé sur lequel s'élevait jadis le fort de cette ville. Peuplée de 13 à 1400 habitans, elle consiste en deux petites rues qui se joignent en forme de T. Montmélian n'offre plus aucune importance depuis la destruction de son fort, pris par Henri IV, inutilement assiégé par Louis XIII, et emporté, après une longue résistance, par Louis XIV, qui le fit raser.

La position est aussi heureuse sous le rapport de la défense que sous celui de la perspective, par la réunion de quatre vallées ou bassins (au nombre desquels nous comprenons celui de Chambéry), et des quatre groupes de montagnes qui les séparent. Le lecteur va saisir aisément cette singulière situation, s'il observe que la chaîne des Beauges, arrivée au bord de l'Isère, se replie tout-à-coup par un angle aigu vers l'Est, en présentant au Sud un flanc très escarpé, principalement dans sa partie supérieure : la partie inférieure, partout où la main de l'homme a pu atteindre, est couverte de riches vignobles, qui produisent les vins les plus estimés de l'ancienne Savoie. Montmélian occupe l'étroit espace qui se trouve entre le pied de cette saillie des Beauges et la rive droite de l'Isère. L'autre rive est pressée en cet endroit par les collines qui forment le premier gradin des Alpes:

Ainsi resserrée, la vallée de l'Isère s'ouvre subitement, au dessus comme au dessous de ce défilé, en deux larges plaines, qui ne sont pas moins belles qu'étendues, malgré les ravages trop fréquens de la rivière qui les arrose.

La première, connue sous le nom *de vallée de l'Isère* ou *de combe de Savoie*, se joint en face de Montmélian avec celle de la Maurienne ouverte au Sud-Est, et se prolonge elle-même vers l'Est, en se retrécissant toutefois un peu, au bout de quelques lieues, jusqu'à Conflans, où commence la vallée de la Tarentaise.

La seconde, à la naissance de laquelle s'ouvre, vers le Nord, le bassin de Chambéry, est la fameuse et superbe vallée du Grésivaudan. Elle se prolonge dans la direction du Sud jusqu'à Grenoble, entre cette longue ramification des Alpes, qui suit la rive gauche de l'Isère, et les montagnes de Grenier joignant celles de la Grande-Chartreuse, qui règnent sur la rive opposée. (*V. la route de Grenoble à Chambéry*).

Les vallées de la Combe de Savoie et de la Tarentaise sont parcourues dans toute leur longueur par la route qui conduit au Petit-Saint-Bernard, l'un des passages de France en Italie.

La première est la plus riche, la seconde la plus belle que renferme le revers septentrional des Alpes. (Cette derniere est décrite dans la 3e. route de Paris à Milan.)

Revenant à Montmélian, dont la position sur l'embranchement de quatre routes et de quatre vallées nous obligeait à quelques excursions, nous ne devons pas repartir de cette ville sans y remarquer le roc isolé qui servait de base au château. Sa forme présente un cône tronqué, et sa cime une plate-forme encore hérissée des ruines de cette forteresse. Quant à la vue, c'est un véritable belveder, d'après le site dont nous venons de donner l'esquisse. La chaîne des Alpes, qui s'étend sur la rive gauche de l'Isère, est divisée en deux par la vallée de la Maurienne. On voit l'Arque, qui roule dans cette vallée les eaux du Mont-Cenis, porter à l'Isère, qui roule celles du Saint-Bernard, son tribut augmenté de celui de tous les torrens qui se sont trouvés sur son passage. Ce renfort rend tout-à-coup l'Isère navigable, à partir de Montmélian, c'est-à-dire, au pied et presque au sein des Alpes ; on n'en peut dire autant d'aucune des autres grandes rivières qui ont leur source dans ces monts. Le cours irrégulier et l'extrême rapidité de l'Isère ne permettent pas de remonter les barques. Cette demi-navigation procure peu de commerce à Montmélian.

L'élévation de la ville au dessus du niveau de la mer a été évaluée à 140 toises. — *Parcouru depuis Paris*. . . . . 150 ½

§ 49. *De Montmélian à Maltaverne.* 3
§ 50. *De Maltaverne à Aiguebelle.* 3

Après avoir traversé l'Isère sur un mauvais pont de pierre, qui depuis long-temps en réclame un neuf (*), on s'élève, par une pente

(*) Ce pont peut être renouvelé d'un jour à l'autre ; alors ce que j'en dis ne sera plus vrai, mais j'aurai du moins annoncé le changement.

Ire. ROUTE DE PARIS A TURIN. 43

assez rapide, sur une colline des plus agréables. Dominée à droite par le rameau des Alpes dont elle fait partie, elle domine elle-même à gauche le vaste et beau bassin où s'opère la jonction de l'Arque et de l'Isère. Vers le milieu de la montée, au village de Planèze, la route qu'on suit se joint à celle de Grenoble en Italie par le Mont-Cenis. La terre est couverte de prairies, de noyers, de châtaigniers, de vignes, de treillages, et de tous les genres de culture, jusqu'au hameau de Maltaverne. Le pays décline ensuite graduellement jusqu'à Aiguebelle, où la vallée, resserrée tout à coup, devient une véritable gorge des Alpes. C'est par là qu'on y pénètre, et ce village peut en être considéré comme la porte. Situé sur la rive gauche de l'Isère, et peuplé de 7 à 800 habitans, la plupart aisés, quelques-uns riches, il annonce des prétentions au titre de bourg par ses maisons peintes, qui contrastent avec la pauvreté de la Savoie, comme sa large rue avec le resserrement de la vallée. Il a un bureau de poste, plusieurs auberges et deux fonderies, l'une de cuivre, l'autre de fer, qui tirent leur minerai des montagnes voisines. Sa hauteur au dessus du niveau de la mer est estimée à 160 toises. Avant d'y arriver on aperçoit à gauche, au delà de l'Arque, des amas de pierres éboulées, qui ensevelirent, en 1750, un village considérable, nommé *Randan;* et l'on entrevoit, en partant, du même côté, les mines et fonderies dont nous venons de parler. — *Parcouru depuis Paris.* 156½

---

§ 51. *D'Aiguebelle à la Chapelle.* 4
§ 52. *De la Chapelle à Saint-Jean-de-Maurienne.* . . . 5

En sortant d'Aiguebelle, le voyageur s'enfonce dans les Alpes, dont il va franchir au Mont-Cenis la chaîne centrale, après avoir remonté, pendant vingt-cinq à vingt-six lieues, la vallée de la Maurienne, et traversé nombre de fois, sur différens ponts, le torrent qui la ravage, en la couvrant ici de marais, là de sables, ailleurs de cailloux et de rochers : elle se change fréquemment en défilés. Au sortir même d'Aiguebelle, on rencontre un gros rocher qui en remplit toute la largeur, au point qu'on a eu de la peine à y pratiquer le passage du grand chemin. Elle s'élargit ensuite pour se rétrécir de nouveau aux approches de Saint-Jean. La hauteur des montagnes qui la bordent des deux côtés varie entre deux mille et trois mille mètres. Elles sont en certaines parties nues et décharnées, dans d'autres, verdoyantes de prairies et de culture, de châtaigniers et de sapins, partout escarpées et d'une variété continuelle, qui cependant finit à la longue par ressembler à l'uniformité, en reproduisant fréquemment le même genre d'aspects. Près des habitations, qui ne sont pas aussi clairsemées qu'on pourrait s'y attendre, quelques vignobles, suspendus aux flancs des montagnes, luttent à la fois contre les torrens que forment les pluies et contre les éboulemens qu'occasionnent les dégels.

On traverse, aux trois quarts de la première distance, le hameau d'Epierre, et au tiers de la seconde, le village de la Chambre, qui avaient autrefois chacun un relais. Le premier renferme une fonderie de fer. Les deux relais ont été réunis au hameau de la Chapelle, en un seul, qui n'y restera pas long-temps, la nouvelle route, m'a-t-on assuré, devant passer sur l'autre rive. Tous ces lieux sont d'un aspect extrêmement misérable : des habitans malpropres, déguenillés, parmi lesquels on compte beaucoup de cretins et de goëtreux; des habitations analogues, mal construites, encore plus mal entretenues, dont plusieurs tombant en ruines, sont moins des chaumières que des masures ; des prairies couvertes de graviers ou de marécages : tel est le triste spectacle qui accompagne le voyageur depuis Aiguebelle jusqu'à S^t.-Jean-de-Maurienne.

Le village de la Chambre, qu'on traverse par une large rue, a cependant quelque chose de moins hideux. La nouvelle route, qui doit longer et diguer le torrent, va sans doute, en garantissant la vallée des débordemens auxquels elle est en proie, et des stagnations qui en résultent, améliorer l'air, et la constitution physique des habitans, en même temps que leurs propriétés.

Entre la Chambre et Saint-Jean, on cotoie le pied de la montagne de Rocheray, dont M. de Saint-Réal, ancien intendant de Maurienne, disait qu'elle renfermait une si grande quantité de substances minérales, qu'on pourrait la regarder comme un cabinet de minéralogie. La base est un pétrosilex primitif, mêlé de veines et de masses de granit. On trouve, au sommet, des filons de spath-fluor, des mines et des cristaux de différente nature.

La ville de Saint-Jean-de-Maurienne occupe à peu près le milieu de cette vallée qui formait, sous le titre de Comté de Maurienne, une des cinq provinces dont se composait le Duché de

Ire. ROUTE DE PARIS A TURIN.

Savoie (*). Elle était capitale de cette province, remplacée aujourd'hui par un arrondissement, dont elle est encore le chef-lieu. C'est une petite ville de 2000 habitans : l'intérieur n'offre que de vilaines maisons et de vilaines rues ; mais les dehors en sont frais et rians. Le faubourg où passe la route est assez agréablement bâti, et l'on y trouve quelques auberges passables. La vallée, en cet endroit, s'ouvre en un petit bassin couvert de prés, d'arbres fruitiers et de superbes noyers. L'élévation de Saint-Jean-de-Maurienne, au dessus du niveau de la mer, a été estimée à 298 toises. — *Parcouru depuis Paris*. . . . . 165 $\frac{1}{2}$

§ 53. *De Saint-Jean-de-Maurienne à Saint-Michel*. . . . 4

La vallée se rétrécit entre de hautes montagnes incultes et sillonées de ravins : elle continue à s'élever rapidement ; mais les montagnes s'élèvent dans la même proportion. De plus vastes tapis de neige frappent les regards du voyageur, qui se rapproche insensiblement de la région où la nature a établi leur éternel empire. C'est un beau contraste que le voisinage

───────────

(*) Ces provinces étaient la Savoie proprement dite, la Maurienne, la Tarentaise, le Chablais et le Faucigny.

des neiges et des riches productions de la nature. Les vallées et les montagnes des Alpes multiplient ce rapprochement, au point d'offrir à la fois, dans un même tableau, les quatre saisons de l'année.

Au sortir du faubourg de Saint-Jean-de-Maurienne, on traverse, sur un pont de pierre, l'Arvan, torrent considérable, qui sort d'une vallée latérale, pour se jeter dans l'Arque, et un peu plus loin, l'Arque elle-même, sur un autre pont, en face duquel un ruisseau d'eau pétrifiante court avec rapidité lui porter son tribut, dans un canal de tuf qu'il s'est construit lui-même par ses dépôts calcaires. Sans cesse exhaussé par la continuité des mêmes dépôts, cette espèce d'aqueduc présente une longue muraille ; c'est le phénomène de la fontaine pétrifiante de Clermont qui a produit le pont naturel, si fameux en France, sous le nom de *Pont de pierre*. (*V*. 2e. *route de Paris à Montpellier*).

Presqu'à mi-chemin de Saint-Jean à Saint-Michel, on traverse le village de Saint-Julien, entouré des débris et des graviers qu'entraînent les éboulemens et les ravins. Sur ces débris et ces graviers, dont l'étendue est assez considérable, végètent de maigres vignes qui produisent un vin délicat et très estimé dans la Savoie, sous le nom de *vin de Saint-Julien*.

Ire. ROUTE DE PARIS A TURIN. 49 lieues.

Cette distance est entrecoupée de ruisseaux, qui, tout-à-fait imperceptibles en été et en automne, deviennent, dans le temps de la fonte des neiges, de si fougueux torrens, que la route en est quelquefois interceptée.

Saint-Michel est un joli village, peuplé d'environ 600 habitans. La route le traverse entre deux haies de jolies maisons, dont plusieurs sont des auberges; mais c'est surtout par son site qu'il plaît aux voyageurs. Entouré d'une enceinte riante de vergers et de prairies, il semble sortir du milieu d'un bouquet de verdure. Son élévation au dessus du niveau de la mer est de 363 toises. — *Parcouru depuis Paris* . . . . . 169 ½

---

§ 54. *De Saint-Michel à Modane.* 5
§ 55. *De Modane au Verney.* 4
§ 56. *Du Verney à Lans-le-Bourg.* 4

Le nombre des crétins et goëtreux diminue à mesure qu'on approche de la chaîne centrale. On en voit peu, passé Saint-Jean-de-Maurienne, encore moins passé Saint-Michel; mais on ne voit plus aussi ni beau village, ni beau pays, ni belle nature. Les vignes se montrent encore auprès de Saint-André, ancien lieu de relais, abandonné par la route actuelle. Elle le laisse à peu de distance sur la gauche, pour passer à Franco, hameau voisin qui offre la ressource d'une auberge; celui des Frenets, où elle passe ensuite, n'en offre d'aucune espèce : celui des Fourneaux, qu'on trouve près de Modane, doit son nom aux deux fourneaux qu'il renferme; il y a aussi une forge : le minerai s'extrait dans les montagnes voisines. Le nouvel Itinéraire de l'Empire Français fait toujours passer la route à Saint-André, et qualifie de ville ce misérable hameau.

Modane est un village qui porte le titre de bourg; il y a une médiocre auberge, un bureau de poste et une population d'environ 1000 habitans, la plupart muletiers, charretiers ou cabaretiers. L'on y cultive beaucoup le chanvre, et l'on s'y sert de l'huile de chenevis pour l'usage de la cuisine et pour la lampe. La hauteur de Modane, au dessus du niveau de la mer, a été évaluée à 583 toises. Cette élévation, qui, dans l'intérieur de la France ferait une montagne considérable, n'empêche pas que, dans quelques parties abritées, la terre n'ouvre encore son sein à la culture des arbres fruitiers. Mais ce genre de végétation cesse absolument après Modane. Une froidure plus vive et plus soutenue, jointe à un sol des plus arides, n'admet d'autre récolte que celle du foin, de l'avoine et du seigle, ni, pour ainsi dire, d'autres arbres que le sapin, le mélèse et le pin de montagne.

La vallée se retrécit par les bases et s'élargit par les sommets, qui présentent un grand évasement, pendant que l'Arque ne roule plus ses flots que dans une étroite gorge, dont elle occupe tout le fond.

La nouvelle route, qui borde presque toujours la rive droite de ce torrent, avant Modane, ne pouvant plus le suivre au delà, a été taillée, pendant l'espace d'une lieue, dans la montagne de Gypse, dont il ronge la base. Elle laisse ensuite à gauche Villaroudin et à droite Bramant, deux chétifs hameaux qui avaient chacun un relais. Entre les deux, elle traverse, presque sans aucune pente, la forêt de Bramans, jadis renommée par les rampes étroites et rapides qu'il fallait sans cesse ou monter ou descendre, ainsi que par le précipice qui les bordait et menaçait continuellement les voyageurs.

Le Verney, où a été transporté le relais, avec la route, est un aussi triste hameau que Bramans et Villaroudin.

Bientôt après l'œil se fixe, au delà du torrent, sur la double cascade de Saint-Benoît, la plus belle de cette vallée, et l'une des plus belles des

Alpes. Les deux chutes dont elle se compose lui donnent un caractère particulier. Elles se sont creusé toutes les deux un profond abîme dont on n'aperçoit pas le fond, et où elles paraissent s'engloutir. On éprouve le regret de ne point passer assez près pour pouvoir en mesurer des yeux la profondeur, et l'on cède quelquefois à la curiosité de se rapprocher de cette scène intéressante pour mieux en jouir. Je n'ai pu me défendre de ce double sentiment toutes les fois que j'ai passé sur cette route, et je ne doute pas qu'il n'en soit de même de tous les voyageurs sensibles aux beautés mâles de la nature. Je ne doute pas non plus qu'une vue aussi pittoresque, et qui fait tant d'effet de loin, sur une route fréquemment parcourue par les artistes de France et d'Italie, ne se trouve dans le portefeuille d'un grand nombre d'entre eux.

La vue de Termignon, bourg qu'on trouve une lieue avant celui de Lans-le-Bourg, doit avoir également été plus d'une fois esquissée. Il est bâti sur un terre-plein en demi-cercle, et sur la rive droite de l'Arque, non loin de son confluent avec un autre torrent (la Leisse), presque aussi fort et tout aussi impétueux, qu'on traverse en arrivant. La vallée d'où sort ce torrent s'ouvre à gauche vers la Tarentaise.

L'ancienne route franchissait, en arrivant comme en partant, une montagne escarpée, et revenait, par plusieurs tournans courts et rapides, repasser au dessus de ce bourg, qui offre, de quelques-unes de ces hauteurs, un aspect des plus extraordinaires. On le voit à ses pieds, de manière à n'en pouvoir distinguer que les toits, qui semblent appliqués contre terre. La haute montagne de la Vanoise, et le glacier qui descend jusqu'au tiers de sa hauteur, ajoutent au pittoresque de ce tableau, que n'embellissent pas de même les tapis de prés et de champs, placés en amphithéâtre au dessus du bourg. Ces gradins et compartimens multipliés, n'étant pas bordés d'une seule haie, ni ombragés d'un seul arbre, offrent un coup d'œil encore plus monotone que singulier. On ne conçoit pas pourquoi l'ancienne route gravissait par des rampes si rapides, tant la montagne qui précède que celle qui domine Termignon, tandis que la route actuelle y arrive le long du torrent, et en ressort de même sans aucune montée considérable et sans travaux extraordinaires.

Ce bourg, peuplé de 1000 à 1200 habitans, a l'air d'un hameau et l'étendue d'une petite ville. Les maisons en sont très basses, et renferment de nombreux dépôts de marchandises auxquels donne lieu le passage du Mont-Cenis. Les habitans s'emploient ou au charroi de ces marchandises ou au passage du mont, qui n'est qu'à une lieue de là ; les plus riches se livrent au commerce de transport et de commission. Cette industrie doit être paralysée, ou réduite à bien peu de chose par l'ouverture de la nouvelle route.

Lans-le-Bourg, situé au pied même du Mont-Cenis, est un bourg à peu de chose près aussi considérable et encore plus triste, s'il est possible, que Termignon. Il faut convenir que ce sont deux bien affreux séjours, et l'on ne peut s'empêcher de plaindre le sort des êtres condamnés à les habiter, lesquels au surplus ne s'en plaignent pas eux-mêmes, et ne sont pas moins attachés à leur terre natale que les habitans des plus heureuses contrées. La beauté des femmes de Termignon est fameuse dans la Savoie : je n'ai rien vu qui justifie cette célébrité.

La nombreuse population de l'un et de l'autre est une circonstance très favorable aux voyageurs, portés la plupart à regarder les 2000 habitans qui la composent comme deux mille victimes dévouées à leur service. Effectivement tout ce qu'il y a d'hommes jeunes parmi eux, sert à faciliter le trajet de la montagne, en s'occupant sans cesse, pendant huit à neuf mois de l'année, à déblayer les neiges pour ouvrir la route, que sans cesse elles encombrent, et en aidant les voyageurs de tous les secours dont ils ont besoin.

Avant cette nouvelle route, qui a permis aux voitures de rouler sur le Mont-Cenis, ils les démontaient toutes, et les transportaient, à dos de mulet, ainsi que les malles des voyageurs, au delà du col, tandis que d'autres transportaient les voyageurs eux-mêmes dans des chaises à porteur, ou les *ramassaient*, c'est-à-dire, les glissaient en traîneau du haut en bas de la montagne.

Actuellement qu'ils ne démontent plus les voitures, ils les accompagnent pour les empêcher de verser ou enfoncer dans la neige, en les soutenant, les uns à droite les autres à gauche, au risque d'en être écrasés. Ils continuent aussi à conduire, quoique un peu moins fréquemment, les voyageurs en traîneau. Ils ont toujours rempli ces différentes tâches avec autant de fidélité que d'adresse, et avec un empressement qui, ayant sa principale source dans un grand besoin de travailler pour vivre, ne paraît pas étranger à un autre sentiment plus louable, celui de se rendre utile.

Le voyageur qui se présente au pied du Mont-Cenis se voit assailli d'un aussi grand nombre de conducteurs que celui qui se présente aux petites voitures stationnées près du pont Royal à Paris. Lans-le-Bourg a un bureau de poste et quelques auberges passables. La hauteur de ce lieu, au dessus du niveau de la mer, est de treize cent quatre-vingt-sept mètres (sept cent douze toises).

La vallée de la Maurienne ne finit pas, comme on pourrait le croire, à Lans-le-Bourg; c'est bien là qu'on la quitte, pour traverser le Mont-Cenis, mais elle se prolonge encore à plusieurs lieues sur la gauche, jusqu'aux glaciers où l'Arque prend sa source; et durant cet intervalle, elle court parallèlement à la chaîne centrale. Cette haute vallée, dont on suit des yeux le développement, en gravissant la montagne, offre un aspect monotone et attristant. Elle est parsemée, de distance en distance, de quelques hameaux, mais dépouillée d'arbres, comme le flanc méridional des montagnes qui la bordent. Les bases de ces dernières, près des hameaux, sont tapissées jusqu'à la hauteur où l'aspérité de la pente et la rigueur de la température ont permis d'arriver, de nombreux champs placés en amphithéâtre, et pour ainsi dire échafaudés les uns sur les autres, comme ceux que nous avons remarqués au dessus de Termignon, et qu'on peut remarquer de même dans toutes les parties habitées de la vallée.

Ces champs escarpés sont non seulement d'une exploitation très pénible, mais encore d'un entretien difficile, par la nécessité de renouveler les murs de soutènement qui s'écroulent de temps à autre, et de reporter les terres qu'entraînent les éboulemens, les ravins et les avalanches. Ces récoltes, laborieusement arrachées à une nature avare et rebelle, à un sol pierreux et glacé, produisent, quand les gelées n'en étouffent pas le germe, ce qui arrive trop souvent, la provision du pays en seigle. Alors non seulement il se suffit à lui-même, mais il est encore riche pour un pays de montagnes, vu les ressources qu'il trouve d'un autre côté dans le passage des voyageurs, et dans l'émigration d'une partie de ses habitans qui, presque tous, regagnent ensuite leurs foyers, avec quelques économies faites dans les métiers les plus voisins de la mendicité.

Leurs moyens d'épargne sont de se refuser tout ce qui n'est pas strictement nécessaire à l'existence : les mets et les vêtemens les plus grossiers leur suffisent ; ils sont contens de leur sort, pourvu qu'ils ne meurent ni de faim ni de froid.

Telle est la vie que mènent les nombreux Savoyards de Paris, et tous ceux qui se répandent dans les provinces; telle est celle qu'ils mènent encore dans leurs montagnes, où tout leur est bon pourvu qu'ils vivent. Il est peu d'animaux dont ils ne mangent la chair; ils se régalent de celle des ours et des marmottes. Comme ils sont plus aisés dans la Haute-Maurienne, à cause du passage du Mont-Cenis, ils y sont aussi moins mal vêtus, et par voie de suite moins sujets à la malpropreté, défaut national de la Savoie. Cette partie de la vallée, d'après les mêmes causes, et à raison du passage du Mont-Cenis, éprouve aussi moins d'émigrations.

Le séjour des grandes villes ne corrompt point les mœurs des francs et laborieux Savoyards. La dépravation y est trop loin d'eux pour pouvoir les atteindre : ils s'y rendent recommandables par leur fidélité, et rentrent dans leurs montagnes, aussi simples la plupart qu'ils en sont sortis. Les mœurs m'ont paru d'autant plus pures qu'on approche davantage de la chaîne centrale. Elles semblent suivre la proportion du physique, aussi beau dans la haute

Maurienne, qu'il l'est peu dans la basse : les habitans de Termignon et de Lans-le-Bourg sont grands et bien faits. Les crétins et les goëtreux, si communs entre Aiguebelle et Saint-Jean-de-Maurienne, sont inconnus parmi eux.

Nous ne chercherons pas à définir cette maladie endémique de certaines basses vallées des Alpes : une pareille dissertation est étrangère à notre sujet. Il nous suffira d'observer que de toutes les explications qui en ont été données, et qui tendent à l'attribuer, les unes à la boisson de l'eau de neige, les autres aux brouillards et aux émanations des marais, aucune, pas même celle de M. de Saussure, ne nous a paru satisfaisante. Les diverses opinions des savans ne prouvent autre chose que leur ignorance à cet égard, et les causes de ce phénomène physiologique nous paraissent encore cachées dans les secrets de la nature.

Ce qu'on vient de dire du moral et du physique du peuple Savoyard ne s'applique qu'au peuple proprement dit; car ce qui sort plus ou moins de cette classe, loin d'en avoir les mœurs simples et douces, se fait remarquer au contraire (sauf un grand nombre d'exceptions) par une sorte de fierté nationale, qu'on est étonné de trouver en Savoie. Les voyageurs l'éprouvent souvent avec les personnes auxquelles ils ont à faire. Cette classe aisée ne participe guères ni de la malpropreté, ni des difformités du bas peuple, même dans les parties de la vallée où ces deux genres de vice se font le plus remarquer.

On n'aperçoit dans toute la Maurienne, depuis Aiguebelle jusqu'au Mont-Cenis, aucune maison de campagne, aucun château, ni moderne ni gothique. La ville de Saint-Jean renferme seulement quelques familles nobles, mais hors de la ville tout est peuple.

Une chose faite pour étonner les étrangers, en Savoie, est d'y entendre les paysans parler mieux le français que ceux de la France, qui même, comme on sait, ne le parlent pas du tout dans certaines provinces. Une bergère, de la Maurienne ou du Mont-Cenis, répond aux questions du voyageur en meilleur français qu'une laitière des environs de Paris : le peuple Savoyard a cependant son patois assez semblable à celui de nos départemens méridionaux.

Nous avons parcouru cette vallée sans porter une attention particulière sur la nature des montagnes. Elles ont offert alternativement à notre vue le schiste, la roche feuilletée, le pétrosilex, le mica, le granit, la roche calcaire et le gypse. Une ardoise, commune dans la

Iʳᵉ. ROUTE DE PARIS A TURIN.

Basse-Savoie, informe et grossière dans la Maurienne, couvre toutes les maisons, qui toutes sont construites en pierre brute. Les personnes qui voudront des détails lithologiques doivent les chercher dans le Voyage de Saussure.

Nous n'avons peut-être pas non plus décrit le pays avec cet enthousiasme que les habitans des plaines apportent ordinairement dans les Alpes, la première fois qu'ils y pénètrent. La nouveauté du spectacle est faite pour exciter leur imagination; mais il n'était pas nouveau pour nous, qui avions vu, long-temps auparavant, les Pyrénées, sœurs cadettes des Alpes, suivant l'expression de M. Ramond : plusieurs des vallées du Bigorre ou du Béarn ressemblent à celle de la Maurienne. Cette dernière présente souvent le même genre d'aspect, et rarement le même degré d'intérêt que celles de Barèges et de Cauterets. Elle m'a paru d'ailleurs une des moins belles des Alpes.

Les montagnes secondaires qui précèdent et entourent Chambéry, détachées, ainsi que nous l'avons dit, de cette chaîne primitive, nous ont offert, sinon des masses aussi imposantes, au moins des effets aussi extraordinaires, qui ont émoussé et peut-être épuisé nos crayons. Celles de la Grande-Chartreuse et du Jura, que nous verrons ailleurs (2ᵉ. *route de Paris à Turin*, et 1ʳᵉ. *de Paris à Berne*), renferment aussi des vallées plus pittoresques que la Maurienne, qui non seulement n'offre pas la vue du Mont-Blanc, comme on le lit dans l'Itinéraire d'Italie, et comme on le répète dans celui de l'Empire Français, mais ne peut pas même l'offrir, ainsi que le juge aisément un lecteur instruit, d'après la position topographique de ce mont et la direction de cette vallée.

Quelque peu intéressante qu'elle paraisse par comparaison, on peut dire néanmoins que c'est un trajet curieux à faire, autant qu'un affreux séjour à habiter; et tout en priant le ciel de n'être jamais condamné à y passer sa vie, on serait fâché de ne l'avoir pas vu. Je me suis demandé quelquefois, en parcourant les diverses vallées des Alpes ou des Pyrénées, quel effet produirait le premier aspect de ces profondes tranchées qui semblent ouvertes dans les entrailles de la terre, et de ces énormes croupes qui semblent supporter le ciel (dont elles ne laissent souvent apercevoir que le zénith) sur un habitant des plaines, un Parisien par exemple, qui ne connaîtrait d'autres montagnes que les buttes qui portent ce nom dans les environs de la capitale, si, après l'avoir conduit jusque là, les yeux bandés, on lui ôtait tout à coup son bandeau, au milieu de la vallée. Il est difficile de se figurer les sentimens qui s'empareraient de son âme à la vue d'un spectacle aussi nouveau pour lui; mais on peut conjecturer au moins, que dans sa stupéfaction il ne se croirait plus sur la même planète où la nature l'a placé, surtout si l'éducation ne lui avait pas déjà fait connaître l'existence de ces aspérités du globe, si différentes de l'uniformité des plaines. — *Parcouru depuis Paris* . . . . . . 182 $\frac{1}{2}$

§ 57. *De Lans-le-Bourg au Mont-Cenis.* 6

En sortant de Lans-le-Bourg, on passe l'Arque pour la dernière fois, après quoi l'on quitte avec plaisir la triste Maurienne, pour gravir le Mont-Cenis, par une longue suite de rampes douces et de tournans prolongés, dont l'ensemble forme une des plus belles routes de France.

Quelques efforts que fassent les cantonniers et les habitans pour la déblayer, il leur est impossible d'empêcher que la neige ne la couvre pendant une grande partie de l'année. Alors les voitures roulent sur la neige même, qui prend la dureté de la glace, sans en avoir le glissant. La trace des premières qui passent devient la voie nécessaire des autres; et malheur à celles qui n'ont pas la même voie, lorsque les ornières ont été approfondies par la fréquence du passage, surtout au temps de la fonte des neiges. C'est alors que le secours des hommes qui soutiennent les voitures est essentiel ; c'est alors aussi qu'ils éprouvent le plus de peine et de dangers.

La maison ou grange qu'on voit au haut de la montée porte le nom de *Ramasse*, qui est celui des traîneaux destinés à descendre le Mont-Cenis, parce que c'est ordinairement là que les voyageurs commencent à se faire ramasser. On sait que ces traîneaux ne sont praticables qu'autant que les neiges ont comblé tous les creux et nivelé toutes les inégalités de la montagne. Dirigés, avec autant d'adresse que d'habileté, par un seul homme assis devant le voyageur, ils descendent de la *Ramasse* à Lans-le-Bourg, en sept à huit minutes, tandis qu'une heure de temps ne suffit pas aux voyageurs qui suivent la route. La hauteur perpendiculaire de cette descente est d'environ six cents mètres.

Un quart de lieue après la *Ramasse*, on trouve le point le plus élevé du Mont-Cenis, lequel est dominé par de bien plus hautes montagnes. Ce point, qui forme le partage des eaux, forme

Iʳᵉ. ROUTE DE PARIS A TURIN.

aussi celui des climats, de telle manière que souvent il fait beau d'un côté, pendant que des vents et des brouillards glacés règnent de l'autre. C'est l'endroit le plus difficile du passage dans les momens de tourmente.

On gagne de là, en descendant par une pente douce, la jolie plaine du Mont-Cenis : un petit lac en occupe à peu près la moitié. La route le longe à droite, après avoir longé à gauche le hameau des Tavernettes, où est placé le relais. Ce hameau, situé au pied d'un des pics qui dominent le plateau, est composé de cinq ou six maisons, qui sont autant d'auberges ou de tavernes, d'où lui est venu le nom de Tavernettes, remplacé, depuis quelques années, sur la carte et le livre de poste, par celui de Mont-Cenis. Les voyageurs s'y arrêtent ordinairement, tantôt pour s'y réchauffer, tantôt pour s'y rafraîchir (car ceux qui montent à pied dans la saison des chaleurs arrivent quelquefois très suans), presque tous pour s'y reposer et s'y régaler des excellentes truites du lac. On est encore plus sûr de s'en régaler à l'hospice, qu'on trouve à un quart de lieue plus loin, et auquel la propriété de ce lac a été concédée depuis quelques années.

Cet établissement hospitalier est une fonda-

Tome II.

tion de l'Empereur Charlemagne, renouvelée par l'Empereur Napoléon. L'édifice en est vaste et commode : la route le longe à gauche vers le milieu du trajet. Derrière s'élève une des croupes qui dominent cette plaine; en face s'étend une vaste prairie qui va se terminer au lac, un joli bassin d'une demi-lieue de tour, et de l'eau la plus limpide. Le physicien Vassalli, de Turin, a vérifié que sa plus grande profondeur n'est que de trente mètres.

Les pêcheurs y trouvent, fréquemment, des arbres réduits à l'état de charbon; et cette circonstance est regardée, par les habitans, comme venant à l'appui d'une de leurs traditions, d'après laquelle le Mont-Cenis était, dans des temps très anciens, couvert de forêts qui furent brûlées par un général, dont ils ne disent pas le nom. La même tradition fait dériver *Mont-Cenis* de *Mons-Cineris*. Ce qu'il y a de piquant est que cette étymologie, qui certes n'est pas plus mauvaise que bien d'autres, et que je ne trouve dans aucun auteur, quoiqu'elle s'accorde avec le nom latin de cette montagne, *Mons Cinereus*, m'a été donnée par un paysan qui ne savait pas le latin, et qui la tenait de son père, aussi peu latiniste que lui. Une autre tradition locale fait passer Annibal par le Mont-Cenis, sans qu'on ait pensé à faire coïncider ces deux évènemens, qui semblaient se lier ou plutôt s'identifier d'une manière si naturelle. Un grand rocher qui, dit-on, fermait alors le col, serait celui que ce général, d'après les auteurs anciens, fit dissoudre avec le feu et le vinaigre. Pour rendre le fait croyable, les habitans le placent au temps des miracles, et son auteur, par conséquent, au rang des saints.

Quoi qu'il en soit, le passage d'Annibal est disputé au Mont-Cenis par le Mont-Genèvre, qui me paraît avoir quelques titres de plus. Il est réclamé aussi par le Grand et le Petit St.-Bernard, même par le Simplon. Nous ne déciderons pas entre ces divers prétendans, une question que n'ont pas décidé plus que nous, ni Polybe, ni Tite-Live, avec leurs récits combattus par les vraisemblances et par la géographie, ni même le chevalier Follard avec ses savantes dissertations, qui ne donnent que des conjectures, ni autres érudits, qui n'en savent pas davantage. Certes ce n'est ni du Simplon, ni du Mont-Cenis, ni du Mont-Genèvre, ni du Grand, ni du Petit-Saint-Bernard, qu'Annibal a pu montrer à son armée les plaines de l'Italie, qui ne se voient d'aucun de ces passages. Nous avons dit, en décrivant la ville de Lyon, qu'il n'a point pu davantage arriver au confluent du Rhône et de la Saône, comme le disent les mêmes historiens; ainsi nous ne suivrons pas plus sa trace perdue dans les Alpes que dans les Gaules, ne voulant ni épouser des systèmes, ni en ajouter un de plus à tous ceux qui existent déjà.

Le Mont-Cenis, comme tous les autres passages des Alpes, offre un abaissement considérable de cette chaîne. C'est une espèce d'échancrure, au milieu de laquelle la succession des temps et les révolutions de la nature ont produit et la jolie plaine et le joli lac dont nous avons parlé.

Une petite île parsemée d'arbrisseaux touffus, tapissée de gazons aussi frais que vigoureux, embaumée de fleurs de toute espèce, embellit ce lac vers une de ses extrémités, et forme un agréable but de promenade sur l'eau. Dans l'enclos d'un amateur cette petite île enchantée porterait un nom gracieux comme elle : ce serait l'île de Cythère ou de Paphos ou de Calypso. On conçoit bien qu'il ne faut pas chercher ici le printemps éternel que rappellent ces heureux noms. On ne trouve sur le Mont-Cenis que l'hiver pendant les deux tiers de l'année ; on y trouve le printemps pendant l'été, l'été pendant l'automne, et l'automne jamais. En parcourant l'étroite enceinte de cette île, on est presque sûr de rencontrer une canne sauvage qui y fait sa nichée tous les ans. J'ai joui du plaisir de la voir s'envoler à mes pieds, du milieu d'une touffe de gazons et de fleurs.

Tous les bords du lac sont également fleuris et gazonnés. Le plateau entier n'est qu'une vaste prairie ou un parterre, ou pour mieux dire un composé de l'un et de l'autre.

Trois énormes pics s'élèvent à l'entour, et leurs sommets presque toujours couverts de neige ou de glace, presque toujours cachés dans les nues sont les réservoirs qui alimentent les eaux du lac. Leurs bases tapissées de prairies et de pâturages, jusqu'à la région des neiges permanentes, sont entièrement dépouillées d'arbres, à l'exception de la montagne dite *du Revers*, sur laquelle végète tristement un petit bois composé d'aulnes et de bouleaux rabougris.

Le procureur de l'hospice, *Dom Dominique*, avait planté depuis peu, lors de mon dernier passage en 1810, des frênes, des acacias, des sapins et des mélèses, qui avaient jusques-là parfaitement réussi. Si le succès de l'acacia doit nous étonner sur les Alpes, il n'en est pas de même du sapin et du mélèse, arbres indigènes de ces montagnes; car la hauteur du Mont-Cenis, qui, d'après Pictet et Saussure, est de 983 toises au dessus du niveau de la mer, en la mesurant sur la surface du lac, et de 1060, mesurée sur le point le plus élevé du col, n'excède pas la région qui leur convient, puisqu'on en trouve jusqu'à 2200 mètres : l'on s'étonnerait même de ne pas en voir sur le Mont-Cenis, vu surtout que ce plateau abrité du côté du Nord, n'est ouvert qu'au Midi, si l'on n'apprenait qu'ils ont été coupés dans les guerres de la révolution pour les besoins des armées.

Dom Dominique a semé aussi de l'avoine et du seigle qui sont parvenus à la maturité. Ce qui a réussi une année ne réussirait peut-être pas une autre ; et puisque les habitans qui savent si bien tirer parti de leurs montagnes, n'ensemencent point le Mont-Cenis, c'est une preuve ou du moins une forte présomption que l'expérience est contraire à ce genre de culture, qui, comme nous le verrons, prospère cependant sur le Mont-Genèvre.

Les prairies et les pâturages sont d'un produit bien plus certain sur le Mont-Cenis. Dans les chalets qu'y ont établis plusieurs habitans de Lans-le-Bourg, on fait un fromage d'une qualité particulière : il a le marbré, le piquant et quelquefois la qualité, sinon du Roquefort, le premier fromage du monde, au moins du Sassenage, celui de tous qui en approche le plus.

La prairie qui conduit du hameau des Tavernettes au bord du lac repose sur le Gypse, roche secondaire assez remarquable au centre de ces montagnes primitives. Ce qu'elle a de plus remarquable encore, c'est qu'elle ne peut pas être envisagée comme un accident ; car ce gypse étant de la même nature que celui que traverse, où longe la route, au sortir de Modane, et qu'on rencontre encore plusieurs fois, chemin faisant, doit appartenir à la même veine, interrompue superficiellement en quelques parties par des couches de schiste.

Cette dernière roche prédomine sur le Mont-Cenis. Quelqu'un a prétendu avoir trouvé le granit, en fouillant dans les entrailles de la terre ; mais on ne le trouve pas du tout à la surface. Le fer y est assez abondant : il y en a eu des mines exploitées sur la montagne du Revers, qui renferme des scories de forge, ou de fonderie, mal à propos confondues avec des scories volcaniques par quelques personnes, au nombre desquelles est l'auteur du nouvel Itinéraire de l'Empire Français. M. de Saussure a prouvé qu'il n'y a aucune lave, aucune trace de volcanisation sur les Alpes.

Dom Dominique m'a fait cadeau d'une de ces scories, qui fut poussée hors de terre par une marmotte sortant de son habitation d'hiver. Il m'a remis aussi du fer en poudre, qui a été pris au même endroit, et qui présente ce métal dans toute sa pureté. Ceux qui ont exploité ces mines ne craignaient sans doute pas le froid autant que nous ; ils ne craignaient pas non plus l'interruption de leurs travaux pendant plus de la moitié de l'année. La découverte de ces anciennes forges rend moins ridicule le passage de l'Itinéraire Français qui, dans sa première édition, place, sur le Mont-Cenis des Alpes, les célèbres établissemens du Mont-Cenis d'Autun, ou du Creuzot. Il a puisé cette bévue dans l'Itinéraire de l'Europe, par Reychard, qui l'a puisée lui-même je ne sais où.

M. Bonelli, naturaliste de Turin a trouvé, sur le Mont-Cenis beaucoup de papillons particuliers à cette région de l'atmosphère, entre autres le mnémosine, le phœbus, etc. Les oiseaux qu'on y voit le plus habituellement sont le pinson de neige, la perdrix blanche ou lagopède, le grand et le petit aigle.

Les marmottes y sont communes, c'est leur région naturelle. Quelques détails sur cet animal dormeur, dont l'existence active ne dure que quatre ou cinq mois de l'année, pourraient amuser nos lecteurs, mais sortiraient du cadre que nous nous sommes tracé : on doit les chercher dans le Pline français, qui donne, de la marmotte, une description fort exacte et en outre fort intéressante, comme tout ce qui sort de la plume de cet écrivain.

Quant aux ours, on n'en voit point du tout sur le Mont-Cenis, quoique le centre des Alpes soit leur séjour ordinaire ; mais ils affectent certains endroits de préférence, surtout les plus boisés. Les environs de Termignon sont la partie de la Maurienne où ils se montrent le plus. Ils viennent y manger l'avoine qu'on cultive beaucoup dans ce territoire, et dont ils sont, à ce qu'il paraît, très friands. A l'un de mes passages sur cette route, un montagnard venait de prendre deux oursons, entre Saint-Michel et Modane : la femelle le surprit, comme il les emmenait, et courut les réclamer à sa manière : il lui lacha un premier coup de fusil, et la manqua ; heureusement qu'il ne la manqua point au second coup. Le soin de sa défense personnelle fit abandonner à ce montagnard un de ses deux prisonniers, qui fut, dit-il, retrouver le père, et crainte de le trouver lui-même, il ne courut pas après. Les chamois habitent les crêtes supérieures du Mont-Cenis. On les trouve à un quart de lieue ou une demi-lieue de la poste, pour peu qu'on se livre à la curiosité de visiter ces hauteurs.

C'est encore à Buffon que nous renverrons les lecteurs curieux d'avoir des détails sur ces deux dernières espèces de quadrupèdes, sur leur vie errante dans les parties les plus froides et les plus sauvages du globe, sur la marche lente et solitaire des premiers, que n'accélère aucune rencontre, pas même celle de l'homme, sur la marche agile et fugitive des seconds, toujours réunis en troupe, toujours prêts à s'élancer dans leurs rochers au moindre bruit, sur la manière de chasser les uns et les autres, etc. Les observations ajoutées aux lettres de Coxe, par son traducteur Ramond, renferment aussi des détails curieux sur la chasse des chamois.

Avant de quitter cette montagne, il convient de dire un mot des avalanches, des tourmentes et des glaciers dont nous avons parlé, sans en donner l'explication. Ces phénomènes sont trop souvent décrits, et trop connus, pour qu'il nous soit permis d'en faire le sujet d'une longue digression.

Ils causent les uns et les autres de grandes catastrophes; mais les voyageurs n'ont à craindre que les deux premiers, les glaciers n'offrant de danger que pour les curieux qui ont l'intrépidité de les aborder, de marcher sur leurs plans inclinés, de franchir leurs crevasses. Ceux qui voudront les connaître, sans courir ces dangers, peuvent consulter l'ouvrage de M. de Saussure, celui de Coxe avec les notes de son traducteur, et le Manuel du voyageur en Suisse par Eybel.

Ils trouveront dans les mêmes auteurs, avec la description plus importante pour eux des avalanches ou lavanges et des tourmentes, les causes qui les produisent et les moyens de s'en garantir. Ils y verront que les avalanches sont d'immenses éboulemens de neige, que les unes sont locales et périodiques, les autres accidentelles; que les unes tombent en poussière, les autres en masse; que les unes arrivent en hiver, d'autres au printemps, d'autres en été; qu'elles entraînent les forêts et les rochers, ensevelissent les villages et les campagnes avec leurs habitans, étouffent même quelquefois, par la violence du vent qu'elles produisent, les personnes qu'elles n'atteignent point; que ceux qu'elles ensevelissent ne périssent pas toujours dans ces tombeaux, d'où on peut les retirer vivans, en se hâtant d'enlever la neige, quand la masse n'en est pas très considérable; qu'ils parviennent quelquefois à se faire jour eux-mêmes, en fondant la neige avec leur haleine, jointe à l'effet de leur transpiration, et en tenant leurs corps dans un mouvement continuel.

On voit ordinairement, ou du moins on entend commencer la chute assez tôt pour pouvoir s'en garantir. Les habitans de ces montagnes connaissent d'ailleurs les endroits qui offrent tous les ans du danger sous ce rapport; ainsi il est de la plus grande importance de prendre leur avis. Ces lieux sont rares dans la Maurienne, ainsi que sur le Mont-Cenis, et la route a été dirigée de manière à les éviter presque tous. Il y a aussi des avalanches de terre, qui ne sont pas moins dangereuses.

Quant aux tourmentes, le seul moyen de s'en garantir est de ne point s'y exposer; ce sont des ouragans qui règnent fréquemment sur les cols. Lorsqu'ils sont violens, ils rendent le passage dangereux, quelquefois impossible. Les habitans des lieux situés au pied des monts connaissent le danger, et en avertissent les voyageurs, qui attendent en ce cas le moment favorable, et pour l'ordinaire, ils n'attendent pas longtemps; il est rare qu'une tourmente dure un jour entier.

Un autre danger sur les cols est celui d'enfoncer dans les neiges, lorsqu'elles ont perdu, par la chaleur de l'atmosphère, la solidité qui les rendait propres à supporter le passage des plus lourds fardeaux ; c'est vers la fin du printemps, époque où elles commencent à fondre. La couche neigeuse, sur laquelle on marche, a ordinairement une épaisseur de plusieurs mètres, et l'on enfonce plus ou moins, suivant le plus ou moins d'action des rayons solaires. A cette époque les voitures ne peuvent pas toujours passer ; les mulets du pays, qui le peuvent eux-mêmes presque toujours, s'y enterrent quelquefois jusqu'au ventre, et ils ne s'en retireraient pas, lorsqu'ils ont une fois les quatre jambes totalement engagées, sans le secours de leurs conducteurs, qui se hâtent de piétiner fortement la neige, devant et derrière, pour la tasser et la rendre plus susceptible de résister à la pression des pieds de l'animal, accoutumé à attendre cette opération préparatoire, avant de faire effort pour se dégager. Ses efforts seraient encore vains, si les muletiers ne l'aidaient, en le soulevant alternativement par la queue, et par la tête pour relever d'abord le train de derrière, ensuite le train de devant.

On éprouve moins de difficultés en exécutant le passage très matin. Avec cette précaution, on enfonce encore quelquefois, d'une manière inquiétante ; mais on enfoncerait à midi d'une manière dangereuse. Le danger est moindre, en allant à pied, tant pour l'homme que pour la monture. — *Parcouru depuis Paris* 188½

§ 58. *Du Mont-Cenis à Molaret.* 6
§ 59. *De Molaret à Suze.* 4

On traverse la plaine du Mont-Cenis, qui dure une lieue, depuis le hameau de ce nom, où elle commence, jusqu'à celui de la Grand-Croix, où elle finit. Dans cet intervalle la route longe, à droite, le lac, et à gauche, vers le milieu du trajet, l'hospice dont nous avons parlé. Des jalons, plantés de distance en distance, et des maisons de cantonniers indiquent la route, quand les neiges la dérobent. Le hameau de la Grand-Croix, composé, comme celui du Mont-Cenis, d'un petit nombre d'auberges et de cabarets, est situé sur la Cenise, qui forme le dégorgement du lac, et non loin du pic de Rochemelon, fameux parmi les géographes, comme la principale sommité de cette partie des Alpes, et parmi les habitans du pays, comme un ancien lieu de pélerinage.

Une Notre-Dame, placée sur cette hauteur, et en grande vénération parmi eux, les attirait en foule tous les cinq du mois d'août. La fatigue et les difficultés de la course ont fait prendre, dans ces derniers temps, le parti de transporter à Suze l'image révérée dont ce mont était le froid séjour. Il s'élève, à gauche, jusqu'à la hauteur de 3500 mètres au dessus du niveau de la mer. Du même côté, la Cenise forme une très jolie cascade : l'ancien chemin en était arrosé.

Ce chemin descendait rapidement à la Novalaise, le long du torrent, ou plutôt s'y précipitait avec lui, par une suite de rampes escarpées qui régnaient durant environ deux lieues, et comptaient pour quatre. C'est là qu'on remontait les voitures démontées à Lans-le-Bourg, *et vice versa*. La route neuve n'y passe plus : elle côtoie par une pente extrêmement douce, la montagne qui borde la rive méridionale de la Cenise, en passant, au bout d'une demi-lieue, sous la voûte d'un rocher très élevé, qu'il a été plus facile d'excaver ainsi que d'escarper du haut en bas (*); peu après on traverse l'ancienne frontière de la Savoie et de l'Italie, puis on longe, à droite, le hameau de Bart; un peu plus loin, on domine à gauche, d'abord le village de la Ferrière, ensuite le bourg de la Novalaise, dans une profondeur de trois à quatre cents mètres. On ne peut s'empêcher de jeter un coup d'œil de commisération sur ce dernier lieu naguères florissant, autant que peut l'être un bourg situé au

---

(*) Cette ouverture a été encombrée depuis mon passage, par des éboulemens, et rouverte à force de travaux.

milieu des Alpes, aujourd'hui ruiné par la nouvelle direction de la route, qui faisait sa prospérité. La beauté du point de vue distrait de cette douloureuse impression. On voit le torrent devenir une rivière, la gorge une vallée, tout le pays un vrai paysage. Là commencent les vignes, les treillages, les noyers et les vergers de l'Italie.

A la poste de Molaret, on n'est encore arrivé qu'à la moitié de la descente. C'est une maison isolée, bâtie presque directement au dessus de la Novalaise ; elle avait été placée provisoirement au hameau de Saint-Martin, un quart de lieue plus bas. La température change sensiblement après ce hameau. Bientôt on se trouve au milieu des frais paysages dont on n'avait auparavant que la vue. Les prés, les noyers, les châtaigniers en sont la principale parure. On passe, en arrivant à Suze, au pied du roc escarpé sur lequel s'élevait le fort de la Brunette, démoli en vertu du traité de 1796 : il n'en subsiste plus autre chose aujourd'hui que la maison du commandant.

Cette petite ville, peuplée de 2000 habitans, et non de 7000 comme le dit le Dictionnaire géographique de Boiste, siége d'une sous-préfecture, jadis d'un évêché, est située dans le fond de la vallée, au pied de plusieurs rochers plus ou moins pittoresques, près du confluent de la Cénise et de la Doire, et sur l'embranchement des deux routes du Mont-Cenis et du Mont-Genèvre, qui suivent le cours de ces deux rivières.

Elle était regardée comme la porte de l'Italie, et cette porte, jadis bien fermée par le fort dont nous venons de parler, qui commandait également les deux vallées de la Cénise et de la Doire, est aujourd'hui entièrement ouverte, la ville elle-même n'ayant aucune fortification.

Du moment qu'on a passé le Mont-Cenis, on reconnaît, à l'air que l'on respire, l'heureux climat de l'Italie; on le reconnaît encore mieux à la riante végétation des pampres, des noyers et des arbres à fruit de toute espèce, qui paraît de ce côté du col, pour les voyageurs qui vont en Italie, beaucoup plus tôt que du côté opposé, pour ceux qui en viennent, puisqu'elle commence, comme on vient de le voir, à la Novalaise, et offre toute sa vigueur à Suse.

Cette ville, élevée suivant M. de Saussure, de 222 toises au dessus du niveau de la mer, correspond à peu de chose près, pour l'éloignement du col, avec le hameau du Vernay, qui nous a présenté dans la Maurienne une hauteur au moins triple, une nature glacée, des montagnes nues, ou parsemées de tristes sapins, et l'absence presque totale de toute autre végétation que celle de ces arbres d'hiver et du seigle. A Suse, les châtaigniers remplacent les sapins, qui n'occupent plus que les crêtes supérieures ; et la culture du seigle, qui n'est guères moins triste que la nudité même, dans la Haute-Maurienne, perd toute sa monotonie aux environs de cette ville, par son heureux mélange avec les prairies ombragées, les vergers et les vignes. Aucune autre vallée des Alpes ne présente plus que celle-ci les divers climats et les diverses saisons.

La ville de Suse n'a d'agréable que cette riante et pittoresque situation, qui n'est au surplus rien moins que gaie pendant l'hiver. Les curieux y remarquent un monument intéressant : c'est un arc de triomphe en marbre blanc, dédié par un préfet de ce temps, nommé Cottius, à Auguste, d'après l'inscription suivante :

Imp. Cæs. Aug. Divi F. Pontifici Maximo tribunic. Potestate XV. Imp. XIII. M. Julius regis donni F. Cottius Præfectus civitatum quæ suscriptæ sunt.

Segoviorum	Segusianiorum	Belacorum
Caturigum	Medulliorum	Tebarigrum
Adanatium	Savincatium	Ediniorum
Veaminiorum	Venicamorium	Iemmeriorum
Vesubianorum	Oradiatium	

Et civitates quæ sub eo Præfecto fuerunt.

M. Albanis de Beaumont, dans sa description des Alpes Grecques et Cottiennes, dit qu'il serait difficile de déterminer l'emplacement de ces villes. Il a tort, je crois, de confondre ici le nom de ville avec celui de cité (*civitas*), par lequel les anciens désignaient des réunions de citoyens, des pays ou peuplades, des espèces d'arrondissemens territoriaux, plutôt que des villes. D'ailleurs les noms propres qui terminent l'inscription sont évidemment des noms de peuple.

Cet arc de triomphe est dans un enclos dépendant du château, et son ouverture fait face à la vallée de la Doire, qui était sans doute alors le principal passage de l'Italie dans les Gaules : l'architecture en est d'ordre corinthien, d'une bonne exécution et d'une assez belle conservation; on en remarque surtout la frise ornée de figures en bas-relief. On a rassemblé au séminaire de cette ville, et enchâssé dans les murs du cloître, un grand nombre de pierres antiques, chargées les unes d'inscriptions, les autres de reliefs. On en a transporté aussi à Turin et ailleurs.

Il est évident, d'après ces restes, que Suse était autrefois une ville beaucoup plus considérable qu'elle ne l'est aujourd'hui. Les anciens auteurs en font mention sous le nom de *Segusio* ou *Segusium*. Sa position, sur le principal passage de l'Italie dans les Gaules, la rendait importante, et l'exposait à changer souvent de maître. Brûlée par l'Empereur Constantin, elle l'a été encore dans les temps modernes par Barberousse. Les Français l'on prise, rendue et reprise plusieurs fois, avant d'en rester définitivement les maîtres, par la réunion du Piémont à l'Empire.

Son territoire fournit un marbre renommé sous le nom de *verd de Suse* ; il produit aussi le meilleur vin d'ordinaire qu'on fasse dans le Piémont.

Jusqu'ici les habitans de cette vallée diffèrent peu de ceux de la Maurienne. En rapport continuel avec les Savoyards, ils en ont à peu près les mœurs, et en parlent presque tous la langue. Ils ont aussi comme eux beaucoup de goëtres, qui, plus fréquens après qu'avant Suse, le sont cependant bien moins que dans la Maurienne. Nous les verrons régner jusque dans la plaine du Piémont.

Des pains longs comme des fusées, et menus comme le petit doigt, qu'on sert aux voyageurs aussitôt qu'ils ont passé la frontière, sont la première différence qui caractérise à leurs yeux le changement de pays. Ces pains sont si particuliers au Piémont, qu'on n'en voit point du tout en Savoie, malgré l'ancienne réunion de ces deux pays. Ils sont très légers, et plaisent à certains voyageurs, par cette qualité, qui est un défaut pour d'autres. On a le choix entre cette extrême légèreté et l'extrême lourdeur des pains ordinaires, qui est faite pour effrayer les meilleurs estomacs, s'ils n'y sont pas accoutumés.

Après ce premier changement, les voyageurs en découvrent un second, bien plus notable, dans la cuisine Piémontaise, qui ne ressemble nullement ni à celle de France, ni à celle de Savoie. Cette différence au surplus s'efface tous les jours, depuis la réunion. Il en est une troisième qui n'est pas aussi prête à s'effacer, et qui ne les frappe pas moins : c'est celle des chambres et des lits d'auberges. Les chambres, ne leur offrent que des murs mal crépis et grossièrement blanchis à la chaux, sur lesquels, au lieu de tenture, sont suspendus de loin en loin, par deux baguettes ou lintaux, des bandes de mauvais papier peint. Ce genre d'ornement fait beaucoup rire les Français; mais ce qui ne les fait pas rire également, ce sont les mauvais grabats qui portent le nom de lits. Deux ou trois bancs de bois, sur ces bancs trois ou quatre planches, sur ces planches une grande

et méchante paillasse, un grand et plus méchant matelas, une très grosse couverture de laine, une espèce de bourlet, pas plus gros que le bras, en guise de traversin : tels sont les lits qui attendent le voyageur dans toutes les auberges de l'Italie, à bien peu d'exceptions près.
— *Parcouru depuis Paris*........................ 198 ½

---

§ 60. De Suse à Saint-Georges 3
§ 61. De Saint-Georges à Saint-Antonin 2
§ 62. De Saint-Antonin à Avigliano 3
§ 63. D'Avigliano à Rivoli 3
§ 64. De Rivoli à Turin .... 3 ½

Si le voyageur oubliait qu'il est en Italie, il serait réveillé de cet oubli en voyant son postillon ôter son chapeau devant les madones placées de loin en loin sur le bord de la route. Ce sont des oratoires construits quelquefois en petites chapelles, quelquefois en simples niches, et consacrées à la vierge.

La route suit d'abord sur la rive gauche, ensuite sur la rive droite de la Doire, la vallée de ce nom, qui offre un verger continuel dans la première lieue. La vue est ensuite attristée par la nudité des plaines de Bussolino, qu'un torrent couvre fréquemment de ses graviers : le très petit et très vilain bourg de ce nom, où l'on passe la Doire, est peuplé de 5 à 600 habitans et dépourvu de ressource. On y remarque un château gothique en ruine. Le pays reprend ensuite sa fraîcheur et sa fertilité, les arbres et les treillages deviennent plus fréquens et plus vigoureux, le sol plus fertile. Il s'améliore à mesure qu'on avance, les canaux d'arrosage qu'on tire de la Doire l'enrichissent et l'embellissent à-la-fois ; nous verrons ces canaux, qui continuent jusques dans la jolie plaine de Turin, l'arroser et la féconder de même.

Saint-Georges est un hameau de 4 à 500 habitans, où l'on voit un reste de château gothique comme à Bussolino ; et Saint-Antonin un bourg de 6 à 700 âmes, qui renferme une auberge passable. Son élévation au dessus du niveau de la mer est d'environ 400 mètres.

A peu de distance au delà, on trouve le village de Vayez, connu par ses carrières de granit, que signalent aux yeux du voyageur les nombreuses colonnes qu'il voit éparses au bord de la route.

Le bourg de Saint-Ambroise, qu'on traverse peu de temps après, renferme 7 ou 800 habitans; on y trouve une auberge passable. C'était autrefois un lieu de relais, avant l'établissement de celui de St.-Antonin. Il est dominé par un ancien couvent de bénédictins, qui s'élève de la manière la plus pittoresque sur la montagne haute et pyramidale de Saint-Michel, dont il semble former le sommet. C'est la quatrième ou cinquième montagne de la même forme que je vois porter le nom de Saint-Michel. Avigliano est un lieu plus considérable que les précédens. Il renferme 1000 habitans, une boîte aux lettres, une auberge et beaucoup de filatures de soie.

A un quart de lieue sur la droite sont deux lacs très poissonneux qui se dégorgent l'un dans l'autre. La hauteur du lac supérieur a été évaluée à 372 mètres, et celle du lac inférieur à 307 au dessus du niveau de la mer. C'est une très courte et très agréable excursion qu'on peut faire dans sa voiture. Après ce bourg, la vallée s'élargit tellement, qu'on est tenté de se croire déjà dans les plaines du Piémont, qui cependant ne commencent réellement qu'à Rivoli. La montagne qui la borde, en s'abaissant et s'éloignant sans cesse, de l'autre côté de la Doire, finit par une haute et noire cime d'une forme presque conique, d'une nudité complète et d'un aspect extraordinaire. Je lui ai trouvé celui de certaines montagnes volcaniques du Vivarais ou du Velai; mais ce n'est qu'une apparence trompeuse, il n'y a point de lave, ainsi qu'on l'a déjà dit, dans les Alpes. La hauteur de ce mont au dessus de la mer est de onze cent trente-neuf mètres. Son nom latin de *Mons asinarius* a été traduit par celui de Musinet. On y trouve vers la base du côté de l'Est la pierre hydrophane dont parle le docteur Beauvoisin.

A une lieue et demie S. S. O. d'Avigliano, le bourg de Giaveno est remarquable par l'étymologie historique que lui donnent les habitans. Si elle était admise, elle déciderait la question tant controversée sur le lieu où Annibal a passé les Alpes. Arrivé en cet endroit, dit-on, et satisfait de se voir enfin en Italie, il s'est écrié : *Jam veni*, d'où est venu par corruption Giaveno. Cette étymologie est rapportée par quelques antiquaires, et n'en mérite pas plus d'attention, n'étant fondée sur aucune preuve ni probabilité. Giaveno renferme de nombreux établissemens de forges.

Rivoli est la seconde ville qu'on trouve entre le Mont-Cenis et Turin. Elle est peuplée de 5000 habitans, et embellie d'un château royal situé sur une éminence, d'où il commande la ville et la plaine. L'édifice en est très vaste, quoiqu'il ne soit pas achevé. Il a servi de retraite, ou pour mieux dire de prison à Victor Amédée II, qui, après avoir régné cinquante-cinq ans, lassé des affaires et de lui-même, abdiqua par un caprice en 1730, à l'âge de soixante-quatre ans, la couronne en faveur de son fils, et s'en repentit au bout d'un an, par un autre caprice qui ne lui réussit pas : il voulut régner de nouveau, et mourut prisonnier dans son château le 31 octobre 1732.

Une allée large et parfaitement alignée faisant face au beau dôme de la *Superga* qui s'élève majestueusement sar la colline de Turin, est la route qui conduit à cette ville, vers laquelle s'incline légèrement la riche plaine qu'on parcourt, sans interruption, durant cette distance.

Dans une soirée du mois de mai cette plaine m'a présenté le spectacle d'une campagne toute en feu. Je regrettais de connaître la cause de cette espèce de phénomène ; je regrettais les vives impressions qu'il doit produire, la première fois que la vue en est frappée. J'eusse voulu voir moi-même, pour la première fois, les moucherons phosphoriques, communs en Italie, inconnus en France, qui produisaient cet effet. Entièrement opaques dans leur repos, ils ne montrent la lucidité de leur corps qu'en volant, parce qu'elle est couverte par leurs ailes, qu'ils ne peuvent étaler, sans faire briller à châcun de leurs mouvemens ou de leurs bonds, une espèce d'étincelle flamboyante. Ces étincelles aussi multipliées qu'ils le sont eux-mêmes, aux premières chaleurs du printemps, ne laissent presque point d'intervalle vide. C'est sur les prairies surtout que se répandent ces phosphores vivans : on dirait qu'elles sont incendiées. L'Italie est tellement leur terre natale et leur climat naturel, qu'on n'en voit pas avant d'avoir passé les Alpes; ils se montrent aussitôt qu'on descend dans les vallées du Piémont, et sont plus nombreux à mesure qu'on avance.

Ce moucheron, nommé *lucciola* en Italie, *lampyris italica* en histoire naturelle, est un petit scarabée que M. Bonelli regarde comme appartenant à la même espèce que le ver luisant de France, aux ailes près. Je ne puis partager cette opinion, jusqu'à ce qu'il l'ait démontrée ; mais je partage bien la surprise de M. Lalande de voir ce curieux insecte aussi peu connu, aussi négligé des naturalistes.

On en voit également beaucoup dans la campagne de Nice, séparée de l'ancienne Provence par le Var ; mais on n'en trouve pas du tout avant d'avoir passé ce torrent. J'ai ouï dire néanmoins qu'on en voyait sur les côtes de

Toulon ; mais je n'en crois rien, ayant passé trop souvent dans cette contrée pour ne pas en avoir aperçu, s'il y en avait eu réellement.

La pyramide qui s'élève, à gauche de la route, près de l'entrée de Turin, indique une des deux extrémités de la base d'un triangle par lequel le père Beccaria détermina le méridien de Turin. L'autre extrémité de la même base est marquée par une pyramide semblable, qui échappe à l'attention du voyageur à Rivoli.

On a dû remarquer que la vallée de Suse est de moitié plus courte que celle de la Maurienne. Cette observation faite également par M. de Saussure dans toute l'étendue de la chaîne, lui a prouvé que les Alpes ont une pente plus brusque sur leur revers méridional, que sur le revers opposé ; et la même observation répétée sur les montagnes des Apennins et du Jura est venue à l'appui de son système géologique que nous n'entreprendrons pas de faire connaître ici : il faut le chercher dans l'auteur lui-même.
—*Parcouru depuis Paris jusqu'à Turin* 213

FIN DE LA 1re. ROUTE DE PARIS A TURIN.

DESCRIPTION
ROUTIÈRE ET GÉOGRAPHIQUE
DE L'EMPIRE FRANÇAIS.

IIe. ROUTE DE PARIS A TURIN,

Par Lyon, Grenoble et le Mont-Genèvre.

204 lieues et demie.

	lieues.
De Paris à Bourgoin (v. 1re. route de Paris à Turin). 41 paragraphes.	128
§ 42. De Bourgoin à Eclose.	3
§ 43. D'Eclose à la Frette.	4
§ 44. De la Frette à Rives.	3

MONTÉE presque continuelle dans la première distance, dirigée d'abord le long d'un joli vallon, ensuite sur le penchant du coteau qui le domine à droite. Plaine, montée et descente dans la seconde, qui est sujette à s'encombrer de cailloux, surtout à la montée et à la descente, pour peu qu'on en néglige l'entretien. Le sommet qui sépare ces deux rampes domine au loin toute la contrée, et n'est dominé lui-même que par les montagnes de la Grande-Chartreuse, qui bornent l'horizon à 5 ou 6 lieues vers l'Est. Il offre la culture de la vigne, malgré le défaut d'abri, et malgré une élévation qui ne peut être moindre de 600 mètres au-dessus du niveau de la mer. Plaine continuelle, mais extrêmement caillouteuse, pendant la troisième distance, terminée par une courte descente aux approches de Rives. Elle présente la vue pittoresque des montagnes de Sassenage, en face, et de la Grande-Chartreuse à gauche. Ces deux chaînes étant de la même nature calcaire, semblent dans le lointain n'en former qu'une seule, quoique la vallée de l'Isère les sépare. En approchant, on les voit s'abaisser un peu, vers leur point de séparation, comme pour laisser voir celle des Alpes, à quinze ou vingt lieues de distance. Les cailloux ne dégradent la route que parce que les cultivateurs les y jettent pour en débarrasser leur terrain : elle ne pourra se maintenir en bon état qu'autant qu'un pareil abus ne sera plus toléré.

Ces matières roulées par les eaux, et déposées à une hauteur où aucun fleuve connu n'a pu les porter, offrent au philosophe un riche sujet de méditations, au physicien un sujet non moins fécond de systèmes géologiques. Où sont aujourd'hui les courans énormes autant qu'impétueux, qui ont entraîné ces débris du vieux monde? Ils ont disparu, sans laisser d'autre vestige que ces monumens historiques du globe, comme preuves irrécusables de leur antique existence. Les fastes de l'homme se taisent sur une époque antérieure à toute antiquité connue; ceux de la nature, plus vieille que l'homme, parlent seuls au milieu du silence de l'histoire. Peu de pays offrent ces sortes de monumens, en plus grande quantité, et d'une manière plus frappante que l'ancien Dauphiné.

Quoique desséchées par la présence de ces cailloux, les campagnes que nous parcourons ne sont pourtant pas infertiles. Les noyers y abondent, et la terre ne s'y refuse à aucun genre de culture. Les nombreuses moissons de blé-sarrazin dont elle est parsemée m'ont rappelé les champs de la Bretagne.

A la Frète nous avons passé assez près de la côte Saint-André, et laissé à droite, en sortant, l'embranchement qui y conduit. Cette petite ville est fameuse par ses fabriques de liqueurs. On y en fait le commerce très en grand; plusieurs maisons entretiennent des commis-voyageurs.

C'est dans ses environs qu'est né le célèbre contrebandier Mandrin. J'ai rencontré un homme de son nom et de sa famille : loin de désavouer cette origine il s'en glorifiait, non que ce fût un homme sans morale, mais parce que le nom de Mandrin n'est point flétri dans le pays. Ce n'était aux yeux de ses compatriotes qu'un contrebandier courageux. « On l'a fait mourir bien » à tort, me disait son parent ; au lieu de sup- » plicier un homme aussi brave, me disait un » autre, il eut mieux vallu le mettre à la tête » d'une armée ». Cette opinion locale m'a paru assez piquante pour mériter d'être recueillie.

Éclose est un hameau peu considérable, la Frette un grand et triste village, peuplé de 1000 habitans, avec bureau de poste, et Rives un très joli bourg de 14 à 1500 âmes, ayant aussi un bureau de poste et de plus une assez bonne auberge. Il est situé d'une manière gracieuse au bord d'un des plus frais et des plus romantiques vallons que j'aie jamais vus. Je ne puis lui comparer que celui de Roya près de Clermont.

La jolie rivière de la Fure qui l'arrose, prend sa source au lac de Paladru, situé à deux lieues vers le Nord ; elle reçoit à Rives même le Réaumont, ruisseau remarquable en ce qu'il augmente et diminue avec les jours, c'est-à-dire, qu'il y a plus d'eau en été qu'en hiver. Sa source est à une demi-lieue de son embouchure; elle sort de la terre en bouillonnant. La coïncidence de ses variations avec les temps des gelées et de la fonte des neiges, paraît indiquer la véritable cause du phénomène. Ce qui néanmoins laisse des doutes, est l'éloignement des montagnes neigeuses : les plus voisines, celles de Sassenage, sont séparées de ce bassin par celui de l'Isère, et celles de la Chartreuse par plusieurs vallons. C'est sans doute cette curieuse source, donnée pour merveilleuse par les anciens historiens du Dauphiné, que l'auteur de l'Itinéraire français prend pour une fontaine minérale.

S'il ne faut pas chercher cette fontaine minérale à Rives, il ne faut pas y chercher davantage les mines de fer qu'y place le même auteur, prenant apparemment, par une nouvelle méprise, pour des mines, les forges établies sur la Fure. Elles sont au nombre de sept, et beaucoup plus consacrées à la fabrication de l'acier qu'à celle du fer.

Ce bourg renferme aussi une belle papeterie, qui ne le cède en France, pour la perfection, qu'à celle d'Annonai. Enfin on y fait un grand commerce de toiles, connues sous le nom de toiles de Rives.

Tome II. 7

Après la source du Réaumont, après les forges et la papeterie de Rives, les curieux verront encore avec intérêt, dans le vallon de la Fure, un peu au dessous du bourg, le château d'Alivete, remarquable par son site. — *Parcouru depuis Paris.* 138

§ 45. *De Rives à Voreppe.* 3

On traverse la Fure sur un pont de pierre au sortir de Rives, on franchit ensuite une assez haute montagne, dont le revers opposé conduit à la belle et riche vallée de l'Isère. Le premier lieu qui se présente dans cette vallée est le bourg de Moirans, caché et comme enseveli sous les arbres. Le voyageur y passe entre une assez belle maison à droite, et un très beau jardin à gauche, appartenant l'un et l'autre, jadis à M. Pâris de Montmartel, financier renommé, originaire de ce lieu; aujourd'hui à M. de la Motte. On se croit dans une ville, à la vue des nombreuses enseignes d'auberge et de café qui tapissent les murs de plus de la moitié des maisons, et l'on est dans un bourg de 2000 habitans : on est aussi au centre de la culture des chanvres et de la fabrication des toiles du Dauphiné, qui se vendent dans le Midi, sous le nom de *toiles de Voiron,* parce que c'est dans cette ville qu'en

IIᵉ. ROUTE DE PARIS A TURIN.

est l'entrepôt. Le bourg de Moirans est encore connu pour le blé et le bois que produit son territoire. Il y a un bureau de poste.

La route que nous suivons se réunit à l'entrée de Moirans, avec celles de Voiron et de Valence, ce qui forme un carrefour de quatre chemins, se croisant à angles droits.

Le bourg de Voreppe, situé sur le torrent de la Roise, n'est pas moins considérable que celui de Moirans, et n'a pas moins d'enseignes : on dirait que toutes les maisons tiennent auberge ou café. On y fait le commerce du sable (propre aux briques des fourneaux à verrerie) que charrie le torrent, et des bois que produisent les montagnes de la Grande-Chartreuse, au milieu desquelles ce torrent prend sa source.

C'est à Voreppe que s'embranchera, lorsqu'elle sera faite, la route de Voiron à Grenoble, qui, dans l'état actuel passe par Moirans, et occasionne un détour d'une lieue : détour qu'on évite néanmoins, dans la belle saison, parce qu'alors le chemin direct est praticable pour les voitures (*v.* pour Voiron et toute cette partie de route l'article *Communication*). C'est encore à Voreppe que vient aboutir le meilleur des chemins qui conduisent à la Grande-Chartreuse.

— *Parcouru depuis Paris.* 141

§ 46. *De Voreppe à Grenoble*. 4

La route traverse à des intervalles presque égaux, trois jolis villages, le Fontanil, Saint-Robert et la Buisserate. La vallée a perdu les deux tiers de sa largeur, sans rien perdre de sa beauté. Les collines qui bordent la rive droite de l'Isère, se changent ici en montagnes escarpées ; ce sont celles de la Grande-Chartreuse. En certains endroits, elles menacent de leurs éboulemens la route, qu'elles dégradent par leurs ravins. Les montagnes de la rive opposée paraissent de la même nature calcaire, et offrent avec autant d'aspérités et de déchiremens, plus d'élévation et de majesté, sans cependant pouvoir donner une juste idée des Alpes, dont elles sont une ramification. Ce n'est point ces énormes carcasses, ces crêtes aiguës, cette nudité attristante. Ici point d'autre nudité que celle des rochers blanchâtres, qui bordent les cimes en forme de corniches, ou qui ressortent de loin en loin à travers des pentes rapides, et des forêts rembrunies par le Nord, qui les couvre d'une ombre presque éternelle. Les pentes s'adoucissent vers les bases, comme pour mieux se prêter à la végétation, et permettre à la main de l'homme d'y porter la culture. Après avoir vu cette chaîne s'exhausser à mesure qu'on avance, on la voit s'éloigner ici pour aller se rattacher à celle des Alpes, en suivant la direction du Drac, qui court du Sud-Est, précipiter dans la rive gauche de l'Isère, ses eaux plus impétueuses et plus menaçantes que celles dont il est tributaire.

Au dessus de ce confluent, au pied des montagnes, et près du coude qu'elles forment, en s'inclinant vers le Sud, on distingue, pendant l'hiver, le bourg de Sassenage, que les arbres dérobent pendant l'été. Il a donné son nom à cette partie de la chaîne. La vallée du Drac qui s'évase considérablement, en venant joindre celle de l'Isère, fait face au village de la Buisserate, d'où l'œil la suit au loin, jusque dans les escarpemens des Alpes, qu'on aperçoit de là pour la première fois. Si l'on veut jouir pleinement de ce coup d'œil, il faut monter à un petit hermitage creusé dans les rochers, au dessus de la route, et presque caché par les arbres qui naissent dans leurs veines. Cette espèce de grotte est aujourd'hui une petite maison de plaisance, qui n'a d'autre maçonnerie que la façade. Le marteau seul a fait presque tout le reste, en creusant et piquant le roc. Les curieux trouvent dans les nouveaux acquéreurs toute la complaisance qu'ils peuvent désirer.

L'abord de Grenoble ressemble à celui d'une ville de guerre, sans que néanmoins on puisse la compter au nombre de celles qui servent de boulevard à la France. Des remparts à la Vauban l'entourent, et l'on y entre par de vieux pont-levis. Un fort placé au sommet de la montagne qui la domine au Nord, était sa principale défense. On ne voit plus à la place de ce fort qu'une maison particulière, qui n'a conservé de son ancienne destination que son nom de *Bastille*; mais on y jouit d'un très beau coup d'œil, qui embrasse la vallée du Drac et celle de l'Isère, au bout de laquelle on distingue, à plus de trente lieues de distance, la majestueuse cime du Mont-Blanc. Cette superbe vue est digne de la curiosité des étrangers; mais il faut se condamner à une promenade fatigante. Une muraille vieille et mal construite, monte des deux côtés de la montagne jusqu'au sommet, qu'elle enferme dans son enceinte. Je n'ai retrouvé ce genre bizarre de fortification qu'à Gênes. Dominée par cette montagne, la ville domine elle-même de tous les autres côtés, par ses remparts en terrasse, une plaine couverte de prairies et de vergers.

L'Isère partage Grenoble en deux parties très inégales, dont la moins considérable, celle de la Perrière et St.-Laurent, resserrée entre sa rive droite et le pied de la montagne, consiste en une seule et très longue rue, qui lui donne l'air d'un faubourg. L'autre partie qu'on peut considérer comme la ville, proprement dite, est assez grande, assez bien percée et assez mal bâtie. On n'y voit qu'un bel hôtel, celui de l'intendance, occupé aujourd'hui par la préfecture. Celui de Lesdiguières, en face du pont de pierre, n'a de remarquable que le nom qu'il porte. Sur la place de Saint-André est un édifice gothique, d'une architecture délicate, que la main du temps et celle de la destruction ont respecté : c'est le palais de justice.

Le bâtiment du collége renferme une bibliothèque considérable, où l'on conserve des manuscrits précieux, entre autres les poésies du duc d'Orléans, père de Louis XII. On y voit aussi les statues des quatre plus grands hommes qu'ait vus naître cette ville : le chevalier Bayard, les métaphysiciens Condillac et Mably, et le mécanicien Vaucanson. La même maison offre un beau musée, un cabinet d'histoire naturelle et un très petit cabinet d'antiquités, parmi lesquelles on remarque des momies d'Egypte.

Un lycée, une école de droit et de médecine, une école d'artillerie, une cour d'appel, un tribunal criminel et un arsenal, sont, avec la préfecture de l'Isère, les principaux établissemens qui dédommagent Grenoble de son titre de capitale du Dauphiné, de son intendance et de son parlement. Cette cour souveraine lui avait donné un ton de grande ville qu'elle n'a pas perdu. Elle renferme un certain nombre de riches familles, dont plusieurs ont équipage. Sa population de 22,600 habitans est à peu de chose près la même qu'autrefois. Son commerce favorisé par l'Isère, qui, malgré sa rapidité, est navigable jusqu'à Montmélian, douze lieues au dessus de Grenoble, consiste dans les chanvres, la laiterie, la ganterie, la chamoiserie, le ratafia et autres liqueurs. Il s'étend encore aux fers provenant des forges d'Allevar, aux marbres qu'on extrait dans les montagnes voisines et qu'on travaille dans la ville, ainsi qu'aux bois de sapin et de noyer, destinés, les premiers pour mâture, les autres pour meuble.

Les habitans de Grenoble sont généralement réfléchis et spirituels, mais avec quelque chose de cette finesse qu'on reproche aux Dauphinois, et de ce ton railleur qu'on reproche à certaines villes de province. Ils cultivent avec succès les arts, les lettres et les sciences, et ont fourni aux assemblées nationales plusieurs orateurs distingués, parmi lesquels on distingue Mounier et Barnave. Outre ces deux hommes célèbres, et ceux dont nous avons vu les statues à la bibliothèque, Grenoble est encore la patrie du jurisconsulte Guipape et de Gentil-Bernard. Cette ville mentionnée dans les lettres de Plancus à Cicéron, sous le nom de *Cularo*, reçut de l'empereur Gratien celui de *Gratianopolis*, d'où l'on a fait *Grenoble*.

Elle offre aux étrangers la ressource de quatre maisons de bains, dont une très bien servie, d'une assez jolie salle de spectacle, occupée tous les ans pendant neuf mois, et de plusieurs promenades, dont les principales sont celles de la porte de France, le jardin de la préfecture, ou jardin de ville, orné d'une statue d'Hercule en bronze, les glacis, et le cours de la Graille, qui se prolonge en ligne directe, à deux lieues de distance, depuis Grenoble jusqu'au pont de Claix.

Ce pont d'une seule arche, sur le Drac, mérite d'être vu. Il a 140 pieds d'ouverture d'une culée à l'autre et 120 de hauteur. Lesdiguières, qui l'a fait construire, détourna le cours du torrent, pour le contraindre à passer au travers d'une colline qu'il fit ouvrir à cet effet. Les deux culées portent de part et d'autre sur le roc vif, qui ressort de plusieurs toises au dessus du niveau des eaux. Ce torrent ne put être maîtrisé qu'en l'amenant ainsi entre ces deux digues naturelles, comme on attire un monstre indomptable dans le piége où il doit se prendre lui-même.

L'heureuse situation de Grenoble au milieu de la jolie plaine où se réunissent les deux vallées de l'Isère et du Drac, est un avantage qui a failli lui coûter cher. Le confluent de ces deux rivières qui s'opère dans l'état naturel à une demi-lieue au dessous de la ville, s'est opéré dans des crues violentes à travers la ville même, qui fut, en 1229, sur le point de se voir englouti (*). On a marqué, sur un des murs de l'hôpital, la hauteur où parvinrent les eaux. Une forte digue établie le long du Drac, met désormais la ville et la campagne à l'abri de ce fléau.

Grenoble doit moins l'agrément de sa position aux vergers et prairies qui forment sa banlieue, qu'aux montagnes et collines qui forment son horizon. Nulle part je n'ai vu de perspective plus variée, nulle part les Alpes ne m'ont paru plus belles, sans même excepter le Piémont, d'où l'on découvre une grande partie de leur chaîne : c'est peut-être parce qu'à Grenoble elles se prodiguent moins, ne se montrant que par échappées de vue, et comme à

(*) Cette catastrophe fut occasionnée par la rupture de la digue du lac de Saint-Laurent. (*v. page* 126.)

la dérobée. On distingue, vers l'Est, sur quelques-unes de leurs cimes, des glaciers qui paraissent peu éloignés : vers l'Ouest, la vue est bornée par la chaîne de Sassenage, qui est, ainsi qu'on l'a dit, une de leurs ramifications, et vers le Nord par celle de la Chartreuse, qui en est entièrement isolée, comme nous aurons occasion de le voir.

La première, renommée dans le Dauphiné par ses pâturages, l'est dans toute la France par le fromage qui porte son nom, et qui ne le cède en qualité qu'à celui de Roquefort, dont il est une sorte de contrefaçon. La manipulation de ce fromage n'est pas indigne de la curiosité du voyageur. C'est une course de deux lieues, dont une en plaine jusqu'au bourg de Sassenage, et l'autre dans les montagnes jusqu'aux premiers chalets où on le fabrique. Il ne s'en fait point du tout à Sassenage même, qui n'en est que l'entrepôt. Les montagnards vont l'y vendre, et les marchands de Grenoble l'y acheter.

Après ce fromage renommé, ce qui a fait le plus connaître Sassenage, est la célébrité des cuves de ce nom, que les anciens historiens du Dauphiné placent au nombre de ses merveilles. Elles sont loin, comme on le pense bien, de présenter le miracle qu'ils leur ont attribué, consistant à servir aux habitans de thermomètre, pour l'abondance de leur récolte en vin ou en blé, par la quantité d'eau qu'elles contenaient au jour des Rois. On a reconnu, dans le temps, que le miracle était l'ouvrage d'un habitant, qui recevait une rétribution de son curé pour mettre de l'eau secrètement dans les cuves, pendant la nuit qui précédait cette fête.

Mais si l'on ne doit pas y chercher cette curiosité mensongère, rapportée par des historiens de mauvaise ou de trop bonne foi, on y trouve en revanche des curiosités réelles, dont aucun historien ne parle, et dont tous les observateurs sont enchantés. Ce qu'on appelle les cuves de Sassenage, n'est autre chose que deux cavités très peu remarquables qu'on voit dans une petite grotte, située à côté d'une autre plus grande, et bien plus digne de notre attention. L'aspect de celle-ci, le torrent qui s'en dégorge, et sa construction intérieure offrent, ainsi que la sauvage position qu'elle occupe, et le chemin non moins sauvage qui y conduit, un ensemble fait pour captiver tous les amateurs de la vraie nature. Cette grotte est à mi-pente de la montagne, une demi-lieue au dessus de Sassenage, d'où l'on y arrive, en remontant le torrent qui traverse ce bourg, par une gorge bocagère et féconde en tableaux pittoresques. Au bout de quinze à vingt minutes, on le passe sur un pont formé d'une longue planche, dont a toujours soin de se munir le guide qu'on prend au village; et bientôt après on voit les eaux se précipiter en cascade du fond d'une vaste caverne. On croit être à la source du torrent, et l'on reste un moment dans la contemplation, au bord de la forêt qui conduit jusques-là, en regrettant que cette source mystérieuse et vraiment romantique n'ait point eu son Pétrarque, qui l'eût rendue aussi justement célèbre que celle de Vaucluse. Mais ce n'est point une source que l'on voit, c'est le débouchement d'une rivière souterraine qui va, roulant de cascade en cascade, dans un labyrinte d'aqueducs, dont la roche vive forme le pavé, les parois et les voûtes.

On ne peut s'introduire dans ces espèces de galeries, dont quelques unes se prolongent à perte de vue, que par une ouverture latérale, celle par où s'échappent les eaux étant inaccessible. L'abondante clarté jetée dans l'intérieur par cette double ouverture permet aux curieux de pénétrer assez avant dans une espèce de vestibule, où se réunissent deux principales galeries et les deux torrens auxquels elle servent d'aqueducs;

mais on est bientôt arrêté par les eaux qui, jointes à l'inclinaison du lit glissant sur lequel elles roulent, ne permettent pas de pénétrer plus loin malgré la prodigieuse hauteur de la voûte. L'œil se perd dans l'étendue de ces corridors où l'on entend le bruit des eaux qui bouillonnent et se précipitent dans un lointain qu'on ne peut distinguer.

Saint-Cloud, Versailles, Monceaux, qu'est-ce que vos cascades, vos torrens, vos artificielles et somptueuses horreurs, auprès des cascades, des torrens et des inimitables horreurs de la nature? Une autre singularité de ce lieu est ce qu'on nomme les *pierres ophtalmiques* : elles sont blanches ou d'un gris obscur, et de la grosseur d'une lentille. On leur attribue la vertu de faire sortir des yeux les ordures qui peuvent s'y introduire, vertu tombée aujourd'hui dans le même discrédit que celle des cuves.

Une excursion plus longue et non moins intéressante à faire, quand on est à Grenoble, est celle de la Grande-Chartreuse. Quoique cet ancien monastère soit beaucoup plus près du relais des Échelles, ainsi que nous l'avons dit à l'article de ce bourg (1re. *route de Paris à Turin*) que de Grenoble, cependant c'est ordinairement de cette ville qu'on s'y transporte, parce

II⁰. ROUTE DE PARIS A TURIN.

qu'on y trouve plus de ressources, et quelquefois des compagnons de voyage. Plusieurs chemins y conduisent.

Les deux plus fréquentés sont ceux de Saint-Laurent-du-Pont et du Sappey. Le premier quitte, à Voreppe, la grande route et la vallée de l'Isère, pour pénétrer dans une gorge qu'on suit pendant trois lieues, en tirant droit au Nord, entre deux montagnes, l'une à gauche, peu escarpée et cultivée jusqu'au sommet, l'autre à droite, presque partout inculte et inabordable, presque partout défendue par des roches crénelées, qui sont comme les remparts que s'étaient tracés les enfans de saint Bruno. Des forêts de sapins forment les épaulemens de cette fortification naturelle; de profonds ravins, la plupart aussi inaccessibles que les montagnes même, en sont les tranchées. Ces ravins vomissent, dans la vallée qu'on parcourt, les torrens qui les ont creusés. On en franchit, non sans danger, cinq ou six avant d'arriver au village de Saint-Laurent, où s'arrêtaient les voitures des généraux de l'ordre, lorsqu'ils se rendaient au chapitre, tenu tous les ans à la Grande-Chartreuse. Là finit le danger des torrens à traverser; là commence celui des chemins étroits et suspendus en corniche sur d'autres torrens. Nous avons vu de loin se précipiter de nombreuses cascades; ici on va les voir de près. Ce n'est plus un bruit lointain et confus, c'est un fracas épouvantable, qui étouffe tous les autres bruits, qui ne permet pas à l'oiseau de faire entendre ses chants, aux voyageurs effrayés de s'entendre eux-mêmes.

La vallée se resserre tout-à-coup, les deux montagnes rapprochent et perdent dans les nues leurs cimes, devenues presque verticales. De part et d'autre des escarpemens hérissés de ronces, de sapins, de rochers, et entrecoupés de torrens, forment une barrière également inaccessible pour ceux qui voudraient pénétrer dans cette retraite, et pour ceux qui en voudraient sortir par toute autre issue que le détroit qu'on a choisi pour la barrer. Une maison, percée d'outre en outre par un arceau, et fermée d'une double porte, occupe toute la largeur de ce détroit. Il faut nécessairement, après avoir franchi le torrent sur un horrible pont jeté d'une montagne à l'autre, passer sous la voûte de cette maison, adossée à droite contre la montagne, et suspendue à gauche sur un abîme. La double porte franchie, on est dans l'enclos de la Chartreuse, qui se compose d'un groupe de montagnes, les plus hautes, les plus escarpées et les plus sauvages de toute la chaîne. Les forêts de sapins qui les couvrent du sommet à la base, y tiennent lieu de vergers et de plantations; les torrens et les rochers d'embellissemens.

On marche pendant plus d'une heure, en longeant à gauche, et remontant le torrent du Guier vif, qui va former avec le Guier mort, la rivière des Échelles. On l'entend sans cesse lutter contre les rochers qui lui disputent le passage; mais on ne l'aperçoit que par intervalle, à travers l'épaisseur de la forêt, et dans un effroyable abîme, dont un seul faux pas peut vous faire mesurer la profondeur. Tout-à-coup se présente une cascade : elle fond au milieu du chemin, du haut de la montagne qu'on a sur la droite. Les chevaux s'effarouchent; mais il n'y a pas d'autre passage. Il faut ou raser le talus du rocher sous la cascade même, qui ne peut guères manquer d'écraser, par son volume et la force de sa chute, le cheval avec le cavalier, ou passer dans une espace de deux ou trois pieds, entre le précipice et la cascade, sous la pluie qu'elle répand, et dans le courant rapide qu'elle forme à travers le chemin. Si le cheval effrayé fait un mouvement à gauche, on tombe avec lui dans le torrent, qui, en cet endroit, bondit à plus de quatre cents pieds de profondeur perpendiculaire. C'est cependant par cet étroit passage que j'ai vu, à la suite d'un guide du pays, que ce dangereux pas inquiétait autant que nous, s'avancer courageusement ma jeune épouse, dont j'excitais et rassurais le cheval, auquel j'ai vu faire, malgré cela, la moitié du mouvement que je craignais : s'il l'eût fait tout entier..... Je frissonne à cette idée..... et à ce souvenir!....

Cette cascade n'existerait point si les Chartreux existaient encore eux-mêmes : ils l'eussent maîtrisée, soit en changeant le torrent de direction, soit en le faisant passer sous la route. Les travaux par lesquels ils ont arraché à la nature, dans ces précipices, un chemin qu'elle leur refusait, prouve que leur patience ne connaissait point d'obstacle. Il a fallu escarper la montagne à une hauteur prodigieuse, pour obtenir une largeur où deux chevaux pussent croiser.

Le danger des torrens, qui est extrême à l'époque de la fonte des neiges, devient nul dans l'été, saison ordinaire de ce pélerinage, à moins qu'ils n'aient été gonflés par de très grands orages, tels que ceux qui m'ont surpris pendant la nuit que j'ai passée au couvent.

On avance dans l'obscurité de la forêt, toujours entre la montagne à droite et le torrent à gauche, jusqu'à un deuxième pont qui était l'ancienne entrée des Chartreux. En gagnant du terrain, ils la reculèrent d'une lieue, qui est l'espace qu'on parcourt d'un pont à l'autre. Ce dernier pont franchi, on côtoie la rive opposée, et l'on n'a plus qu'une demi-lieue de forêt avant d'arriver au couvent. Même horreur, même ombrage impénétrable à l'astre du jour, même profondeur des précipices, même hauteur des montagnes : on s'élève à mesure qu'on avance, mais elles s'élèvent dans la même proportion. La fraîcheur dont on jouit ajoute, dans la saison des chaleurs, un charme de plus à toutes les sensations qu'on éprouve. Enfin la vallée s'évase un peu, la forêt s'éclaircit, et les hêtres remplacent les sapins, qui n'occupent plus que les cimes. Déjà l'on voit briller, à travers quelques clairières, le monastère qu'on va visiter. Bientôt la forêt cesse entièrement, et l'on se trouve dans une vaste prairie, au fond de laquelle l'œil mesure, avec toute l'immensité du bâtiment, une partie du désert dont il occupe le centre.

Cet édifice, qui a coûté plus d'un million, est d'une architecture noble, simple et solide.

8*

Adossé contre la montagne qui borde la rive gauche du torrent, il n'a d'autre aspect que la croupe très rapprochée qui s'élève sur l'autre rive. La prairie dont il est entouré, l'est elle-même par la forêt qui couvre toute cette haute région. La façade est embellie par les jardins en terrasse des anciens officiers de la maison. On visite, dans l'intérieur, les appartemens des étrangers, les caves aussi fraîches que spacieuses, et la fromagerie où l'on fabrique une espèce de Gruyère. Les tables de la cuisine sont formées de deux plaques de marbre grossier, dont l'une, longue de..... mètres sur..... de large, est la plus grande que j'aie jamais vue (*). La salle du chapitre, encore tapissée des portraits de tous les généraux de l'ordre, est ce qu'il y a de mieux à voir, et la largeur du cloître ce qu'il y de plus frappant. Il renferme quatre-vingt cellules.

Ce couvent n'a pas été vendu, parce qu'il n'a point trouvé d'acquéreur, sa démolition ne pouvant être d'aucun profit au fond de ce désert. Il ne saurait convenir à aucun établissement public, à cause de l'éloignement de tous les objets nécessaires à la vie, et de la

---

(*) J'ai perdu la mesure que j'en avais prise, et je n'ai pu ni la retrouver ni la remplacer.

cherté des transports, qui ne peuvent se faire qu'à dos de mulets : huit mois d'hiver le plus rigoureux, rendent tous les projets inadmissibles. Il a, jusqu'à ce moment, été faiblement entretenu. Sa toiture en ardoise avait surtout grand besoin de réparation lorsque je l'ai visité. L'administration des domaines y tient un régisseur qui consent à fournir des lits aux curieux, et permet à sa ménagère de leur vendre les vivres dont ils ont besoin : un vieux domestique, ou frère du couvent, se charge des chevaux ; ainsi les voyageurs trouvent encore à satisfaire leurs premiers besoins dans cette maison abandonnée, qui offrait autrefois, avec abondance, toutes les ressources et quelques-unes des commodités de la vie.

Ce monastère était devenu très riche; mais on lui pardonnait sa richesse, en faveur du nombre considérable d'étrangers qu'il recevait, des aumônes abondantes qu'il distribuait, et de la multitude prodigieuse de personnes qu'il entretenait toute l'année. D'ailleurs, l'opulence n'y avait pas introduit la corruption : on y retrouvait encore la pureté primitive des vertus claustrales, et la règle s'y observait dans toute sa rigueur. Comme il était le berceau de l'ordre, il voulait en être aussi l'exemple.

En remontant le torrent par un chemin ombragé, large et assez commode, on arrive, en un quart d'heure, à la cellule de Saint-Bruno, qui est aujourd'hui convertie en chapelle. Dans une grotte, située au bas, coule la fontaine où il se désaltérait. C'est là qu'il s'établit, vers la fin du onzième siècle, avec les pieux cénobites qui le suivirent dans cet hermitage; mais comme ils étaient trop près du pied des montagnes, et fort incommodés, soit de la fonte des neiges, soit de la chute des rochers, leurs successeurs rétrogradèrent jusqu'au centre du désert, où ils bâtirent le monastère dans l'emplacement qu'il occupe aujourd'hui. Telle fut la source de l'ordre des Chartreux, qui, du fond des forêts et des précipices, se répandit bientôt dans toute l'Europe. Jamais asile ne fut mieux choisi : on sent pour ainsi dire le repos de l'âme, et le silence de toutes les passions, en abordant cette paisible et morne solitude, dont le seul aspect commande le recueillement.

Elle n'a qu'une autre issue semblable à la première et un peu moins éloignée. C'est encore un torrent qui roule entre deux énormes rochers, un pont jeté de l'une à l'autre rive, une maison qu'une double porte ferme par les deux bouts, et qu'il faut traverser sous une voûte.

La nature, si horriblement variée dans ces montagnes, n'a d'autre uniformité que ce double, cet étrange resserrement par lequel elle a fermé les deux vallées qui aboutissent à la Grande-Chartreuse. Ces deux uniques portes, et les cimes hérissées qui entourent l'enceinte de toute part, sont des fortifications bien plus inexpugnables que toutes celles dont l'art et le génie environnent nos forteresses.

L'on arrive en peu de temps au village de Chartreuse ou *Chartrouse*, d'où le couvent a tiré son nom : étymologie que tout le monde ne connaît pas.

Cette route est celle du Sapey, montagne qui borde la vallée du Grésivaudan, et à laquelle on arrive à travers de continuelles forêts de sapins. Mon guide me montra un endroit où il avait vu et tiré un ours, ce qui m'apprit qu'il y en a dans ces montagnes, comme dans les Alpes : elles renferment aussi des chevreuils et des sangliers, mais point de chamois.

Nous ne rencontrâmes qu'un seul torrent : il nous parut superbe. Il se précipite du sein d'un rocher au bord du chemin, sous lequel il passe. Les forêts, surtout près des cimes, sont entrecoupées de pâturages. On trouve quelques granges et un hameau assez étendu dans un vaste bassin tapissé de prairies, où domine, au milieu d'une foule d'habitations très disséminées, le ton sauvage et solitaire de toute cette contrée. Au bout de quatre heures, on est au sommet du Sapey, et à la vue de la vallée du Grésivaudan, où est situé Grenoble. Cet aspect inattendu d'une des plus belles vallées du monde, qu'embellissent les méandres brillans de l'Isère, et les longs développemens du Drac, est d'autant plus ravissant, qu'il forme le parfait contraste du pays affreux qu'on vient de parcourir. On rentre, pour ainsi dire, dans le monde habitable, et l'on éprouve quelque chose de l'impression que produit sur les matelots la vue de la terre, après une longue navigation. L'horizon est couronné, dans un superbe lointain, à droite, par les montagnes du second ordre, qui se détachent de la grande chaîne des Alpes, à gauche, par les Alpes même, dont les croupes, variées à l'infini, sont couvertes, vers le pied, de prairies, de vergers et de bosquets; vers le milieu, de forêts et de pâturages; vers les cimes, de neiges et de rochers.

En jouissant de cette admirable perspective, on arrive à Grenoble, sans s'apercevoir de la longueur et de la fatigante rapidité de cette descente, dont la première moitié est dans les bois, et la seconde dans les vignobles. Cette route, d'environ 5 lieues, est moins longue d'un tiers que la précédente, moins pittoresque et moins féconde en torrens.

L'intérieur de la France ne renferme pas de montagnes plus extraordinaires que celles que nous venons de décrire; et quoique leur plus grande hauteur perpendiculaire, d'environ 2000 mètres au dessus du niveau de la mer, soit bien inférieure à celle des Alpes, elles offrent plus de véritables horreurs que je n'en ai jamais vues sur aucun des points où j'ai traversé ces dernières. Le spectacle de ces horreurs nous a tellement absorbés, que nous avons passé, sans nous en apercevoir, auprès de plusieurs usines, dans le village ou le territoire de Chartrouse.

Après les lieux intéressans qu'on vient de visiter, dans les environs de Grenoble, il ne faut pas omettre la fontaine ardente qui a été mise au nombre des sept merveilles du Dauphiné, et qui serait mieux nommée le terrain brûlant : « car c'est effectivement, (dit Busching) un » terrain qui brûle sur une hauteur, à 3 » lieues. S. E. de Grenoble, près du village » de Saint-Barthélemy, et dont la surface a » environ 8 pieds de long sur 4 de large. » Il ne produit ni arbre ni aucune espèce de

» verdure, mais il vomit à la hauteur d'un
» demi-pied des flammes rouges et bleues, que
» la pluie éteint, et qui reparaissent insensible-
» ment à mesure que la terre sèche. Elles con-
» sument le papier, la paille, et généralement
» tout ce qu'on leur présente, excepté la pou-
» dre à tirer, qui n'y prend pas feu. Ce terrain
» exhale une odeur de souffre qui se répand à
» quinze pas à la ronde; et quoique la terre
» semble brûler, et qu'on n'y puisse pas tou-
» cher sans se brûler aussi, elle ne consume
» néanmoins rien de son volume. Ce qui a donné
» le change à Saint-Augustin, dans son Traité de
» la Cité de Dieu; à Chorier, dans son Histoire
» du Dauphiné; au président de Boissieu et au-
» tres qui ont nommé ce sol *fontaine ardente*,
» c'est que de leur temps un petit ruisseau en
» passait assez près pour contracter un certain
» degré de chaleur, et semblait par les vapeurs
» qui s'en élevaient, être la bouche de ce feu
» souterrain. Mais depuis plus de deux cents
» ans ce ruisseau n'atteint plus aux flammes;
» il roule ses eaux froides et limpides au fond
» du vallon, sur le penchant duquel se trouve
» le phénomène dont il est question ».

Ce terrain, d'après la géographie de Mentelle
et Malte-Brun, est un schiste noirâtre dans la

composition duquel il entre un peu de chaux. Il ne produit ni herbes, ni aucune espèce de verdure, mais dès qu'on y fouille la terre et qu'on approche, soit une bougie, soit une allumette souffrée, il en sort des flammes qui semblent voltiger sur la surface du terrain ; elles ont l'apparence bleuâtre pendant la nuit et rousse pendant le jour. Il paraît que c'est du gaz hydrogène qui se dégage à la manière des feux de Barigazzo, *(V. Géographie de Mentelle et Malte-Brun, t. 1, p. 231)* (*).

La tour *Sans Venin*, située à quelques lieues S. O. de Grenoble, était comptée aussi parmi les merveilles du Dauphiné, parce qu'elle jouissait de la réputation d'être, pour les bêtes venimeuses, un séjour empoisonné. On y en a porté pour en faire l'expérience, et elle est aujourd'hui infestée de serpens et de crapauds. Une fable pareille ne donne pas assez d'intérêt à cette

---

(*) Cette description que j'ai puisée dans les deux meilleures géographies que je connaisse, M. Malte-Brun n'ayant pas encore terminé son *Précis de la Géographie*, est du très petit nombre de celles pour lesquelles je ne puis point donner le témoignage de mes propres yeux; mais je puis la garantir comme la plus conforme aux renseignemens que j'ai recueillis dans le pays.

masure pour devoir déterminer à une excursion les voyageurs qui n'ont pas de temps à perdre.
— *Parcouru depuis Paris*. 145

§ 47. *De Grenoble à Vizille*. 3½

On parcourt la moitié de cette distance dans la plaine de Grenoble, jusqu'au village d'Eybens, dont le château se fait remarquer à gauche par sa construction élégante et sa délicieuse position sur un monticule entièrement tapissé de bosquets et de vignobles. Au sortir du village, on gravit la colline qui sépare la vallée de l'Isère de celle de la Romanche, et l'on voit bientôt un autre château plus remarquable par sa grandeur et son élévation, c'est celui d'Herbey, ancienne propriété des évêques de Grenoble. Le prélat qui occupait ce siège à l'époque des édits royaux qui provoquèrent, avec la résistance des parlemens, la révolution Française, se brûla la cervelle dans ce château, ne pouvant survivre, dit-on, au malheur d'avoir encouru la disgrâce ministérielle, pour s'être montré favorable au parlement.

On est plus d'une demi-heure à parvenir au sommet de la colline. Elle offre partout la culture fraîche et variée des vergers et des vignes. Une descente, moins longue que la montée, conduit à Vizille, bourg peuplé de 1600 habitans, et situé au bord de la Romanche, dans une plaine très fertile tant en chanvre qu'en blé. Elle est entourée de hautes montagnes, mais peu intéressante à la vue par elle même, comme tous les pays dépourvus d'arbres. Ce bourg renferme un beau château gothique, dont le connétable de Lesdiguières faisait son séjour favori ; il mérite une place dans les annales de la révolution pour avoir été le siége de la réunion des trois corps qui sollicitèrent la convocation des états généraux.

On peut voir dans ce château, 1°. les divers ateliers de la manufacture d'indienne, qu'y ont établie les propriétaires actuels; 2°. un salon très curieux par sa décoration ancienne, qui est encore telle qu'elle était au temps du connétable ; 3°. sa statue équestre (en bronze), dont les pièces éparses semblent mériter un meilleur sort ; 4°. dans l'enclos, la source abondante d'une rivière aussi claire que poissonneuse, qui n'en sort, après un cours de demi-lieue, que pour se jeter dans la Romanche, près du beau pont de Vizille. Ce pont admiré des connaisseurs est préféré, sous le rapport de l'art, à celui de Claix, préférable quant à la hardiesse. — *Parcouru depuis Paris.* . . . . . 148 $\frac{1}{2}$

§ 48. *De Vizille au bourg d'Oisans.* . . . . 7 ½

On pénètre, au sortir de Vizille, ou pour mieux dire on s'engouffre dans la sombre vallée de la Romanche, qui, resserrée entre de hautes montagnes boisées, d'où se précipitent un grand nombre de cascades, et très boisée elle-même, présente, avec une fraîcheur continuelle, les aspects les plus sauvages et les plus pittoresques. Cette étroite gorge règne sur une longueur de six à sept lieues inégalement coupées par quatre hameaux, dont quelques-uns renferment des usines, et dont le plus important comme le plus central est Gavet, situé vers le milieu de la distance. On reconnaît encore, au bout de ce trajet, la digue de l'ancien lac de St.-Laurent, qui couvrait toute la vallée du bourg d'Oisans, vallée large de près d'une lieue, et longue de trois.

Ce lac dut son existence de deux siècles à l'un des plus terribles événemens auxquels sont exposées les vallées des Alpes. Deux torrens se précipitent, en face l'un de l'autre, du haut des montagnes dans la Romanche, à l'endroit même où cette rivière sort du large bassin du bourg d'Oisans, pour entrer dans la gorge. Ils grossirent subitement l'un et l'autre, dans le onzième siècle, au point d'entraîner au fond de la vallée, une immense quantité de rochers, de terres et de graviers, qui, se joignant des deux côtés, finirent par la barrer, et les eaux de la Romanche retenues par cette chaussée s'élevèrent jusqu'à son niveau, en couvrant toute la plaine à une hauteur de 60 à 80 pieds. Un reste de pont qu'on trouve sur la route qui conduit au bourg d'Oisans, indique encore aux voyageurs la hauteur du lac, et par conséquent celle de la digue. Formée et cimentée par la nature, ce fut la nature qui la détruisit ; les eaux du lac qui la minaient dès long-temps la rompirent enfin, dans le 13e. siècle, en septembre 1229, et se précipitèrent avec impétuosité dans la vallée inférieure, de là dans celle du Drac, enfin dans celle de l'Isère. Elles entraînèrent avec elles tous les villages, toutes les habitations qui se trouvaient sur leur passage, et submergèrent la ville de Grenoble. Il n'y eut de sauvées que les personnes qui eurent le temps, avant la crue des eaux, de se réfugier, ou sur les montagnes, ou dans les hautes tours et les clochers de la ville : tous les ponts furent renversés.

Le premier accident avait enseveli la plaine de l'Oisans, le second l'exhuma de son tombeau.

Mais la catastrophe qui l'a submergée peut se reproduire encore : la cause subsiste toujours, et peut d'un moment à l'autre produire le même effet. La violence des deux torrens et les débris des monts qu'ils entraînent avec eux peuvent encore boucher la vallée, en opposant une nouvelle digue à la Romanche, et former un nouveau lac, qui ne trouverait de même son dégorgement qu'en s'élevant à la hauteur de cette digue. On a craint ce désastre il y a quelques années: heureusement que l'un des deux torrens resta calme, pendant que l'autre roulait avec fureur les matériaux d'une nouvelle digue. Le cours de la Romanche fut détourné, mais non obstrué. L'espoir des habitans est de voir arriver la submersion assez tôt pour avoir le temps de se retirer sur les montagnes, avant qu'elle soit complète.

A l'entrée de cette plaine qui offre un sol limoneux des plus fertiles et un aspect des plus gracieux, on laisse à gauche le hameau des Sables, et à peu de distance de là les fonderies d'Allemont, et sur le flanc de la montagne qui est au dessus, les mines d'argent de Chalencc, seuls établissemens de ce genre que possède le département, et qu'offre la chaîne des Alpes. La fonderie est à l'extrémité septen-

II˚. ROUTE DE PARIS A TURIN. 129 lieues.

trionale de la plaine ; et la mine sur le flanc de la montagne qu'on voit du même côté.
— *Parcouru depuis Paris.* 156

---

§ 49. *Du bourg d'Oisans aux Dauphins.* 4

Vers le quart de cette distance, cesse le bassin du bourg d'Oisans. La route laisse en face l'affreuse gorge du *Venant*, pour suivre à gauche le cours de la Romanche, dans la gorge non moins affreuse des *Infernets*. N'en pouvant suivre partout le fond, à cause du rapprochement extraordinaire des montagnes, l'ancien chemin gravissait à droite le mont de Lans, contrefort de cette partie des Alpes, sur lequel est placé le village de ce nom, à une hauteur de 1298 mètres au dessus du niveau de la mer. La nouvelle route a été dirigée le long du torrent ; et l'impossibilité de trouver place à côté de lui dans l'étroit abîme qu'il occupe tout entier, l'a contrainte à se frayer un passage par de prodigieux escarpemens, à travers le flanc presque vertical des montagnes, dont il ronge la base. Un de ces escarpemens était préparé d'avance, par d'anciens travaux qui avaient taillé le roc en demi-arcade, travaux attribués par le vulgaire à Annibal ; mais les gens instruits n'en savent pas autant : ils s'accordent seulement à regarder cette percée comme un ouvrage des anciens : c'est une curiosité qu'on montre aux voyageurs. Le profond abîme au fond duquel ils entendent plus qu'ils ne voient bouillonner la Romanche à 3 ou 400 mètres au dessous d'eux, ne me paraît pas une moindre curiosité. Les dauphins sont l'enseigne de l'auberge isolée qui porte ce nom. — *Parcouru depuis Paris*. 160

§ 50. *Des Dauphins au Villars-d'Arène*. 4

La Romanche coule ici dans une des plus tristes vallées des Alpes. Point de bois, point de culture, point ou presque point d'habitans : on peut même dire point de terre, puisque les montagnes à droite et à gauche ne présentent qu'un roc dépouillé, les cimes que des crêtes aiguës, les bases que des talus formés par des éboulemens pierreux, qui occupent ordinairement toute la largeur de la gorge, jusqu'au bord du torrent.

La bouse de vache desséchée a été long-temps, avec le peu de broussaille que l'on ramasse en automne, le seul combustible des habitans de la Grave. C'est avec ce misérable feu que fut préparé, sous mes yeux, dans le plus misérable des villages, le plus misérable des dîners. J'en surveillais la manipulation, crainte qu'on n'y mélât quelque mets dégoûtant, et notamment de la chair de bouc qu'on est dans l'usage d'y saler, comme on sale celle du porc, ailleurs.

Non loin de là, dans la *combe de Malaval*, on exploite des filons de plomb assez abondans. Les mines de cuivre, assure-t-on, rendraient davantage, si on les exploitait. On trouve de beaux cristaux en différentes parties de ces montagnes.

Une lieue environ avant la Grave, le voyageur passe du département de l'Isère dans celui des Hautes-Alpes, et une lieue après il arrive au Villars-d'Arène, situé au pied du Lautaret. — *Parcouru depuis Paris.* 164

§ 51. *Du Villars à l'hospice du Lautaret.* 2
§ 52. *De l'hospice au Monetier.* 4

La route abandonne les bords de la Romanche, qu'on voit sortir, à droite, d'une horrible gorge, et gravit à gauche le col du Lautaret, qui sépare le bassin de la Romanche de celui de la Guisanne. Nous ne quitterons pas le premier sans lui donner un coup d'œil général. On peut le diviser en quatre parties, qui diffèrent essentiellement entr'elles. 1°. La gorge ombragée, étroite et romantique qui nous a conduits de Vizille à la plaine du bourg d'Oisans ; 2°. cette belle plaine, qui commence au détroit où nous avons remarqué l'ancienne digue, et finit à celui des Infernets; 3°. cet inabordable défilé où nous n'avons pénétré qu'à la faveur d'une continuité d'escarpemens, opérés pour le passage de la route le long de la Romanche; 4°. la triste vallée de la Grave, comprise entre ce mont et le Lautaret. Les diverses variétés du schiste, particulièrement la roche feuilletée, forment le principal noyau de cette partie des Alpes.

Le Lautaret est un des plus jolis cols qui existent dans toute l'étendue de cette chaîne. La richesse de ses prairies a été célébrée dans *la Flore du Dauphiné* de M. Villars. Le plateau est recouvert d'une couche de tourbe d'excellente qualité. Sur la pente du N. E., on trouve des bancs de granit vert, et sur celle du S. O. des roches roulées, parmi lesquelles on remarque des granits de diverses couleurs. Quoique ce col n'appartienne pas à la chaîne centrale, il est plus élevé que le Mont-Genèvre, et par cette raison, plus sujet aux neiges. La mesure de M. Villars lui donne 2091 mètres et celle de M. de Thury 2095 au dessus du niveau de la mer. On y connaît, comme au Mont-Cenis, l'usage de la ramasse, pour la descente rapide du mont, dans les temps de neige, mais non celui des porteurs : le passage n'est pas assez fréquenté ; il y a cependant un hospice.

La vallée du Monetier, arrosée par la Guisanne, se montre dès sa naissance, au village du Lauzet, presque aussi dépourvue d'arbres que celle de la Grave ; on y brûle de la houille, qui s'exploite depuis peu, dans les montagnes voisines. Il y en a une mine sur le Lautaret. Elle pourrait fournir également aux besoins du village de la Grave, où je n'ai pas vu du tout employer ce combustible. Au Monetier la vallée est large et fertile : elle continue à l'être jusqu'à Briançon, et passe pour aussi belle que riche. Je ne me suis aperçu que de sa richesse, elle n'est point belle à mes yeux, puisqu'elle n'est point pittoresque. Ses nombreuses moissons, ses nombreux villages lui donnent l'air d'une campagne ordinaire, et tout doit être extraordinaire dans les Alpes. La culture dominante est le seigle qui rend communément de six à sept pour un.

Cette vallée est très haute, puisque le torrent qui l'arrose va se jeter dans la Durance à Briançon, dont l'élévation au dessus du niveau de la mer est déjà de 1300 mètres. Celle du village qui lui donne son nom est de 1380 mètres. Il renferme des eaux minérales dont on

fait également usage pour la boisson et pour les bains. Leur abondance est telle qu'elle font tourner un moulin, à peu de distance de leur source.
— *Parcouru depuis Paris*. 170

§ 53. *Du Monetier à Briançon*. 4½

Les montagnes qui encaissent la vallée se garnissent de forêts : on y remarque une espèce particulière de mélèse dont la feuille jaunit en automne et tombe en hiver, comme celle des autres arbres, et contre la nature du mélèse ordinaire. Ils produisent la fameuse manne de Briançon, dont la qualité n'est pas assez bonne, ni le produit assez avantageux pour que les habitans se donnent la peine de la recueillir. On traverse à mi-chemin le village de la Salle.

Les forts et la ville de Briançon présentent de loin, dans cette région des frimats, au milieu des Alpes, au pied même de la chaîne centrale, un aspect imposant et tout-à-fait étrange, dont l'effet augmente à mesure qu'on approche. Cette ville est une des plus petites de la France, en même temps qu'une des plus fortes places de l'Europe. Sa population, portée à 2878 habitans, dans l'Annuaire du département des Hautes-Alpes, à 3,000 dans

II.e ROUTE DE PARIS A TURIN.

Guthrie et dans le Dictionnaire géographique d'Ainez, ne s'élève qu'à 1800, lorsqu'on n'y comprend point le territoire. Ses rues étroites et montueuses ne sont ni mal alignées ni mal bâties : elle renferme une assez jolie place et une assez belle église. Médiocrement fortifiée par elle-même, elle l'est beaucoup par les sept forts qui la défendent. Ils occupent, de la manière la plus avantageuse, toutes les hauteurs accessibles. Celles que la nature n'a pas rendues telles le sont devenues quand le besoin de la défense l'a exigé, tandis que celles, au contraire, qui l'étaient trop ont été rendues inexpugnables, par de prodigieux escarpemens, qui ont converti les roches en remparts, de manière à les faire confondre avec la maçonnerie, tant la nature et l'art paraissent s'identifier.

La Durance, qui baigne les murs de cette ville, la sépare par un lit extrêmement profond, ou plutôt par un profond abîme, de ses principaux forts, avec lesquels elle ne communiquait autrefois que par un détour d'une demi-lieue et par un chemin très escarpé. Un pont d'une hardiesse peu commune, d'une ouverture de 120 pieds, d'une hauteur de 168, fut jeté d'un bord de l'abîme à l'autre en 1734, et rendit la communication aussi courte que facile. Le principal avantage de cette place forte est qu'elle fait face à trois vallées, celle du Monetier ou de la Guisanne, par laquelle nous y sommes arrivés; celle du Mont-Genèvre ou de Neuvache, par laquelle nous allons poursuivre notre route, et celle du Grand-Villars ou d'Embrun, qui est la continuation de cette dernière ; une quatrième, celle de Servières, a son ouverture masquée par le fort de l'*Infernet*.

Briançon est le siége d'une sous-préfecture et d'un tribunal civil; c'est la patrie d'Oronce Finé, mathématicien du seizième siècle, qui a laissé plusieurs ouvrages de géométrie, d'optique, de géographie et d'astrologie.

Les Briançonnais sont en général spirituels, actifs et industrieux. Propres à tous les commerces, ils paraissent s'adonner particulièrement à celui des livres. On voit partout des libraires de cette ville, à Paris, à Naples, en Espagne, en Portugal. Les habitans des villes voisines leur reprochent une finesse extrême, qui n'est pas peinte sous des couleurs avantageuses dans le proverbe suivant, plus malin qu'exact : *Il faut*, dit-on, *trois Juifs pour tromper un Grenoblois, et trois Grenoblois pour tromper un Briançonnais.*

Briançon renfermait, avant la révolution, une manufacture où l'on travaillait avec succès le cristal de roche. Il se tient tous les ans, dans cette ville, le 1er. mai, le 11 juin et le 13 octobre, trois foires considérables pour les bestiaux et les laines, principaux objets du commerce agricole de cette partie des Alpes, où les mérinos se sont multipliés, et réussissent très bien. On fait, dans les chalets, des fromages bleus, comme ceux du Mont-Cenis, dont ils ne diffèrent qu'en ce qu'ils sont meilleurs. Ils s'expédient, tant à Grenoble que dans la Provence.

La stéatite blanche, improprement connue sous le nom de *craie de Briançon*, et les cristaux que produisent ces montagnes, sont encore une double ressource offerte à leurs habitans, et plusieurs savent en tirer partie. Mais de tous les genres d'indutrie auxquels ils se livrent, le principal est l'émigration annuelle d'un grand nombre d'entre eux qui se répandent tous les hivers dans les départemens limitrophes, pour y exercer la profession, non de ramoneurs ou de décroteurs, comme leurs voisins les Savoyards, mais de maîtres d'école. La plupart viennent des hautes vallées au dessus de Briançon. Ils parlent tous et écrivent assez bien le français, possèdent leurs quatre règles et quelquefois le latin; plusieurs même ont de la lecture : c'est beaucoup plus qu'il n'en faut pour faire des savans de village. Les cuisines des curés sont les *écoles normales* où se forment ces instituteurs ambulans.

Au delà du Lautaret, du côté de la Grave, les montagnards qui s'émigrent font ordinairement le métier de colporteurs, pour toute sorte de marchandises, et particulièrement pour les graines de fleurs. Il y a moins d'émigrations dans les vallées où passe la grande route.

On y rencontre peu de goëtreux et point de crétins, malgré le voisinage de la Savoie (*). Le moral ni le physique des habitans ne présentent rien de remarquable. — *Parcouru depuis Paris*. 174½

§ 54. *De Briançon au Mont-Genèvre*. 3

On remonte, pendant une lieue, par une gorge étroite, les bords de la Durance, jusqu'à la Vachette, hameau situé au pied du Mont-Genèvre. Là s'ouvre, à gauche, la vallée de Neuvache, autrement dite, le *Val des Prés*, à-la-fois belle de sa largeur, de sa fécondité, de ses fraîches prairies et des superbes

(*) Que les savans nous expliquent cette différence entre des vallées de la même partie des Alpes, de la même température, presque contiguës et presque semblables.

montagnes couronnées de forêts, dont elle est bordée de part et d'autre. La Clarée, qui l'arrose, vient marier ses eaux, sous les yeux du voyageur, au faible ruisseau de la Durance, dont elle paraît se déclarer l'inférieure et la tributaire, en lui faisant le sacrifice de son nom. La Clarée a cependant déjà parcouru plus de dix lieues et acquis un certain volume, tandis que la Durance est encore à son berceau. C'est évidemment une réputation usurpée ; mais elle est consacrée par une prescription de plus de vingt siècles, car cette rivière se nommait de même au temps des Romains, *Durentia*, d'où l'on a fait Durance. On ne voit point les deux torrens de *Dure* et d'*Anse*, auxquels elle doit, d'après les géographes, son origine et son nom ; et l'on ne conçoit pas même ce qui a pu donner lieu à cette opinion accréditée.

La montée du Mont-Genèvre, pratiquée au travers d'une forêt de pins, de sapins et de mélèses, n'offre point les longs développemens du Simplon, ou du Mont-Cenis, mais bien les tournans rapides, les rampes courtes et nombreuses du col de Tende. Cette succession continuelle d'escarpemens, étagés les uns au dessus des autres, a détruit en grande partie la forêt.

Les Alpes ne sont nulle part plus boisées ;

c'est le parfait contraste de la nudité qu'elles nous ont offerte à la Grave : elles ne renferment aussi nulle part, dans leur partie centrale, une plus belle vallée que celle de Neuvache, dont l'ouverture fait face au Mont-Genèvre. Je ne sais si la perspective agréable qu'offrent et ces montagnes et cette vallée déguisent la longueur de la montée, mais elle m'a paru plus courte que celles des autres cols que je connais.

Le plateau du Mont-Genèvre présente une particularité bien remarquable sur les Alpes, et bien peu remarquée par les auteurs, la culture des grains. Il est couvert de champs de seigle et d'avoine, dont les récoltes éprouvent souvent l'effet du froid, rarement au point de manquer entièrement. Le repos des terres est de deux ans sur trois, et leur produit de quatre pour un; les champs s'étendent sur le flanc des montagnes à droite, et à gauche, jusqu'à la hauteur perpendiculaire de 60 à 80 mètres au dessus du col, qui serait lui-même élevé de près de 2000 au dessus du niveau de la mer, si l'on adoptait la moyenne proportionnelle entre les deux mesures de MM. Villars et de Thury, l'une de 1937 mètres, l'autre de 2033 d'après l'Annuaire Statistique du département des Hautes-Alpes. Des forêts de mélèses couronnent les cimes qui paraissent avoir 3 ou 400 mètres au dessus du plateau. Il faut, ou rejeter ces deux mesures comme une double erreur, et comme une preuve de l'inexactitude de la méthode barométrique, ou bien revenir sur les calculs adoptés, concernant la région où cessent les diverses végétations dans les Alpes.

Il est bien certain que le Mont-Genèvre n'est pas aussi près de cette borne de la végétation que le Mont-Cenis, puisque toutes les plantes y sont plus vigoureuses, en même temps que plus hâtives : le jardinage y réussit infiniment mieux ; la nature y est à tous égards plus animée, et l'homme moins en lutte avec elle. M. Bonelli, dont nous avons déjà cité les observations zoologiques pour le Mont-Cenis, a trouvé, sur le Mont-Genèvre, le printemps en pleine activité au mois de mai, tandis que le Mont-Cenis était encore enveloppé dans son manteau d'hiver : il a été à portée de faire cette comparaison, en passant immédiatement de l'un à l'autre. Il n'a pas aperçu sur le Mont-Genèvre, le *petit Apollon*, ni le *Mnémosine*, papillons qui paraissent appartenir à des hauteurs plus considérables, et qu'il a vus en grand nombre sur le Mont-Cenis ; mais il y a remarqué le *grand Apollon*, particulier aux régions intermédiaires. Il n'y a pas trouvé non plus, comme sur le Mont-Cenis, le pinçon de neige, ni le *Lagopède*, ce qui prouve, sinon qu'il n'y en a pas, du moins qu'ils y sont rares; il y a trouvé en revanche le *Bec croisé* et le *Lammergeyer* (le vautour des agneaux), qui affectent, l'un et l'autre, les montagnes les plus boisées. C'est aux forêts du Mont-Genèvre, non à sa température, qu'on doit attribuer la présence de ces deux derniers oiseaux, aussi rares l'un et l'autre qu'ils sont extraordinaires, le premier par la forme de son bec, qui paraît contraire aux lois de la nature, le second par sa grandeur prodigieuse qui le place au dessus de l'aigle royal.

La même cause (les forêts) rend les ours plus communs sur le Mont-Genèvre que sur le Mont-Cenis; mais c'est la température seule qui peut y rendre les loups aussi nombreux, et les chamois aussi rares qu'ils le sont. Cette température, plus favorable que celle du Mont-Cenis à la vie des plantes comme à celle des animaux de la plaine, ne peut être attribuée qu'à la seule différence d'élévation, celle de la latitude n'étant pas assez considérable pour devenir influente, et la disposition des montagnes présentant au moins autant, et peut-être plus d'abri sur le Mont-Cenis que sur le Mont-Genèvre.

Si l'on pouvait déterminer les hauteurs d'a-

II°. ROUTE DE PARIS A TURIN.

près les données de la température, le Mont-Genèvre serait de 2 ou 300 mètres plus bas que le Mont-Cenis, dont la hauteur a été déterminée, par Saussure et Pictet, à 983 toises au dessus du niveau de la mer.

Cette partie des Alpes paraît de nature calcaire. On en juge difficilement par les pierres de toute couleur et de toute espèce qui servent à l'entretien de la route, ou se montrent dans les talus des diverses corniches dont elle est composée. Plusieurs de ces pierres sont des blocs arrondis, qui par conséquent ont éprouvé l'action des eaux. Cachés dans les entrailles de la montagne, depuis que le repos a succédé au mouvement, ils revoient aujourd'hui le jour pour la seconde fois, au bout d'une incalculable suite de siècles. Ah! si l'on pouvait entendre ces témoins muets des révolutions de notre planète, que de lumières produiraient, que d'incertitudes éclairciraient leur témoignage! Mais il n'est pas plus donné à l'homme de connaître le passé que l'avenir.

Avec ces fragmens du monde primitif, déposés par les eaux à une prodigieuse hauteur, au dessus du niveau des mers actuelles, on a trouvé encore, en ouvrant la route, beaucoup de coquilles, autres monumens de la nature, qui signalent la cause des bouleversemens dont les pierres roulées lui indiquent les effets. L'obélisque dont on va parler est fait de pierre coquillière extraite sur les lieux. On a découvert aussi des médailles, monumens humains bien moins extraordinaires sans doute, mais qui étonnent davantage, parce qu'on y est moins habitué.

La chaux qu'on extrait sur ces montagnes, les a fait définir par les savans *calcaires de transition*. Le sable qu'on y extrait de même, appartenant à une nature de roche différente, pourrait fort bien justifier une décision contraire. Je pense que, pour ne pas s'écarter de la vérité, et se mettre à l'abri de toute guerre polémique à ce sujet, on doit les présenter comme étant à-la-fois primitives et secondaires.

Le plateau du Mont-Genèvre est moins long et moins large que celui du Mont-Cenis. Le milieu en est occupé par un village autant ou plus considérable à lui seul que les deux qu'on trouve sur ce dernier mont. On y a de même consacré un monastère à l'hospitalité, et de plus un obélisque à la gloire de l'Empereur des Français. Ce monument a été érigé par le préfet Ladoucette, qu'on peut regarder comme l'auteur de la route du Mont-Genèvre. C'est lui qui a provoqué en même temps, et les décisions du gouvernement, et le zèle des communes, pour l'ouverture de ce passage, le moins haut, et par cette raison le plus facile de tous ceux des Alpes. A la vérité il avait plus en vue la route du midi de la France en Italie, par Gap, que celle de Paris par Grenoble ; cette dernière en effet, malgré ses avantages, présentera toujours l'inconvénient grave d'un double col à traverser, le Lautaret et le Mont-Genèvre. Nous verrons bientôt qu'elle en traverse un troisième (le col de Sestrières), depuis sa nouvelle direction par Fenestrelles.

La hauteur de l'obélisque est de 20 mètres au dessus du col. Il a été placé au point du partage des eaux, qui était aussi le point de séparation entre les deux états du Roi de France et du Roi de Sardaigne, à l'époque de la révolution.

Au pied de ce beau monument, la Durance et la Doire, qui prennent leur source l'une et l'autre à peu de distance de là, doivent venir confondre leurs eaux dans un même bassin, « comme pour représenter (dit l'Annuaire statistique des Hautes-Alpes) les nœuds tissus entre la France et les États Italiens que la victoire y a réunis ». C'est une heureuse idée que celle de marier ainsi, dès leur source, ces deux rivières prêtes à se séparer pour jamais, en se dirigeant l'une dans le golfe de Lyon, l'autre dans l'Adriatique. Leurs adieux sont exprimés dans le quatrain suivant, proverbe du pays, qui caractérise assez bien ces deux rivières :

> Adieu ma sœur la Durance,
> Nous nous séparons sur ce mont;
> Tu vas ravager la Provence
> Et moi féconder le Piémont.

— *Parcouru depuis Paris.* . . . . 177 ½

§ 55. *Du Mont-Genèvre à Cesanne.* 2

§ 56. *De Cesanne à Sestrières.* 4

On suit la Doire (*Dora*), l'espace de deux lieues, depuis sa source sur le Mont-Genèvre, jusqu'à son confluent avec la Ripaire (*Riparia*), dans le village de Cesanne. Là, nous quittons et la vallée qu'arrosent ces deux rivières, réunies en une seule, sous le nom de *Dora Riparia*, et l'ancienne direction de Turin par Suse, pour nous enfoncer, en remontant la rive gauche de la Ripaire, dans la haute et triste vallée des Boussons. On traverse ce torrent vers le quart de la distance, bientôt après on rencontre le village qui a donné son nom à la vallée, et deux lieues plus loin, Sestrières, autre village qui a donné le sien au col, dont le trajet occupe à peu près

IIᵉ. ROUTE DE PARIS A TURIN.

tout l'intervalle de l'un à l'autre. C'est le troisième col à franchir, en se rendant en Italie par cette direction, moins avantageuse sous ce rapport que celle de Suse, mais préférée par le gouvernement, à cause de ses avantages militaires. Le col de Sestrières appartient, comme celui du Lautaret, à une chaîne secondaire. Ce dernier est le plus difficile des trois, et le Mont-Genèvre le plus aisé, quoiqu'il fasse partie de la chaîne centrale. — *Parcouru depuis Paris.* 183½

---

§ 57. *De Sestrières à Fenestrelles.* 4

Le col passé, on descend presque continuellement, par une vallée plus sauvage que pittoresque, jusqu'à Fenestrelles, où le pays devient un peu moins sauvage, sans être moins triste. Ce village est peuplé de 7 à 800 habitans. On y trouve une auberge passable, un bureau de poste et quelque société. On y trouve aussi l'esprit Français, qui s'est conservé, avec la langue, dans cette partie ultramontaine de l'ancien Dauphiné, cédée au gouvernement Piémontais, par le traité d'Utrecht en 1713. On fabriquait jadis à Fenestrelles beaucoup de liqueurs, on n'y fait plus aujourd'hui que l'eau de menthe. La plante de ce nom est très commune dans les environs.

Ce village ne serait pas connu hors de la vallée dont il est le chef-lieu, sans son double fort, qui était un des boulevards du Piémont, fort aussi étonnant par lui-même que par son site extraordinaire, sur le flanc et le sommet de la montagne qui domine la rive gauche du torrent. Un immense enchaînement de bâtisses et de terrasses, placées en amphithéâtre les unes sur les autres, règne jusqu'au sommet, et met en communication les deux forts placés aux deux extrémités. Un escalier de 3600 marches conduit de l'un à l'autre par une galerie ascendante d'une demi-lieue de long; près de ce sommet est un bassin gazonné qu'on appelle le *pré de Catinat,* parce que ce général y a campé. Non loin de là est le col de la Fenêtre qui conduit à Suse. En face de ce double fort s'en élève un autre beaucoup moins considérable, vieux et construit en briques, sur le flanc de la montagne opposée. Le village de Fenestrelles est dans le fond, presque entre les deux. — *Parcouru depuis Paris* . . . . 187 ½

§ 58. *De Fenestrelles à Pignerol.* 8

On suit la vallée du Cluson qui offre, avec quelque variété, fort peu d'intérêt. Le lieu principal que l'on rencontre est le village de la

Pérouse, qui partage cette distance en deux parties à peu près égales. Les voyageurs y trouvent une médiocre auberge, et la médiocrité en ce genre est précieuse dans un pays où tout est mauvais et misérable.

En face de ce village s'ouvre la vallée de Saint-Martin, bien plus agréable et plus intéressante que celle de Fenestrelles. Elle est habitée par les Vaudois, protestans Français réfugiés, qui ont porté dans ces montagnes, avec leurs opinions religieuses, leur industrie, et avec la langue de leur nation son esprit et ses mœurs.

Cette vallée est aussi riche que celle que nous parcourons est pauvre. Celle-ci, étrangère à toute industrie, est habitée par un peuple bon et simple. La réunion de la pauvreté et de la probité est le *non plus ultrà* de la morale : il possède cette pureté des mœurs primitives.

Qu'on me dise pourquoi ces hommes si beaux au moral le sont, si peu au physique ; pendant que d'autres vallées des Alpes fournissent des complexions robustes et de hautes statures, on ne voit dans celle-ci que des hommes petits, malingres et mal faits. Je n'y ai cependant remarqué ni crétins ni goëtreux, comme dans les vallées de Suse et de la Maurienne ; ainsi la dégénération de l'espèce tient ici à d'autres causes, peut-être à la misère et à la mauvaise nourriture qui en est la suite.

Pignerol a fait, comme Fenestrelles, partie des cessions consenties par la France en 1713. C'est une ville de 3 à 4000 habitans, qui compte pour 7 ou 8000 à l'aide de son territoire. Elle est le siége d'une sous-préfecture et d'un tribunal civil.

Ancien chef-lieu de toute cette portion des pays cédés, elle a toujours été suspecte, au gouvernement Sarde, d'un reste d'attachement pour les Français.

Elle n'est ni bien bâtie, ni bien percée; mais on y voit une superbe place d'armes et sur cette place un bel hôpital ainsi qu'une belle caserne de cavalerie, construite par l'ordre du cardinal de Richelieu. Ces bâtimens et nombre d'autres ont été ébranlés par les secousses de tremblement de terre qui commencèrent à se faire sentir dans cette partie du Piémont, le 27 janvier 1808, et se renouvelèrent, dans tout le courant de cette année, et même de l'an 1809, d'une manière si effrayante que les habitans consternés avaient tous quitté leurs maisons pour bivouaquer sur la place. De là ils contemplaient avec terreur les dangers et les dégâts qu'éprouvaient leurs toits inhospitaliers qu'ils n'osaient plus aborder. Ils ont vécus plusieurs mois dans ce déplorable état : enfin les secousses devenues moins fortes et moins fréquentes, l'habitude contractée du danger et les incommodités du bivouac les ont rendus à leurs maisons. Ils se sont empressés de les réparer et de les étayer pour les mettre en état de supporter les nouvelles secousses qui continuaient à se répéter de loin en loin, mais avec moins de violence. On en avait éprouvé encore une assez forte quelques jours avant mon dernier passage en mai 1809, et l'on m'assura qu'il y en avait eu deux dans la nuit même : elles ne m'ont point éveillé.

A ces petites oscillations près, auxquelles on faisait peu d'attention, le calme paraissait rétabli dans la nature, comme dans les esprits ; et j'ai pu jouir en paix, par une belle matinée, de la situation charmante de cette ville, au pied d'une riche colline formant de ce côté le premier échelon des Alpes, mais non sans mêler à ma jouissance un profond sentiment de mélancolie, excité par le souvenir affligeant des désastres qui l'avaient désolée, et la menaçaient encore. Elle n'en avait pas moins repris les occupations ordinaires. Tous les ouvriers étaient à leurs ateliers, tous les marchands à leurs magasins, et chacun ne s'occupait plus que de ses affaires, sans songer à un danger qui pouvait en un instant renverser toutes les espérances.

Le commerce est assez florissant à Pignerol, qui voit se déboucher dans son territoire plusieurs vallées, et leur sert d'entrepôt pour les produits de leur industrie, comme pour les objets de leur consommation. Cette ville fabrique des draperies communes; elle possède une papeterie estimée, et des filatures de soie. Le climat en est pur, et le territoire excellent. Ancienne ville de guerre, elle a été démantelée en 1696, ainsi que la citadelle, célèbre pour avoir servi de prison au surintendant Fouquet, et au Duc de Lauzun. — *Parcouru depuis Paris.* 195½

§ 59. *De Pignerol à None*................. 4½
§ 60. *De None à Turin*................... 4½

On suit la belle et riche plaine du Piémont. La route traverse le village d'Airasco, une lieue avant celui de None, plus considérable d'un tiers, avec environ 1800 habitans. Il y a dans ce dernier une boîte aux lettres et une auberge assez bonne au relais. Il y a aussi ou il y aura bientôt un embranchement sur Carignan, pour la route de Savone.

On joint celle de Nice une demi-lieue avant

IIe. ROUTE DE PARIS A TURIN. 153 lieues.

Turin. L'embranchement est en face de la ville de Montcalier. — *Parcouru depuis Paris jusqu'à Turin* (*) . . . . 204 ½

(*) Cette route a été décrite avec les mêmes détails que les lignes de poste, quoiqu'elle ne le soit pas encore, parce qu'elle ne tardera peut-être pas à le devenir : les relais y sont attendus avec impatience, et les maîtres de poste tout prêts. Elle présente d'ailleurs une direction trop importante, pour pouvoir être traitée comme les routes de traverse ordinaires.

FIN DE LA 2e. ROUTE DE PARIS A TURIN.

DESCRIPTION

DE

LA VILLE DE TURIN.

Turin, où l'on entre par la superbe rue du Mont-Cenis ou de la Doire (*Dora grossa*), s'annonce dès le premier abord pour la plus jolie ville de l'Italie, comme elle l'est en effet dans son genre. Cette rue, longue de plus de 1000 mètres et parfaitement alignée, est bordée de trotoirs et de façades uniformes, dont la monotonie est déguisée par les balcons de différentes grandeurs, ainsi que par le mouvement et la diversité des boutiques qui se succèdent des deux côtés sans interruption.

Elle a en perspective la belle façade du palais d'Aoste situé au milieu de la place du château, qui est la plus grande de Turin, et l'une des plus grandes de l'Europe. Elle passe aussi pour en être une des plus belles ; mais on n'est pas frappé de sa beauté comme de son étendue. Les larges galeries, percées de lourdes arcades qui l'entourent, n'ont ni élégance ni noblesse. Les quatre façades qui s'élèvent sur ces galeries, n'ont ni le mérite d'une parfaite uniformité, ni celui d'une riche variété.

Sur un de ces côtés, sont interrompues les arcades, pour faire place au Château Royal. Il déploie, autour d'une vaste cour, ses trois ailes qui présentent moins le palais d'un souverain que la maison d'un riche bourgeois. Paris et ses environs sont remplis d'hôtels et de châteaux qui s'annoncent mieux que ce palais. Ce qui le dépare le plus, à mon avis, est son humble toiture en tuile canelée, qui ne diffère en rien de celle des plus simples maisons de village. Si ce comble, très peu élevé sur les corniches qui le supportent, était moins élevé encore, et masqué par une balustrade, ou s'il l'était davantage, et couvert soit en ardoise, soit en plomb, soit en tuile plate et vernissée; si la façade, construite en brique, enduite de plâtre et dénuée d'ornemens d'architecture, présentait du moins ce genre de richesse en peinture, comme l'ancien château de Marly, comme plusieurs palais de Gênes; enfin si le triste mur de brique, qui occupe le devant de la cour et la sépare de la place, était remplacé par une belle grille (*), alors l'extérieur de ce palais

---

(*) Cette dernière partie des vœux de l'auteur vient d'être réalisée par le gouverneur général de cette partie de l'Empire.

répondrait vraiment à son intérieur, où brille toute la magnificence Royale.

L'escalier par lequel on monte au premier étage est orné d'une statue équestre, enchâssée dans une niche au bas de la première rampe, et représentant le Roi Victor Amédée. Le cheval, ainsi que les deux esclaves qui le soutiennent, sont en mauvais marbre gris-blanc, et le héros qui le monte, en bronze. Ce groupe, le seul monument de ce genre que possède Turin, n'honore pas les arts de cette ville, du moins celui de la sculpture. On voyait de beaux tableaux des écoles Italienne et Flamande dans les appartemens et dans la galerie; on y en voit encore quelques-uns de bons, quoique les morceaux les plus précieux aient été transportés au Muséum de Paris. Les peintures des plafonds et les dessins des parquets méritent d'être remarqués. Il ne faut pas sortir de ce palais, sans y voir l'escalier double et hardi qui monte du premier étage au second.

Toute l'élégance de l'ordre corinthien éclate dans la façade du palais d'Aoste, édifice de grandeur moyenne, consacré aujourd'hui au tribunal d'appel. Il s'élève au centre de la place, et l'embellit ou la dégrade, suivant qu'on l'examine par cette façade ou par les trois autres qui sont toutes les trois d'une vieille et mau-

VILLE DE TURIN.

vaise construction gothique. Au surplus, de quelque côté qu'on l'envisage, sa bizarre position au milieu d'une place dont il masque l'étendue, est toujours un grand défaut, qui aurait déjà déterminé sa démolition, sans la beauté de la façade qu'on a craint avec raison de sacrifier. C'est le seul édifice de Turin qui présente une architecture digne d'être citée. L'escalier en est magnifique, mais c'est la seule beauté intérieure. Il occupe toute la longueur et toute la hauteur de la façade. Paris, Versailles, la France entière n'ont point d'escalier comparable à celui là. Il n'en est qu'un peut-être de plus beau dans l'Europe : c'est celui que nous aurons occasion d'admirer au château de Caserte, maison de plaisance des Rois de Naples.

Le palais de Carignan, qui est, après celui d'Aoste, le plus remarquable de Turin, présente une mauvaise construction en vilaine brique noirâtre, une architecture bizarre, des ornemens ridicules, sans goût et sans grâce : on en vante aussi l'escalier. Pour le trouver beau, il ne faut pas avoir vu celui du Palais d'Aoste. La façade très simple, mais régulière du théâtre qui est en face, m'a paru d'un effet plus agréable. On ne paraît pas se douter à Turin que cette façade sans prétention et sans éclat est une des plus belles qu'offrent les théâtres d'Italie, ce qui à la vérité n'est pas beaucoup dire, car ils ne brillent point par les façades. Le grand théâtre de Turin n'en a point du tout, quoique l'intérieur offre une des plus belles salles de l'Europe. On ne lui compare que celles de Milan et de Naples, on ne peut lui en comparer aucune en France. Il est d'ordre corinthien, la coupe en est aussi heureuse que l'enceinte en est vaste. La toile est un véritable tableau, et ce tableau, peint par Gagliari, m'a paru magnifique : il représente le triomphe de Bacchus.

Quant aux églises de Turin, elles ont en général plus d'élégance que de beauté; à l'exception toutefois de celle de Saint-Philippe, qui offre une vaste nef et un beau portique moderne à colonnes striées, non encore terminées. Toutes les autres sont petites, mais on peut dire que ce sont de jolies miniatures. Celle de Saint-Laurent et la chapelle du Saint-Suaire se font remarquer, l'une et l'autre, par leurs dômes composés de nombreux arcs et segmens entrelacés les uns dans les autres, de manière à faire admirer la solidité de la construction, sans cependant la faire mettre en douté. Cette forme particulière n'a son modèle nulle part, et n'a trouvé ses règles ailleurs que dans l'imagination de l'architecte (Guarini), ce qui doit la faire condamner par les amateurs aveuglement soumis aux lois de l'art; mais le voyageur, dont les yeux rassasiés d'uniformité aiment à se reposer sur quelque idée nouvelle, lorsqu'elle ne paraît pas choquer le goût naturel, arrêtera ses regards avec plaisir sur ces deux curieux dômes.

La coupole de celui du Saint-Suaire ne peut manquer de réunir tous les suffrages. Elle est revêtue en entier d'un marbre noir, dont la demi-teinte convient admirablement au demi-jour qu'on y a ménagé, et pour lequel elle semble avoir été choisie. Les yeux, en pénétrant sous cette voûte se baissent involontairement : on se sent saisi d'un respect subit et d'une espèce de frisson religieux. La chapelle s'élève derrière la coupole, qui s'élève elle-même derrière la cathédrale, dont elle paraît faire partie.

Les larges degrés par lesquels on monte dans ce sanctuaire, le majestueux autel qui en occupe le centre, les tribunes non moins majestueuses qui s'élèvent des deux côtés, la sombre teinte du marbre qui compose tout cet ensemble, la sainte obscurité qui l'enveloppe, enfin jusqu'à la grille qui en interdit l'entrée aux profanes, tout contribue à commander le recueillement aux fidèles. L'ordre corinthien règne jusqu'au comble ; mais ce qui le défigure un peu, c'est que les colonnes de l'entrée n'ont point leurs chapiteaux. Ils devaient, dit-on, être en marbre blanc.

Le Saint-Suaire auquel cette église a été consacrée y est toujours conservé religieusement. Il fut montré en ma présence au Pape Pie VII, lors de son passage à Turin. C'est une grande pièce de toile rousse, assez fine et très claire. Il fut étalé sur une table qu'entouraient les cardinaux. Le pontife était au bout. Je le vis s'incliner avec respect, puis baiser la sainte toile avec un signe de croix, ses cardinaux et tous les prêtres de sa suite l'imitèrent. Le Saint-Suaire de Besançon, avant d'avoir été brûlé par les ennemis de la religion qui se disaient les amis du peuple, disputait à celui de Turin l'identité que celui de Turin lui disputait à son tour. Il aurait peut-être obtenu du même pontife et de sa suite les mêmes hommages, s'il avait été présenté de même à leur vénération.

L'église du *Corpus-Domini*, près de la place aux Herbes, se fait remarquer par son revêtement intérieur en marbre noir, et celle des

VILLE DE TURIN.

Carmélites, sur la place Saint-Charles, par sa jolie façade d'ordre corinthien.

Après les palais et les églises que nous venons de voir, Turin possède encore un grand nombre de maisons bien bâties, mais pas assez remarquables pour pouvoir être citées. Dans celle de l'université, on admire une cour entourée de portiques. Les arcades et les colonnes sont d'un très bon goût : on a tapissé les murs d'inscriptions et de bas-reliefs antiques, tirés tant de la ville de Suse que des ruines d'*Industria*. L'intérieur du bâtiment renferme un petit muséum d'antiquités, un cabinet de physique et une bibliothèque de 70,000 volumes, parmi lesquels sont plus de 2000 manuscrits précieux, dont un du sixième siècle (*).

Dans la maison de l'académie, on voit un riche muséum d'histoire naturelle et un observatoire; dans celle de l'arsenal une magnifique salle d'armes, et de grands ateliers où se fabriquent tous les instrumens de guerre : le bâtiment est un des plus beaux de Turin. La citadelle, qui en est peu éloignée, n'a rien qui fixe les regards. Les fortifications de la

---

(*) On en a publié un catalogue en 1749, sous le Roi Charles-Emmanuel.

ville qui la faisaient compter autrefois parmi les plus fortes places de l'Europe, ont été démolies après la victoire de Marengo.

La magnificence de Turin ne consiste pas dans ses édifices, mais dans la largeur, l'alignement et la propreté de ses rues, qui se croisent partout à angles droits, et vont la plupart d'un bout de la ville à l'autre. Elles sont toutes arrosées par des ruisseaux d'une eau limpide et courante, qui en facilitent le nettoiement. On traverse ces ruisseaux trop larges pour une seule enjambée, tantôt sur de petits ponts formés d'une large dalle, que supportent deux pierres, ressortant du pavé en forme de piles, tantôt sur ces piles même, dont la hauteur n'excède que de quelques pouces le niveau de l'eau.

Nous n'avons remarqué jusqu'ici d'autre rue que celle de la Doire; d'autre place que celle du château, parce que c'est par là que nous sommes arrivés. Mais la rue du Pô et la place Saint-Charles méritent encore notre attention. La rue du Pô, presque aussi longue et beaucoup plus large que celle de la Doire, est réputée plus belle, parce qu'elle est bordée d'arcades, beauté qui n'a pas séduit plus que nous le voyageur Arthur Young. Voici comment il s'exprime sur cette fameuse rue : « J'y cours avec préci-

» pitation, dit-il, j'en demandais encore le
» chemin que j'étais tout au milieu. *Questa,*
» *questa!* me répliqua un officier en levant la
» main, comme pour me montrer quelque chose
» de superbe que je ne voyais pas, et à la vérité
» je ne voyais rien de beau. Elle est droite,
» large et régulière. Deux rangées de briques
» pourraient l'être également. Les maisons sont
» faites de vilaines briques, il y en a quelques
» unes en stuc, mais il est vieux et sale. Il
» s'en trouve où l'on voit encore les trous de
» l'échafaudage qui a servi à les bâtir. Il y en
» a même que le temps a élargis et que l'on a
» remplis de morceaux de briques, ce qui fait
» un fort mauvais effet. Elles ont de petites et
» misérables fenêtres, les unes avec balcon, les
» autres sans. Les arcades, car il y en a une
» rangée de chaque côté, en détruiraient la
» beauté, si véritablement il en existait : les
» arches sont plâtrées, ce qui forme une ligne
» blanche, et l'on n'aperçoit à travers ces arches
» que de misérables boutiques, qui les encom-
» brent de toutes sortes de meubles. On voit à
» Londres cinquante rues auxquelles celle-ci
» n'est pas comparable. Si ceux qui ont voyagé
» en Italie ont trouvé cette rue belle, à quoi

» dois-je m'attendre dans les autres villes? »
(*Voyage en Italie par Arthur Young.*)

C'est ainsi que cet auteur exhale son humeur anglaise contre une réputation qui lui paraît usurpée. Son opinion, contraire à celle d'un grand nombre de voyageurs, accoutumés à juger d'après autrui, et à publier souvent l'admiration générale à la place de la leur, est fondée sur des faits que personne ne peut nier. Il n'aurait point dû cependant passer sous silence la superbe largeur de cette rue, non plus que la perspective gracieuse du château, connu sous le nom de *Vigne de la Reine*, qui lui fait face, et qui contribue pour beaucoup à sa beauté. Les vilaines briques, dont sa vue a été choquée, sont de la même couleur que le mortier ou ciment qui les lie ensemble, et cette couleur est celle de la terre.

Toute la ville est bâtie et cimentée de même. Plusieurs maisons seulement sont enduites de chaux qui n'est pas d'un beau blanc, comme le remarque Arthur Young. Cette blancheur, désagréable pour l'enduit d'une façade, eût été suffisante pour les simples filets qui auraient dû séparer les briques entre elles, si l'on eût préféré, comme on le fait en France, cette manière à celle de l'enduit.

Parmi les autres belles rues de Turin on remarque encore celle de la citadelle ou de Sainte-Thérèse, regardée comme la plus longue de toutes, et celle du Mont Viso, *Contrada nuova*, ainsi nommée parce qu'elle fait face à la sommité pyramidale de ce nom, qui, dominant toutes les Alpes comprises entre le Mont-Cenis et la mer, produit le même effet dans cette partie méridionale de la chaîne, que le Mont-Blanc dans la partie septentrionale : elle en produit un admirable, au bout de cette rue ; c'est une perspective unique, dont les habitans ne sentent pas assez le prix, puisqu'ils ne le font point remarquer aux étrangers, qui ne s'en doutent pas, lorsqu'ils passent à Turin par un temps pluvieux ou nébuleux. Cette rue traverse la ville dans sa largeur et la place Saint-Charles dans sa longueur, en aboutissant de la porte neuve au château royal, dont elle forme l'avenue.

La rue Sainte - Thérèse longe un des deux petits côtés de la même place dont le côté opposé est longé par une rue parallèle. C'est sur ce dernier, et à l'un des angles formés par la rue du Mont-Viso, que l'église des Carmelites déploie son joli frontispice, auquel devait correspondre une façade semblable sur l'autre angle de la rue, si la résistance qu'opposèrent au Gouvernement Sarde les religieux de Saint-Charles n'eût empêché l'exécution de ce plan.

Si la rue du Pô ne mérite pas la préférence qu'on lui donne sur celle de la Doire, la place du château ne devrait pas moins céder le premier rang à la place Saint-Charles, qui nous paraît lui être supérieure, quoique bien moins grande, par les façades uniformes et les beaux portiques qui décorent ses deux grands côtés. Les colonnes d'ordre ionique, placées deux à deux, qui en soutiennent les arcades, ont beaucoup perdu de leur élégance, depuis que, pour soulager les fûts, qui manquaient de solidité, on a été forcé de garnir de maçonnerie les entrecolonnemens. On peut citer une troisième place à Turin, celle du Marché aux herbes, également entourée de portiques, et embellie par la façade de la maison commune.

Comme toutes les villes rebâties à neuf, Turin a aussi son vieux quartier; mais il est si peu considérable, que je ne crois pas exagérer en ne l'évaluant qu'au sixième de la ville totale. Les deux quartiers réunis ne forment pas une bien grande ville, et l'on ne conçoit pas aisément qu'elle puisse contenir les 68,000 habitans que lui donnent les derniers recensemens, d'autant qu'elle renferme une grande quantité, non seulement d'églises et de couvens, mais encore de vastes hôtels, dont les nobles propriétaires n'admettaient d'autres co-habitans que les gens de leur maison. L'étonnement diminue quand on observe qu'il n'y a point d'autres jardins remarquables dans l'intérieur que celui de Carignan et celui du château ; mais il redouble, quand on apprend que la population excédait, sous l'ancien gouvernement, le nombre de 80,000 âmes. M. Lalande la porte à 90,000; d'autres jusqu'à 100,000; mais à coup sûr elle n'a jamais atteint ce dernier nombre.

Alors Turin était la capitale du plus puissant état de l'Italie, et le siége d'une cour Royale, ainsi que de tous les grands établissemens qui en sont inséparables. Les ministres et leurs bureaux, les ambassadeurs et leur suite, les divers corps de la garde Royale et une garnison nombreuse entraient pour beaucoup dans cette population, que grossissaient encore tous les étrangers et tous les riches oisifs des provinces, tous les ambitieux, tous les solliciteurs, enfin les demandeurs de toute espèce qui affluaient dans cette capitale, comme dans une autre, quoiqu'ils n'y fussent pas tous également accueillis par un gouvernement sage autant que paternel, dont les dépenses étaient bornées selon ses revenus. Non seulement il ne créait point les places pour les hommes, mais il n'en maintenait que ce qu'exigeait impérieusement l'administration publique, en les payant assez seulement pour faire vivre ceux qui les remplissaient, chacun selon son rang, pas assez pour les enrichir. Les ministres n'avaient que 12,000 fr. de traitement : toutes les autres places étaient payées dans la même proportion, et toutes les ambitions se réglaient là dessus.

C'est par cette sévère économie qu'un gouvernement qui ne comptait pas plus de 2 millions et demi de sujets et 25 millions de revenu se maintenait à côté des premières puissances de l'Europe, luttait quelquefois avec elles, et tenait son rang dans l'équilibre général. C'est par cette économie qu'avec ses modiques revenus, il entretenait une armée de 30,000 hommes portée à 50,000 en temps de guerre, un nombre considérable de forteresses, nécessaires à la sûreté d'un aussi petit état, des routes multipliées, dont plusieurs au milieu des montagnes les plus escarpées, et quantité de maisons de plaisance. L'administrateur général qui remplaçait l'ancien gouvernement, et représentait le nouveau à Turin, lors de mon premier passage, portait toutes les ressources et objets de dépense du Roi de Sardaigne au nombre de 30. C'était un revenu de 30 millions, une armée de 30 mille hommes, 30 forteresses, 30 grandes routes et 30 maisons Royales. Il ne manque à ce calcul assez piquant que la parfaite exactitude.

Le Pô ne traverse point cette ville et n'en baigne pas même les remparts; mais il en passe très près, n'en étant séparé que par une place extérieure, qui sert de promenade et qu'on nomme *le Rondeau*. Il reçoit la Doire à quelque distance au dessous, et c'est après ce confluent qu'il devient véritablement navigable : il ne l'est au dessus jusqu'à *Villa Franca* que pour de petits bateaux.

Cette navigation contribue peu au commerce de Turin, qui consiste principalement en soie torse. On l'envoie à Lyon qui la renvoie en échange toute fabriquée. Lassé de voir sa capitale payer un pareil tribut à l'industrie étrangère, l'ancien gouvernement y avait établi, peu de temps avant sa chute, des fabriques d'étoffes de soie pour meubles, dans le genre de celles de Lyon, et il avait attiré en conséquence d'habiles ouvriers de cette ville. Plusieurs de ces établissemens ou n'existent plus ou languissent depuis long-temps.

Les bas de soie de Turin ont quelque réputation, et n'en sont pas moins de très médiocre qualité, quoiqu'on lise dans plusieurs géographies qu'ils sont supérieurs en beauté comme en bonté à ceux de Paris et de Lyon. Je puis attester, par ma propre expérience, qu'ils ne leur sont point comparables. Les liqueurs et la parfumerie, surtout l'eau de mille fleurs et le rosoglio, jouissent d'une réputation plus méritée.

Cette ville est moins connue dans le monde commerçant que dans le monde littéraire. Son académie et son université occupent un rang distingué parmi les sociétés savantes de l'Europe. L'une et l'autre sont illustrées par des érudits du premier ordre, surtout dans ces derniers temps, et particulièrement dans la partie des hautes sciences. On distingue dans le nombre le célèbre mathématicien Lagrange, les abbés Vassalli, Denina, de Caluso, les naturalistes Balbis et Bonelli que nous avons eu déjà occasion de citer, le chimiste Giobert et le docteur Botta, auteur d'une des meilleures histoires, celle de la guerre d'Amérique, etc., etc. Le cardinal de Tournon est né dans cette ville.

Le goût des arts qui semble inné chez les Italiens commence à se manifester aux yeux de l'observateur, dès qu'il arrive dans cette première ville ultramontaine; mais il s'aperçoit bientôt qu'il n'est pas encore dans la patrie des Corrège, des Michel-Ange, des Raphaël. Une foule de mauvaises statues, de mauvais bustes, de mauvais tableaux garnissent plutôt qu'ils ne décorent les vestibules, les escaliers, les appartemens des maisons les plus ordinaires, même des auberges. Les bons originaux, les chefs-d'œuvres de nos grands maîtres y sont très rares. Si les seigneurs de Turin n'étaient pas aussi curieux, sous ce rapport, que ceux de Rome et de Gênes, c'est qu'ils n'étaient pas aussi riches. Le seul artiste dont on indique l'atelier aux curieux dans cette ville, est le sculpteur en bois Bozzanigo; mais on s'y glorifie de quelques artistes d'un genre plus distingué, à la tête desquels est le célèbre graveur Porporati.

Le caractère des habitans de Turin, et en général de tous les Piémontais, m'a paru, comme leur dialecte, un mélange d'Italien et de Français. Pour parler avec exactitude, ce sont les mœurs Italiennes un peu francisées. Nous avons remarqué plusieurs différences dans les usages nationaux, dès notre arrivée à Suse. Ces différences sont à peu près les mêmes à Turin, quoique modifiées jadis par une Cour presque Française, aujourd'hui par l'amalgame d'un grand nombre de fonctionnaires et d'employés des deux nations. Elles se font remarquer encore dans les auberges, dont plusieurs cependant ont été mises sur le pied français, et ce changement est sans contredit une amélioration. Il y a même des restaurateurs à l'instar de ceux de Paris, il y a aussi de fort bons cafés et des bains publics. Turin n'offre point aux étrangers la commodité des fiacres, mais bien celle d'un grand nombre de voitures de louage tant pour la ville que pour la campagne. C'est même la manière de voyager la plus usitée. Les loueurs de ces voitures se tiennent dans certains carrefours, et ils vont s'offrir aux voyageurs dans les auberges. C'est ce qu'on appelle dans toute l'Italie voiturins, *vetturini*.

On remarque peu de nuance française chez le bas peuple, qui ne m'a point paru d'ailleurs aussi méchant que sa réputation, ni même plus que celui de certaines parties de la France, telles que la Bretagne, la Provence, le Vivarais, etc. Il a seulement moins de franchise et de morale, quoique plus soumis à l'empire de la religion et des prêtres. Le fanatisme cependant ne domine pas plus en Piémont qu'en France, ni même autant qu'en Bretagne. Les idées libérales avaient fait de grands progrès dans cet état, et Turin était à cet égard au moins sur la même ligne que Paris.

Les assassinats, les meurtres nocturnes, les coups de stilet, si communs dans ce pays, avant sa réunion à la France, y sont devenus très rares depuis. Cette réforme heureuse est un bienfait du nouveau gouvernement et un reproche pour l'ancien qui n'avait pas pu l'opérer lui-même. Dépourvu de l'énergie nécessaire pour arrêter les crimes et le brigandage, il les tolérait comme un mal incurable. Les Français ont prouvé qu'il n'y a d'incurable en ce genre que les maux auxquels on ne veut pas remédier.

Les Piémontais sont bons soldats, et leurs régimens, aujourd'hui confondus parmi ceux de l'ancienne France, rivalisent avec eux de bravoure et fraternisent de cœur.

Je lis dans plusieurs géographes que les Piémontais sont grands et bien faits. La première partie de cette assertion ne m'a paru vraie qu'à demi, et la seconde pas du tout. On voit dans cette contrée beaucoup d'hommes qui excèdent la taille ordinaire, mais on y en voit aussi beaucoup qui ne l'atteignent pas. Comme si les proportions de la stature humaine n'y étaient pas aussi arrêtées par la nature qu'en France, il y a plus de grands et de petits hommes, et par conséquent moins de tailles moyennes. Il y a aussi moins d'hommes bien faits. Une belle jambe y est un mérite rare. Si l'on remarque quelques beaux bustes, c'est en général dans les tailles sveltes, et le plus souvent au dépens des jambes (*). Les tailles élancées et légères distinguent surtout les femmes, et dans ce sexe c'est toujours une grâce. Les belles jambes lui sont moins nécessaires sans doute qu'au nôtre, puisque pour lui c'est un mérite caché ; mais on aimerait à les soupçonner sous le voile qui les dérobe ; or on soupçonne précisément tout le contraire à la maigreur ordinaire des bras, dont la forme est toujours en rapport, comme on sait, avec celle des jambes.

Les costumes de Turin n'offrent rien de remarquable : ce sont absolument ceux de Paris; ils arrivent à Turin avec toute la rapidité de la poste.

Le sigisbéisme, cet usage ultramontain si commun dans les grandes villes, se montre déjà, mais d'une manière peu sensible, à cette

---

(*) Un piémontais qui ne péchait point par là lui-même doutait de la vérité de ma remarque : nous parcourûmes ensemble, avec un œil scrutateur, les promenades publiques, après quoi il ne douta plus.

porte de l'Italie. C'est le cas d'observer que cet usage n'est pas aussi évidemment, aussi généralement vicieux que le pensent les malins Français. Les dames, plus en Italie qu'ailleurs, sont condamnées à ne point sortir seules. Les maris, en Italie comme ailleurs, ne sont pas toujours disposés à les accompagner; mais, plus raisonnables que ceux des autres pays, ils consentent à laisser faire ce qu'ils ne veulent ou ne peuvent pas faire eux-mêmes. Un bras complaisant et oisif se dévoue, la femme l'adopte, et le mari approuve.

Les Italiens assurent que cela ne va pas plus loin, et que ces innocentes associations de deux bras n'ont d'autre cause que le besoin de l'un et l'oisiveté de l'autre. On ne peut nier qu'elles ne prêtent à la malignité, et que la malignité ne les ait beaucoup empoisonnées; mais on ne peut penser non plus qu'elles soient toujours innocentes, à moins de l'être soi-même. La condamner pour cela sans pitié serait confondre le vice de la chose avec la chose même. Les galans et respectueux chevaliers n'avaient-ils pas tous la dame de leurs pensées? Qu'étaient-ils autre chose que leurs cavaliers servans ou leurs sigisbées? Ces nobles affections ont-elles subi la censure des contemporains ou de la postérité? Elles ont produit cependant des *Raoul de Couci*, et *des Gabrielle de Vergi* ; mais le principe passait et passe encore pour bon, quoique les conséquences ne l'aient pas toujours été. Il est étonnant que ce rapprochement n'ait pas été aperçu par les auteurs, qui ont parlé du sigisbéisme.

Le jardin du château est la plus belle comme la plus fréquentée des promenades de Turin : les statues dont il est garni sont médiocres. Le bassin du milieu est embelli par un groupe de figures colossales, représentant la cour d'Amphytrite ; une large et magnifique allée en berceau règne le long d'un des grands côtés du jardin : c'est le rendez-vous du beau monde entre midi et une heure. La terrasse du côté opposé, où l'on découvre, avec une vaste étendue de plaine, une partie considérable de la chaîne des Alpes, est entièrement abandonnée aux amateurs de promenades solitaires, et des beaux points de vue.

La place de la porte du Pô, ou du Rondeau, est aussi une promenade fréquentée : c'est le rendez-vous du soir. On y jouit d'une vue peu étendue, mais très riche sur la colline de Turin ; elle présente en face immédiatement au delà du pont, la perspective de l'élégante maison royale déjà mentionnée sous le nom de *Vigne de la Reine*, et plus près, un peu sur la droite le frais monticule au sommet duquel s'élève le couvent des capucins, qui semble sortir du milieu d'un bouquet de verdure. A cette promenade vient aboutir celle du rempart, qui jouit d'un point de vue plus prolongé sur le développement de la colline. Elle est plantée et parfaitement ombragée de chênes, espèce d'arbres aussi rarement employée dans les promenades des villes, que commune dans les campagnes.

Les allées du Valentin, situées du même côté, au pied de la colline, au bord du fleuve et à un quart de lieue de la ville, forment encore une superbe promenade, qui est moins suivie que les autres, parce qu'elle est plus éloignée.

Les glacis de la citadelle présentent un vaste tapis verd, dont une partie garnie d'allées offre de beaux ombrages, négligés aujourd'hui par le public.

L'usage Italien, de se promener lentement en voiture, le long des allées où se promènent les gens à pied, est moins en vogue à Turin qu'à Milan et ailleurs; il n'y est cependant pas inconnu; mais les équipages très peu nombreux en comparaison, sont loin de produire le même effet. On remarque dans cette ville, une espèce de voiture qui lui est particulière, connue sous le nom de *Carrettino*: c'est un siége à une seule place, sans impériale ni soufflet, un véritable fauteuil roulant. La forme la plus ordinaire de ces voitures attelées d'un seul cheval, est celle d'un vase, dont le pied tient à un essieu de bois.

Après le tableau physique et moral de cette ville, sa description serait encore incomplette, si l'on n'y joignait celle de ses environs. Nous avons déjà parlé de la colline au pied de laquelle elle est située. C'est là que se trouvent réunies les maisons de plaisance des habitans. Je ne pense pas qu'il existe un plus beau paysage dans le monde. Qu'on se figure, dans une pente sinueuse et variée, toutes les espèces d'arbres et d'ombrage, tout le luxe de la végétation la plus fraîche, la plus animée, la plus vigoureuse, tout l'effet que peut produire au milieu de ce tableau de verdure, l'éclatante blancheur d'une foule de maisons champêtres; enfin, tout ce que peuvent offrir de plus gracieux la nature et l'art réunis, et l'on n'aura qu'une faible idée de cette délicieuse colline. Elle fait le charme principal de la situation de Turin, et tire elle même son plus bel ornément *de la Vigne de la Reine*, ancienne maison royale adossée à sa base, qui semble se reculer circulairement, comme pour faire place à cette charmante habitation, et la recevoir dans son sein. L'allée de maronniers, qui dessine par derrière le demi-cercle, forme une espèce d'amphithéâtre d'un admirable effet. L'intérieur de ce château, aujourd'hui érigé en sénatorerie, mérite d'être visité : on y jouit d'une superbe vue sur la ville et la plaine de Turin.

Une autre partie de la même colline est embellie par le château de Montcalier; la sommité, qui prend un caractère montagneux, est couronnée par la belle église de la Superga. C'est un monument de la reconnaissance du Roi Victor-Amédée envers une Madone révérée dans le pays, et l'accomplissement de la promesse qu'il lui fit, lors du siége de Turin par les Français en 1706, de lui ériger un beau temple, si elle les obligeait à lever le siége. Qu'elle s'en soit mêlée ou non, le siége fut levé, et l'église bâtie sur le plan le plus noble, et dans la plus heureuse position; Dominique Juvara donna ce plan : c'était le Perrault du Piémont. Cet architecte est également auteur du palais du Duc d'Aoste, et de tout ce qu'il y a de mieux dans les maisons royales que possédait la cour de Turin. Le portique de la Superga est orné de belles colonnes d'un marbre rouge et blanc qui a le défaut de se décomposer, et l'on a été obligé de regarnir les vides avec des morceaux rapportés.

Les caveaux de cette église sont consacrés aux tombeaux de la famille royale, et ces tombeaux n'ont pas éprouvé le sort de ceux de Saint-Denis. Du haut du dôme on a l'immense et superbe vue de toute la plaine du Piémont, et de toute la chaîne des Alpes, qui entoure cette plaine d'un vaste croissant, et en fait une espèce de golfe, comme elle l'a été sans doute avant la retraite ou l'abaissement graduel des eaux de la mer.

La maison du Valentin, attenante à la promenade de ce nom et au jardin de botanique, n'est remarquable que par sa façade, ornée de colonnes de marbre. Ce bâtiment est aujourd'hui consacré à l'école vétérinaire de Turin.

La Vénerie qui était autrefois la plus belle des maisons royales du Piémont, n'est plus à citer aujourd'hui que pour son parc. On y a formé un haras.

Le château de Rivoli, que nous avons vu en arrivant, et celui de Montcalier que nous verrons en partant, ne se distinguent plus l'un et l'autre que par la grandeur de leur édifice, par leur site et leur beau point de vue.

Le premier vient d'être érigé en principauté en faveur du Duc de la Moscowa, le second est consacré à un hôpital militaire.

Stupinigi est dans son genre une des plus belles maisons de plaisance de l'Europe. Le bâtiment, d'un dessin aussi élégant que noble, et de la plus parfaite conservation, obtient le suffrage de tous les connaisseurs. Le plafond de la salle d'entrée représente des chasses; elles sont exécutées à fresque par Carle Vanloo, et justement admirées. Toutes les autres peintures de ce château offrent des sujets semblables, analogues à sa destination. En général tout l'intérieur, comme l'extérieur de ce palais, est d'une beauté ravissante, et celle du parc répond à celle de l'édifice.

Le luxe qui régnait dans les maisons de plaisance des Rois de Sardaigne démentait un peu la sévère économie qui les distinguait; mais l'ostentation même qu'ils mettaient à rivaliser par là les autres souverains de l'Europe, est un nouveau sujet d'admiration, puisqu'ils étaient parvenus à satisfaire leur goût à cet égard, sans déranger leurs finances, et sans pressurer leurs sujets.

Le climat de Turin est tempéré, mais très pluvieux, sans être cependant mal sain. Le voisinage des Alpes lui procure en même temps de grands froids et de grandes chaleurs; les grands froids par la proximité des neiges qui refroidissent l'atmosphère, les grandes chaleurs par la réverbération des rayons solaires, que lui renvoient les flancs décharnés et les immenses rochers de ces montagnes, dont la hauteur prodigieuse arrête en outre le souffle rafraîchissant des vents du nord. Il y a un siècle que le climat admettait la culture des oliviers: ils ont tous péri dans l'hiver de 1709. On trouve encore dans quelques villages les pressoirs et ustensiles nécessaires à la fabrication de l'huile d'olive. Le Piémont ne fabrique plus aujourd'hui d'autre huile que celle de noix: les noyers y sont en conséquence extrêmement cultivés. Les mûriers blancs le sont encore davantage, l'éducation des vers à soie étant une branche essentielle de l'industrie agricole de ce pays, qui fournit aux fabriques de Lyon la plus belle qualité, et peut-être la plus grande quantité des soies qu'elles emploient.

Tous les genres de grains abondent dans le Piémont, surtout le blé de Turquie. Le froment y produit de 7 à 8 pour un, année commune.

La fondation de Turin se perd dans la nuit des temps et des fables. Ce qui paraît démontré, c'est que cette ville a pris son nom des *Taurini*, peuple belliqueux dont elle était la capitale lors du passage d'Annibal. Il la saccagea pour faire expier aux habitans leur refus de s'allier avec lui contre les Romains. Rebâtie sous Jules-César, soixante ans avant notre ère, elle fut nommée par lui *Colonia Julia*, et par son successeur Auguste, *Augusta Taurinorum*.

Son histoire moderne se trouve confondue dans celle des guerres d'Italie, dont sa position l'a presque toujours rendue le premier théâtre. Elle a passé successivement des Romains aux Lombards, à Charlemagne, aux Marquis de Suse, et enfin aux Princes de Savoie, qui en ont fait la capitale de leurs états, et n'ont pu la garantir d'être souvent victime des prétentions de la France, de l'Espagne et de l'Autriche sur l'Italie. François Ier. la prit sur Charles-Quint en 1536. Les Français la prirent encore en 1640 sous le commandement du Comte d'Harcourt. Ils l'ont prise encore de nos jours en 1798, l'ont rendue aux Austro-Russes en 1799, et y sont rentrés en 1800. Elle est restée à la France par la paix qui a suivi la victoire de Marengo.

FIN DE LA DESCRIPTION DE TURIN.

ROUTE
DE GRENOBLE A CHAMBÉRY.

14 lieues.

lieues.

§ 1. *De Grenoble à Lumbin.* 5
§ 2. *De Lumbin à Chapareillan.* 5

On remonte la rive droite de l'Isère, dont on est toujours plus ou moins éloigné, en longeant, sur la gauche, le pied des montagnes qui forment le premier gradin de celles de la Chartreuse. Leurs cimes peu hautes, mais ardues, sont bordées d'un roc calcaire et vertical, et les bases composées de débris entraînés par les éboulemens, et disposés en talus si rapides, que la culture ne peut s'y établir. Entre ces talus et la vallée, le pays s'élève en terrasse. C'est là que sont situées la plupart des maisons de campagne des Grenoblois. La route suit cette espèce de terrasse jusqu'à Chapareillan, en traversant les quatre villages de la Tronche, de Montbonot, de Bernin et de Crosle, avant celui de Lumbin, et ceux de la Terrasse, du Touvet, de la Bussière, et de Barraux, entre Lumbin et Chapareillan. Au-dessus de la Tronche est le village de Meylan, connu par ses belles géodes, dont quelques cristaux contiennent des gouttes d'eau et d'autres des gouttes de pétrole. On voit au Touvet, à une portée de fusil sur la gauche, le beau château de M. de Marcieux, à un quart de lieue de la Bussière, celui du Fay, et à Barraux le fort connu sous le nom de *fort Barraux* : il est à droite de la route et le village à gauche.

La France doit ce fort à la vanité de Charles Emmanuel, Duc de Savoie, qui trouvait plaisant de le construire en présence de l'armée française, commandée alors par le connétable de Lesdiguières. Celui-ci trouva encore plus plaisant de le laisser bâtir, et de le prendre aussitôt qu'il serait achevé. Le général français, blâmé par Henri IV de ce qu'il le laissait construire, répondit au Roi : « Votre Majesté » a besoin d'une forteresse pour tenir en bride » celle de Montmélian; puisque le Duc en » veut faire la dépense, il faut la lui laisser » faire; dès que la place sera suffisamment » pourvue de canons et de munitions, je me » charge de la prendre ». Il tint parole en s'emparant de ce fort au clair de la lune, le 13 mars 1598.

Le fort Barraux est construit aujourd'hui à la Vauban, et en bon état de défense, tant par sa propre force que par sa position sur un plateau qui, dominant la vallée, n'est dominé lui-même qu'à une certaine distance par les montagnes inaccessibles de la Chartreuse. Cette position menaçante sous le rapport militaire, est délicieuse sous celui de l'agrément. On y jouit de la perspective la plus riche, la plus fraîche la plus variée sur la fertile et large vallée du Grésivaudan, arrosée par les méandres nombreux de l'Isère, et sur un superbe amphithéâtre de collines verdoyantes, surmontées des crêtes arides et neigeuses des Alpes, qui la bordent dans toute sa longueur, depuis Grenoble jusqu'à Montmélian. Cette situation est une des plus belles du monde. Les sites que nous avons admirés près de Tullins, offrent plus de verdure et d'ombrage, celui-ci plus d'étendue et de majesté, avec autant de richesse.

Si le fort Barraux nous a rappelé l'un des Chevaliers français qui se sont le plus signalés dans les guerres de religion, le château de Bayard dont on voit les gothiques restes presque en face, sur l'autre rive de l'Isère, nous rappelle un de ceux qui ont le plus honoré la France.

Le bourg de Barraux a un bureau de poste. Chapareillan qu'on trouve un quart d'heure après, est un village peu considérable, qui est

ROUTE DE GRENOBLE A CHAMBERY. 187 lieues.

néanmoins bien habité, comme tous les villages de cette contrée, et de plus très agréablement situé. — *Parcouru depuis Grenoble.* . 10

§ 3. *De Chapareillan à Chambéry.* 4

Dès le départ, on s'éloigne des bords de l'Isère, que peuvent cependant continuer à longer en été ceux qui vont à Montmélian, en suivant un chemin tracé à travers les prairies, et plus court d'une lieue que la grande route.

Un quart de lieue après Chapareillan, on quitte le département de l'Isère, pour entrer dans celui du Mont-Blanc, plus loin on trouve le village des Marches remarquable par son grand et ancien château, puis on laisse à droite la route de Montmélian, et l'on arrive par une plaine continuelle à Chambéry. — *Parcouru depuis Grenoble jusqu'à Chambéry* 14

(Pour la description de Chambéry, *V*. la première route de Paris à Turin.)

FIN DE LA ROUTE DE GRENOBLE A CHAMBÉRY.

COMMUNICATION

DE GRENOBLE A MONTMÉLIAN,

PAR LA RIVE GAUCHE DE L'ISÈRE,

Formant une 2e. route de Grenoble à Turin par le Mont-Cenis (*).

9 lieues de pays.

	lieues de pays.
§ 1. De Grenoble à Lancey................	2
§ 2. De Lancey à Goncelin................	2
§ 3. De Goncelin à Pontcharra............	2
§ 4. De Pontcharra à Montmélian ou à Maltaverne...	3

CETTE route parallèle à la précédente, dont elle n'est séparée que par l'Isère, n'a pu, à cause de la concurrence, être montée en ligne de poste ; mais joignant à Planèze celle de Chambéry à Turin, elle est quelquefois suivie par les voyageurs, et mérite, tant par cette raison que par sa beauté, d'être décrite. Elle est même, sous bien des rapports,

---

(*) La première se trouve comprise dans la deuxième de Paris à Turin par le Mont-Genèvre.

préférable à l'autre, offrant, avec plus d'ombrage et de fraîcheur, une plaine continuelle jusqu'à son extrémité, où elle monte une petite côte pour arriver à Planèze. Presque chaque village qu'on rencontre offre un château, et chaque château un bel édifice. Celui de Domène, village assez considérable qu'on traverse aux deux tiers de la première distance, appartient à la famille de ***; celui de Lancey qu'on voit à mi-côte, dans une charmante position, à un quart de lieue du village, à M. Dubois, conseiller ; et celui de Tencin, autre village qu'on traverse une demi-lieue avant Goncelin, aux successeurs de M. de Monteynard, ancien ministre de la guerre. Goncelin est un bourg ; on y trouve un chemin qui monte par une côte assez longue à Allevard, lieu fameux par ses mines de fer et ses usines appartenant à M. de Barral. Les mines rendent 50 à 60 livres de fer par quintal. Les usines consistent en fonderies, forges et taillanderies. Il y a aussi des mines de cuivre, mises depuis peu en exploitation, dont une est aurifère, et cinq mines de plomb non encore exploitées. Le même territoire renferme des carrières de plâtre ou gypse, et plusieurs mines de houille sèche.

Allevard est encore intéressant par son site : c'est une vallée fertile et très ombragée, que la nature a placée à plus de 300 mètres perpendiculaires au dessus de celle de l'Isère, dont elle n'est éloignée que de deux lieues. Le torrent de Bréda qui l'arrose, et qui donne le mouvement à toutes ces usines, vient de la montagne des Sept-Laux, ainsi nommée des sept principaux lacs qu'elle renferme, et qui se dégorgent les uns dans les autres, partie à droite, partie à gauche, à cinq lieues au dessus d'Allevard, dans le centre et la partie la plus aride des Alpes. Le chemin toujours montant et toujours escarpé qui y mène, commence agréablement dans des bois de chataigniers, et finit tristement dans des gorges sauvages au milieu des rochers et des sapins.

La description détaillée de ce site, ainsi que de celui d'Allevard, donnerait une idée de la singulière charpente des Alpes dans cette partie ; mais ces détails nous jetteraient hors du sujet et des bornes de cet ouvrage.

Reprenant notre route, nous laissons à droite, au bout d'une lieue, le château du Villard, ancienne propriété de M. de Barral, et une demi-lieue plus loin, les ruines de celui de Bayard, où naquit l'illustre chevalier de ce nom. Le village de Pontcharrat, où l'on arrive ensuite, renferme diverses usines. Planèse, où est l'embranchement de cette route, est un simple hameau d'où le voyageur peut se diriger suivant sa destination, à gauche, pour se rendre à Montmélian, ou à droite, pour aller relayer à Maltaverne. — *Parcouru depuis Grenoble jusqu'à Montmélian ou Maltaverne* . . 9

FIN DE LA COMMUNICATION DE GRENOBLE

A MONTMÉLIAN.

COMMUNICATION

DU MONT-GENÈVRE A SUSE,

Formant une 2ᵉ. route de ce mont à Turin.

10 lieues.

                                                          lieues.

§ 1. *Du Mont-Genèvre à Césanne*. 2
§ 2. *De Césanne à Oulx*. 2
§ 3. *D'Oulx à Exilles*. 3
§ 4. *D'Exilles à Suse*. 3

La deuxième route de Paris à Turin nous a conduits jusqu'à Césanne, village situé au pied du Mont-Genèvre, sur le confluent des deux torrens de la Doire et de la Ripaire. Celle que nous décrivons actuellement suit la Doire, qui prend le surnom de Ripaire (*Dora Riparia*) après Césanne, jusqu'à Suse où se réunissent les deux routes et les deux torrens du Mont-Cenis et du Mont-Genèvre. Celui-ci n'est d'abord à sa source qu'un faible ruisseau qui, grossi bientôt après de plusieurs autres, devient un torrent assez considérable pour former une suite de belles cascades sur le flanc raboteux de la montagne. La nouvelle route n'a pu parcourir cet escarpement, qu'en revenant plusieurs fois sur elle-même par une multitude de zig-zag tracés au dessus d'un abîme que l'œil ne peut contempler sans effroi. Ce passage est connu dans le pays sous le nom du *Tourniquet*.

Nous quittons la grande route à Césanne, où elle quitte elle-même la vallée de la Doire, pour s'enfoncer, ainsi que nous l'avons dit (2e. *route de Paris à Turin*), dans la gorge des Boussons. Le village de Césanne ne mérite d'être mentionné qu'à cause de cet embranchement. Il occupe à peu près le milieu de la première distance. Depuis là jusqu'à Oulx, joli bourg bien bâti, bien percé, bien pavé, s'ouvre un beau bassin, et à gauche de ce bassin, la vallée de Bardonêche. Il y a des foires considérables à Oulx, un bureau de poste et plusieurs auberges. Ce qu'il renferme de plus remarquable est le bâtiment, et surtout l'enclos aussi vaste que riche de la prévôté. On admire, dans cet enclos, des tilleuls et des marronniers d'une grosseur peu commune. La vigne et les arbres à fruit abondent dans ce territoire.

La vallée se resserre après Oulx, mais sans devenir aride, comme avant ce bourg. Les montagnes ne sont plus aussi pelées. L'activité industrieuse des habitans a porté la culture partout où elle a pu trouver un peu de terre végétale. On traverse le bourg de Salbertrand près duquel ont été découvertes depuis peu des mines de fer, avant celui d'Exilles, où l'on arrive par un chemin ombragé de châtaigniers. La vallée devient ici plus riante, et les montagnes plus agréables à la vue. Leurs flancs sont tapissés de vignes disposées en amphithéâtre. Au milieu de la gorge, à environ cinq cents pas du bourg, s'élevait, sur un monticule, le fort d'Exilles, détruit dans les guerres de la révolution. Il n'en reste que quelques ruines, et une très belle chaussée voûtée dans toute sa longueur.

Exilles est un bourg selon certains géographes, une ville, suivant d'autres. Quelques-uns croient que c'est l'ancienne *Ocellum* que d'autres placent à Oulx. Il est difficile de décider la question ; mais elle importe peu sans doute à la plus grande partie de mes lecteurs.

C'est à deux lieues S. E. d'Exilles qu'eut lieu, en 1747, l'affaire de l'Assiette, gagnée sur les Français, bien plus par les rochers de cette montagne que par les troupes du Roi de Sardaigne.

Entre Exilles et Suse, on trouve Chaumont, gros bourg mal bâti, dont plusieurs rues sont couvertes de treillages, et dont plusieurs fontaines publiques portent encore les armes du Dauphiné, auquel appartenait cette vallée avant le traité de 1713, par lequel Louis XIV rendit à Victor-Amédée tout ce qui était dans les Alpes *à l'eau pendante du côté du Piémont.*

Les habitans parlent Français, c'est la langue du pays. La partie basse de cette vallée renferme beaucoup de crétins et de goëtreux. Le chemin depuis Césanne jusqu'à Suse, quoique non ouvert en grande route, serait encore plus praticable pour les voitures, si le pont d'Oulx n'avait pas été entraîné par la Doire, et si un petit nombre de passages étroits ou dégradés, étaient les uns élargis, les autres déblayés.

Le pas de Suse est un détroit qu'on rencontre peu avant cette ville : il est produit par deux roches énormes, qui, détachées des montagnes de côté et d'autre, se sont rencontrées en cet endroit, de manière qu'avec une porte de médiocre grandeur, on pourrait barrer le passage. Avant le traité susmentionné, le ruisseau de Gravières, entre Chaumont et le pas de Suse, formait la limite des deux états, qui fut transportée sur le Mont-Genèvre, en vertu du même traité (*).

(*) Les voyageurs qui veulent se rendre à Turin par cette direction, trouveront la description de Suse et du reste de la route dans la première de Paris à Turin.

FIN DE LA COMMUNICATION DU MONT-GENÈVRE A SUSE.

COMMUNICATION
DU GAZ A GRENOBLE,

Formant une 2ᵉ. route de Lyon à Grenoble (*) (par Voiron).

13 lieues.

lieues.

§ 1. *Du Gaz à Montferrat* 2

Presqu'a mi-chemin, au village des Abrets, où l'on tourne à droite, laissant en face la route de Chambéry, à gauche celle de Belley, celle qu'on suit est montante et sans aspérité, la contrée légèrement montagneuse et sans intérêt: Montferrat est un hameau situé dans un bassin plus fertile en réalité qu'en apparence. Le froment y rend huit pour un, et le seigle dix. On y recueille aussi de l'avoine et du foin en assez grande quantité. Les terres n'y connaissent point le repos.

§ 2. *De Montferrat à Voiron* 4

Montées et descentes longues et rapides. On aperçoit à une demi-lieue sur la droite le lac

───────────────

(*) La première se trouve comprise dans la deuxième de Paris à Turin par le Mont-Genèvre.

de Paladru, d'où provient la petite rivière de la Fure que nous avons vue à Rives. On y trouve fréquemment des débris de bâtisse, des poutres, des ustensiles. Un pêcheur venait, lors de mon passage, d'en retirer une crémaillère qu'il vendit avec le produit de sa pêche. On ne voit que montagnes boisées, et point de rochers.

Voiron est un bourg que sa population de 4 à 5000 habitans met au rang des villes, et ses affaires, estimées de 4 ou 5 millions par an, au rang des places de commerce. Ce bourg est l'entrepôt des toiles de toute la province. Il renferme trois papeteries, deux aciéries, et un château, celui de M. de Barral.— *Parcouru depuis le Gaz* 6

§ 3. *De Voiron à Voreppe.* 3

On a le choix de la grande route qui passe par Moirans, ou de la route de traverse qui va directement et abrège d'une lieue. L'une et l'autre offrent l'ombrage et la fraîcheur qui caractérisent cette contrée.— *Parcouru depuis le Gaz* 9

(Pour Voreppe et pour le reste de la route, *V. la 2e. de Paris à Turin*) 4

FIN DU TOME SECOND.

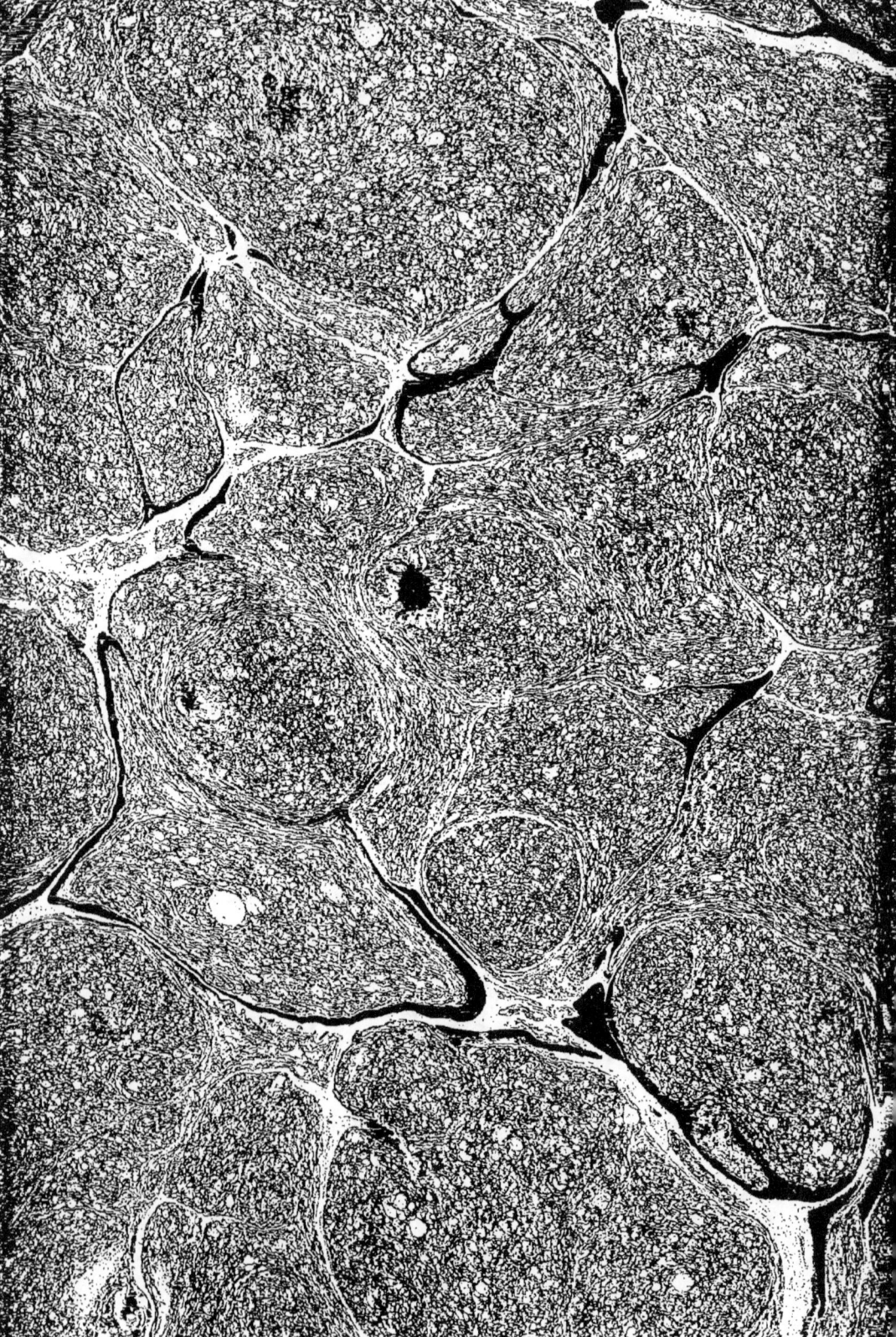

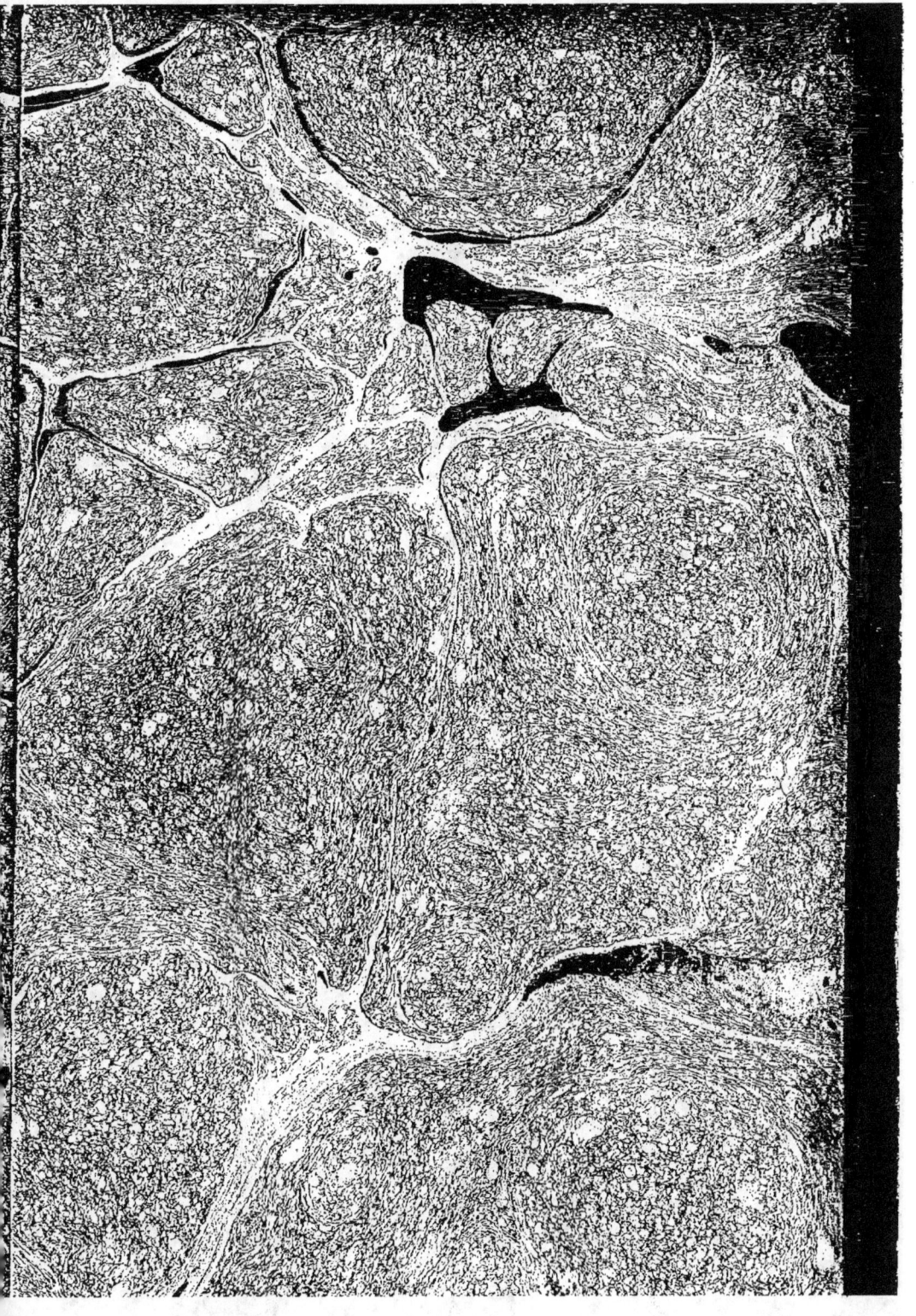

DESCRIPTION ROUTIÈRE DE LA FRANCE

www.ingramcontent.com/pod-product-compliance
Lightning Source LLC
Chambersburg PA
CBHW060228230426
43664CB00011B/1586